VERLAG
ROBERTO & PHILIPPO

Buch
P'taah, das Geistwesen von den Plejaden, zeigt der Menschheit einen Weg der Hoffnung und Inspiration – in einer Zeit, die ebenso reich an Chancen, wie an Bedrohungen ist. Voller Güte, Verständnis und Humor beantwortet er all die großen und kleinen Fragen der Menschheit: nach unseren bisherigen Kontakten mit Sternenwesen, nach den Ursachen von Krankheit und Gesundheit, nach Karma und Wiedergeburt, Liebe und Leid, Krieg und Frieden – bis hin zu so irdischen Dingen wie Ernährung und Sexualität. Er berichtet von großartigen Veränderungen, die im dritten Jahrtausend auf dem Planeten Erde geschehen werden, schenkt uns die Vision eines vor Leben vibrierenden Universums und bringt der unter Ängsten, Zweifeln und Sorgen leidenden Menschheit die Botschaft grenzenloser Liebe, Freude und Erfüllung. All das – so betont P'taah immer wieder – dient dem einen Zweck: uns als Schöpfer des eigenen Lebens zu erkennen, als Lenker unseres Schicksals. Denn wir haben in jedem Moment die Wahl zwischen Angst und Liebe!

Die Autorin
Jani King wuchs in Neuseeland auf und lebt heute in Australien. 1961 erschien ihr P'taah in einem materiellen Körper, danach ausschließlich in Form eines Geistwesens. Jani King ist eine ruhige, gelassene Person mit viel Sinn für Humor. Sie führt ein normales, unauffälliges Leben, isst gerne gut und ist eine leidenschaftliche Seglerin. Sie hat ihr Leben jetzt ganz in den Dienst von P'taah gestellt und ermöglicht es großen und kleinen Gruppen, mit P'taahs liebevoller Energie in Kontakt zu treten.

DIE BOTSCHAFTEN VON

P'TAAH

Erkenne jetzt das göttliche Wesen, das du bist!

von JANI KING

BAND 1

VERLAG
ROBERTO & PHILIPPO

Die Originalausgabe erschien unter dem Titel
»An Act of Faith. Transmissions From The Pleiades«
im Verlag Triad Publishers, Scottsdale, Arizona.
All rights reserved.

Drittausgabe

3. Auflage 2012
Copyright © 1994 by Jani King
Alle deutschsprachigen Rechte beim Verlag Roberto & Philippo, München

Aus dem Englischen von Sonja Göschel Hunziker
Redaktion: Manuela Zinner
Korrektur: Yochanan Rauert
Umschlaggestaltung: Ulrike Bürger, Wörthsee · Foto: © fotolia.com/laxmi
Druck und Bindung: CPI books GmbH, Ulm

ISBN 978-3-942581-12-7

Inhalt

Vorwort von Robert Betz 7
Gespräch mit Jani King 8

Erste Übermittlung..14
Zweite Übermittlung 28
Dritte Übermittlung 45
Vierte Übermittlung 64
Fünfte Übermittlung 80
Sechste Übermittlung..95
Siebte Übermittlung 113
Achte Übermittlung 130
Neunte Übermittlung..150
Zehnte Übermittlung 168
Elfte Übermittlung 181
Zwölfte Übermittlung 197
Dreizehnte Übermittlung 214
Vierzehnte Übermittlung..231

Dank 239

Du bist wunderbar.
Du bist unermesslich schön.
Du bist die Urquelle,
die sich in dieser Dichte der Realität ausdrückt.
Bald wirst du wissen: Du bist GOTT, DER ICH BIN,
man nennt es Heimkehr.

P'TAAH

Ihr habt euch selbst diese Inkarnation erschaffen, damit ihr Zeugen der kommenden Veränderungen auf eurem Planeten werdet und dazu beitragen könnt. Ihr habt nicht mehr allzu viel Zeit, denn sie stehen unmittelbar bevor. Jeder von euch trägt die Sehnsucht in der Brust, diese Veränderungen zu erfahren, die Veränderung im Bewusstsein der Menschheit, die Veränderung eurer Erde. Und wahrlich, es tut sich was!

Ihr habt weder die Worte, die ekstatische Explosion zu beschreiben, noch könnt ihr euch vorstellen, wie es sein wird, wenn jedes Atom und Molekül auf diesem Planeten – ja der ganze Planet selbst – mit dem göttlichen Licht in Schwingung gerät. Solch außergewöhnliche Schönheit ist jenseits jeder Vorstellungskraft. Wenn dieser Übergang stattgefunden hat, werden Wesen auf eurem Planeten auftreten, die freudig, dankend, segnend und jubilierend die feurigsten Hosiannas singen. Diese Wesen sind unsichtbar. Es sind Wesen aus anderen Welten, die nicht auf dieselbe Weise erscheinen wie ihr. Und ihr werdet fähig sein, das Göttliche in allen Dingen zu erkennen. Form und Größe werden keine Rolle spielen. Ihr werdet Gott-Sein in allem erfahren.

P'TAAH

Vorwort

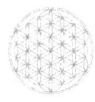

Liebe Leserin, lieber Leser,

ich freue mich, dass die Botschaften von P'taah, einem der großartigsten, humorvollsten und verständlichsten Lebenslehrern dieser Zeit, wieder vorliegen. Er gehört zu meinen wichtigsten Lehrern auf meinem eigenen Weg. Er hat mich an vieles erinnert, was an Wissen in mir schlummerte. So ist er auch der Vater meiner „Transformations-Therapie", die ich seit 2002 lehre und in der jährlich über 150 Therapeuten ausgebildet werden und die eigentlich – nach P'taah – „Transmutations-Therapie" heißen müsste. Aber damals fürchtete ich noch, dass dieser Begriff Ängste und Befremden auslösen könnte.

Als ich zum ersten Mal von seinen „Schritten der Verwandlung" las, durchzuckte es mich regelrecht und ich wusste sofort: dieses so kristallklar präsentierte Wissen um die Transformation des menschlichen Bewusstseins und das Verständnis des menschlichen Lebens hat es verdient, weitergereicht zu werden.

In diesen beiden Bänden stellen Menschen Hunderte von Fragen, die auch jeder von uns hätte stellen können so wie ich sie selbst seit Jahren der Geistigen Welt stelle. Sie sind brandaktuell und betreffen alle Bereiche unseres menschlichen Lebens, Liebens, Leidens und Arbeitens. Und P'taahs Antworten führen beim Leser – ich schließe hier von mir auf Sie, lieber Leser - zu einer Kaskade von AHA-Erlebnissen, zu erlösendem Lachen und Schmunzeln sowie zu einer tiefen Berührung im Herzen. P'taah bringt das Herz zum Singen, weil er seine Weisheiten mit soviel Liebe rüberbringt, dass man nicht anders kann, als sein Herz für die Liebe und Freude am Leben zu öffnen.

Ich danke Jani King, der Frau, durch die P'taah zu uns spricht und dem Randomhouse-Verlag für die Überlassung der Abdruckrechte und freue mich, Ihnen mit diesen beiden Bänden einen der wichtigsten Lehrer der Transformationszeit um 2012 in meinem eigenen Verlag Roberto & Philippo präsentieren zu dürfen. Ich wünsche Ihnen viele genüssliche, erkenntnisreiche und Herz öffnende Stunden mit P'taah.

ROBERT BETZ

Gespräch mit Jani King

Sicher wird mancher Leser gern etwas über den ›Channel‹ Jani King wissen wollen. Gerade weil die Aufmerksamkeit bei diesem Prozess normalerweise auf das gechannelte Wesen gerichtet ist, vergisst man leicht die Tatsache, dass eine lebendige menschliche Person ihre Zeit und Energie zur Verfügung stellt, damit all dies überhaupt geschehen kann.

In Janis Fall treffen wir eine warmherzige Frau, die die Natur liebt und mit beiden Beinen auf dem Boden steht. Sie lacht gerne und hat einen sehr ausgeprägten Sinn für Humor.

Frage: *Jani, ich wüsste gerne, wie ihr euch getroffen habt, du und P'taah?*

Jani: Ich muss dafür etwas ausholen. 1947 lebte ich in Neuseeland, wo ich auch geboren wurde. Ich wohnte in einer entlegenen Gegend, inmitten eines 350 Quadratmeilen großen Pinienwaldes. Man muss bedenken, es war kurz nach dem Krieg und es gab wenige Transportmöglichkeiten. Es war also wirklich sehr, sehr abgelegen. Als kleines Mädchen spazierte ich einmal von unserem Haus in den Wald. Ich erinnere mich noch ganz genau, wie ich in den Wald ging und dass dann etwas passierte. Ich hatte damals keine Ahnung, was es war und einige Zeit später, als ich nach Hause zurückkehrte, war der Tag um einiges fortgeschritten. Ziemlich außergewöhnlich schien mir, dass niemand bemerkt hatte, dass ich weg gewesen war. Alle Mütter kleiner Mädchen beginnen sich allmählich zu sorgen, wenn diese nur eine Stunde weg sind. Doch niemand schien mein Fortbleiben bemerkt zu haben – trotz der Tatsache, dass es sich um mehrere Stunden gehandelt hatte.

1988 kam ich durch ein Medium mit der Wesenheit St. Germain in Kontakt. Zu dieser Zeit fiel mir ein Buch von Whitley Streiber mit dem Titel »*Communion*« in die Hände. Als ich das Buch auf dem Kaffeetisch eines Freundes sah, fühlte ich mich auf äußerst seltsame Weise davon angezogen. Ich fragte meinen Freund, worum es sich handele, und er antwortete: »Irgendeine Sache über einen Typ, der von Außerirdischen entführt wurde.« Auf dem Umschlag des Buches sah man ein dreieckiges

Gesicht mit großen Augen. Aus irgendeinem Grund bekam ich eine Gänsehaut und war sehr aufgewühlt, ohne zu wissen weshalb. Ich hielt das Buch in meinen Händen und musste mich überwinden, es wieder hinzulegen. Am nächsten Tag schloss ich mich ein, stellte das Telefon ab, setzte mich hin und las das Buch von der ersten bis zur letzten Seite. Es kam mir alles so bekannt vor – außer dem Umstand, dass Whitley Strieber Angst bekam, als er realisierte, welch göttliche Aufgabe ihm gestellt wurde. Ich hatte dieses Gefühl überhaupt nicht. ›Zufällig‹ sprach ich einige Tage später mit St. Germain und – ich weiß nicht, warum ich es tat – fragte ihn: »Könntest du mir etwas über das Erlebnis erzählen, das ich 1947 (damals als Kind) hatte, an das ich mich jedoch nicht erinnern kann?« St. Germain antwortete: »Man hat dich an Bord eines Raumschiffs gebracht. Dort wurde ein medizinisches Verfahren angewandt, um ein gewisses Wissen und bestimmte Erinnerungen zu platzieren, die in allernächster Zeit an die Oberfläche kommen werden.« Er erläuterte weiter, worum es bei dieser Entführung damals ging. Ich saß da, sagte nur »Oh« und »Ja, ja, ja« und rollte die Augen. Und doch war ich nicht überrascht, nachdem er fertig war und ich alles vernommen hatte.

Ich fragte ihn auch nach einem Besuch, den ich von einem anderen Wesen hatte. Es war keine Erscheinung, sondern physische Wirklichkeit. Es geschah 1961, und es war P'taah, der in einem richtigen Körper erschien (ich weiß nicht, wie viele Körper er besitzt). Wir führten ein Gespräch, das wirklich sehr ungewöhnlich verlief. Dies war das einzige Mal, dass ich P'taah bewusst und in wachem Zustand getroffen habe. Inzwischen habe ich eine Rückführung unter Hypnose betreffend meines früheren Erlebnisses im Jahre 1947 gemacht, und ich kann mich jetzt an alles erinnern, was damals geschah. Was allerdings das Erlebnis im Jahre 1961 betrifft, so war das so außergewöhnlich, dass es mich immer noch ein bisschen traurig macht. *(Jani ist sehr bewegt, während sie sich daran erinnert, und braucht eine Weile, um sich wieder zu fassen.)* Das ist, weil ich – wirklich – immer noch warte. Ich muss sagen, dass meine täglichen Erfahrungen mit P'taah ganz anders sind als eure. Für euch ist es irgendwie … Ich kann es nicht erklären – ihr erfahrt ihn anders als ich. Ich kann mit ihm in meinem Kopf sprechen. Er spricht mit mir, doch das ist viel flüchtiger, als wenn er zu euch von Person zu Person redet.

F: *Hast du P'taah über dieses Gefühl, diese Trauer befragt?*
Jani: Ja, das habe ich.

F: *Was meinte er dazu, wenn ich fragen darf?*

Jani: Nun, ich glaube, er sagte mir dasselbe, was er auch euch über Trauer sagt: Man könne alles umwandeln. Irgendwie komme ich jetzt besser damit klar. Lange Zeit habe ich wirklich gewartet, täglich gewartet. Heute tu ich's nicht mehr und es ist in Ordnung, auch wenn ich ihn nie mehr von Angesicht zu Angesicht sehen sollte. Aber da ist immer noch diese Sache in meinem Herzen.

F: *Wenn P'taah kommt, scheint es, als wäre da ein Gefühl, denn deine Augen tränen leicht. Bis zu welchem Grad wirkt er über Gefühle? Ich nehme an, es ist anders mit ihm als mit uns. Weißt du irgendwas darüber?*

Jani: Ich glaube, das müsst ihr ihn fragen. Ich kann nur so viel sagen: Nicht nur meine Augen tränen, meine Nase läuft genauso. Der ›Boss‹ und ich haben ausführlich darüber geplaudert. Ich sagte ihm, dass ich keinen Einfluss darauf habe, was er mit meinem Körper tut, aber ich bat ihn, er solle es nicht allzu abscheulich werden lassen. Er macht das ziemlich gut, doch sehr oft komme ich zurück, und meine Nase läuft zwar noch nicht richtig, aber doch beinahe. Die andere Sache sind meine Augen. Sie tränen häufig, obschon ich während der Sitzungen gefühlsmäßig nicht beteiligt bin.

F: *Jani, wohin gehst du, wenn P'taah kommt?*

Jani: Ich habe keine Ahnung. Es ist, als wäre ich ungefähr hier – nicht sehr weit weg. *(Jani deutet auf den rechten, hinteren Teil ihres Kopfes.)* Manchmal habe ich eine Ahnung davon, was los war. Manchmal kann ich mich sogar an einige Dinge erinnern, von denen er gesprochen hat, aber ich habe keinerlei Erinnerung daran, was irgendein anderer gesagt hat. Manchmal fühle ich mich recht schlau. Neulich hatte Peter eine Sitzung mit P'taah. Als ich zurückkam, sagte ich zu Peter: »Diesmal hab ich's. Ich weiß genau, worum es ging.« Wie auch immer, als Peter mir von der Sitzung erzählte, merkte ich, dass ich nur einen kleinen Teil davon wusste. Was zeigt, wie schlau ich wirklich bin. Die Antwort ist: Ich habe keine Ahnung. Manchmal möchte ich am liebsten nicht zurückkommen; und ich weiß nicht, ob es mit dem zusammenhängt, was er *(P'taah)* während der Sitzung sagt oder tut. Einige von euch waren letzte Woche hier. Das war eine sehr aufwühlende Sache. Ich weiß nicht warum, aber ich wollte nicht zurückkommen. Doch als ich die Abschrift tippte, konnte ich nichts finden, was mich so hätte aufwühlen können. Ich weiß nur, dass ich es vorgezogen hätte, nicht hier zu sein.

F: *Jani, als du das erste Mal deinen Körper verlassen wolltest, wie hast du das gemacht?*

Jani: Ich habe nichts gemacht. Es geschah unbeabsichtigt.

F: *Wie meinst du das? Kam er einfach rein und hat dich rausgeschubst?*

Jani: Nein, nein, ich will damit nur sagen, dass ich wirklich nicht weiß, was vorging. Das erste Mal war es nicht so, dass ich irgendwie weg war. Da tönte diese Stimme aus meinem Mund wie aus einer Höhle. Ich sagte nur »Mist, was ist denn jetzt passiert?« Doch ich verstand sehr schnell, was vorging. Manchmal schneit P'taah einfach so rein. Ich weiß immer, dass er hier ist, doch er tritt niemals ohne meine Erlaubnis in mich ein. Für eine Sitzung wie diese mache ich allerdings eine kleine Übung. Ich sitze da, mit geschlossenen Augen, und murmle vor mich hin; dann gehe ich weg und er kommt rein. Doch manchmal geschieht es von einem Augenblick zum anderen. Das kann eine ziemliche Aufregung verursachen, besonders wenn Leute in der Gruppe sind, die keine Ahnung haben, was passiert ist. Zuerst bin ich da und im nächsten Augenblick spricht ein anderer zu ihnen. Das bringt mich dann ein wenig aus der Fassung. So unbeabsichtigt geschieht es meist dann, wenn ich sehr entspannt bin. Und ich sage darum »unbeabsichtigt«, weil ich vorher nicht irgend so einen Hokuspokus veranstalte. Besonders dann, wenn es mir gut geht, wenn ich mich nach ein paar Gläsern Wein sehr entspannt fühle, dann, im nächsten Moment, hoppla, ist er da. Gewöhnlich deshalb, weil er auch ein Glas Wein möchte. Versteht mich hier nicht falsch. *(Lachsalven)*

F: *Jani, als P'taah in einem richtigen Körper erschien, war er Mann oder Frau oder etwas ganz anderes? Vielleicht etwas, was uns gänzlich unbekannt ist?*

Jani: Etwas anderes. Es war ein Lichtkörper und doch ein physischer Körper. Nicht so dicht wie unsere, aber eine menschliche Form. Er hatte unglaublich schöne, sehr große Augen. Doch ich kann dazu nicht allzu viel sagen, denn als dies geschah, wurde ich irgendwie programmiert. Wie wenn man einem Computer alle möglichen Daten eingibt. Andererseits wurde mein Herz mit einer solchen Liebe überschwemmt, wie ich es noch nie erlebt hatte. Später hatte ich das gleiche Gefühl mit St. Germain, gechannelt durch Azena Ramanda, und auch, als ich mit Walen im Meer schwamm.

F: *Spricht P'taah mit dir darüber, was du als Individuum tun solltest, um zu wachsen?*

Jani: Er legt mir glänzende Steinchen ins Ohr und gibt mir einen kräftigen Tritt in den Hintern, wenn ich mich nicht so verhalte, wie es *(spirituell)* für mich am besten wäre.

F: *Nimmt es dich körperlich mit?*
Jani: Es kommt darauf an. Wenn ich mich wohl und voller Energie fühle, bin ich nach der Sitzung energiegeladen und das hält noch einige Stunden an. Wenn ich vor der Sitzung müde und nicht so klar bin, fühle ich mich wohl energiegeladen, wenn ich zurückkomme, aber wenn das ausklingt, bin ich erschöpft.

F: *Wenn jemand eine persönliche Sitzung mit P'taah hat, weiß er dann alles über diese Person? Ihre Vergangenheit, was sie glaubt und all diese Dinge?*
Jani: Ich weiß es nicht. Wer von euch hatte eine persönliche Sitzung?
Peter Erbe: *Ich hatte eine, soll ich antworten?*
Jani: Sicher.
Peter Erbe: *Er weiß, welche Farbe die Unterwäsche hat, die du trägst, hat also sehr persönliche Kenntnisse. (Lachsalven)*

F: *Während der Sitzungen hört man immer mal wieder etwas über Schuppen. Worum geht es dabei?*
Jani: Das ist ein Witz. Letztes Jahr in Melbourne, nach einem dreitägigen, gefühlsmäßig starken Workshop, sprach P'taah zu den Teilnehmern. Die Leute waren gefühlsmäßig äußerst aufgeladen. Wirklich aufs Äußerste. P'taah sagte, wenn er in seinem eigenen Körper erschienen wäre, böte er ihnen eine Lightshow. Er würde ihnen ein Spiegelbild ihrer selbst zeigen, damit jeder sähe, wie ausnehmend schön er wäre und welch wunderschönes Licht alle ausstrahlten. Als er dies sagte, flackerte das Licht im Raum einige Male. Jemand fragte ihn: »Wie siehst du aus?« P'taah antwortete: »Oh, ich bin wunderschön.« Zu P'taah gewandt, murmelte der Leiter des Workshops zwischen den Zähnen: »Ja, wenn man nichts gegen grüne Schuppen hat.« Jedermann schüttelte sich vor Lachen, und P'taah drehte sich zu diesem Freund um und antwortete: »Ah, mein Lieber, du würdest die Schuppen vor lauter Licht gar nicht sehen.« Das wurde für P'taah so eine Art immer wiederkehrender Witz.

F: *Wolltest du mit zu den Plejaden?*
Jani: Anscheinend war ich dort. Er *(P'taah)* sagt, dass wir während der letzten dreißig Jahre oft zusammen dort gewesen seien. Ich muss euch allerdings sagen, dass ich keine bewussten Erinnerungen daran habe, dass ich mich auf den Plejaden befand. Ich kann mich aber erinnern, dass ich, abgesehen von dem einen Mal als Kind, auf einem Raumschiff war. Aber ich kann euch nicht viel darüber erzählen, denn innerhalb unseres logischen Auffassungsvermögens macht das alles nicht viel Sinn. Ich sage ihm immer wieder, dass ich mich wirklich gerne an all die an-

deren Erlebnisse erinnern würde, die ich gehabt haben soll. Aber er antwortet jeweils, dass ich mich an alles erinnern werde, wenn der richtige Zeitpunkt gekommen sei. Und das sei schon bald. Gott weiß, was er unter bald versteht. Nun, ich versuche, mir nichts anmerken zu lassen. Manchmal löst irgendeine Sache dieses intensive Verlangen aus. Doch meistens komme ich damit ziemlich klar. Ich vertraue P'taah, wie auch meiner Seelenganzheit, dass was auch immer, auf welche Weise auch immer, passiert, zu meinem Allerbesten geschieht. Ich habe, wie jeder andere auch, meine Zweifel und meine schlechten Zeiten. Doch wenn ich es genau betrachte, liebe ich ihn und ich möchte nirgendwo lieber sein als hier und heute. Ich denke, die meiste Zeit bin ich eine höchst glückliche Person.

Erste Übermittlung

P'taah: Ich grüße euch, meine Lieben. Das, was man Menschheit nennt, ist in der Tat Sternensaat. Äonen vor eurer Zeit, vor der Zeit eurer Geschichtsschreibung, haben die Sternenwesen euren Planeten besät. Und wahrhaftig waren die Sternenwesen niemals weit entfernt von der Menschheit – während Tausenden von Jahren gab es ein ständiges Kommen und Gehen. In euren vorzeitlichen Büchern wurde viel darüber geschrieben – heute nennt man das Mythologie –, über jene großartigen Treffen zwischen den damaligen Menschen und den Sternenwesen, die dann zur Gottheit erhoben wurden. Die Sternenwesen sind allerdings nicht göttlicher, als ihr es seid. Heute besteht der einzige Unterschied darin, dass die Sternenwesen wissen, dass sie ein Ausdruck des Göttlichen sind – während ihr es vergessen habt. Die Menschen auf diesem Planeten leben im Getrennt-Sein des Selbst vom SELBST. Ihr habt vergessen, dass jede Facette eures Seins tatsächlich ein Ausdruck des Göttlichen ist.

Nun, manche Menschen in dieser Zeit glauben tatsächlich, dass dieses körperliche Leben einmalig ist. Dem ist nicht so. Reinkarnation ist wirklich eine Tatsache, ob ihr es glaubt oder nicht. Wohl sprechen einige eurer alten Religionen von Reinkarnation, doch da sind so viele Dogmen mit diesen Glauben verbunden, dass es nicht mit der so genannten universellen Wahrheit übereinstimmt. Nun, wir werden dieses Thema kurz streifen, weil es wichtig ist, dass ihr es versteht. In vielen östlichen Religionen, wo man von Reinkarnation spricht, gibt es den Glauben, dass man für das, was man heute tut, morgen bestraft wird – und wir reden von mehreren Leben, nicht von einzelnen Tagen. Dem ist nicht so. Wenn ihr an Bestrafung denkt, dann denkt ihr an eine Verurteilung. Tatsächlich gibt es außerhalb eures Verstandes keine Beurteilung dessen, was oder wer ihr seid.

So etwas wie ein göttliches Gericht gibt es nicht. Es ist wichtig, dass ihr das versteht, denn wenn wir weiterfahren, werdet ihr zu der Erkenntnis gelangen, dass Selbstverurteilung der Hauptgrund ist, der die Trennung des Selbst vom SELBST verursacht.

Nun, Reinkarnation, das Rad des Lebens, wie es manche eurer alten Religionen nennen, ist tatsächlich wie ein Rad. Wie auch immer, wir könnten es auch so beschreiben: Da gibt es etwas, was wir Seelenenergie nennen. Und diese Seelenenergie weiß um ihre Göttlichkeit. Mit jeder Inkarnation, mit jedem Leben, gehen Aspekte der Person – wenn ihr so wollt – zurück zur Quelle und der Faden führt weiter ins nächste Leben. Wir haben einen ziemlich amüsanten Wesenszug bei Menschen entdeckt, die anfangen, sich mit ihren vergangenen Leben zu beschäftigen, hm? Jedermann will wissen, wer und was er war. Nun, die Wahrheit ist, ihr wart alles, ihr seid jede Facette jeden menschlichen Lebens, ob ihr das verstehen könnt oder nicht. Natürlich sind die Menschen sehr glücklich, wenn ihnen jemand erzählt, sie seien Kleopatra oder Napoleon gewesen, hm? Und dann sagt bald ein anderer: »Aber das ist unmöglich, denn ich war in Wirklichkeit Kleopatra.« Nun, die Wahrheit ist: Es gibt vermutlich Tausende, die Anteil hatten an der Seelenenergie des Wesens, das als Kleopatra bekannt war. Versteht ihr das? Die Aspekte kehren zur Quelle zurück; und wenn sie wiederkehren, werden sie verteilt. Und wie das Rad sich weiterdreht, gibt es mehr und mehr davon. Und letztlich, meine Lieben, sind alle Teile des Einen. Es gibt keine Teilung. Ihr seid alles, was je existiert hat!

Nun, wenn die Menschen geboren werden – und lasst uns von der heutigen Zeit sprechen –, wenn sie geboren werden und zu den Personen werden, die sie gewählt haben, wenn sie in die familiären Situationen kommen, die sie gewählt haben, dann vereinen sie bereits alle Aspekte der gesamten Menschheit. Tatsächlich seht ihr außerhalb eures Selbst Spiegelbilder dessen, was ihr seid. Wenn ihr noch ein Baby seid, zapft ihr das so genannte kollektive Bewusstsein der Menschheit an und so wachst ihr in die Glaubensstrukturen hinein, die für die jeweilige Kultur, das jeweilige Land, die jeweilige Rasse gelten. Und wie ihr ja wisst, variiert das von Land zu Land und manchmal gar von einem Teil des Landes zum anderen. Was jedoch alle gemeinsam haben ist ein Wertsystem, die Bewertung als Kind. Und durch dieses Werten und Abwerten eures Selbst lernt ihr, euch selbst zu bewerten. Und so hat sich das bereits verfestigt, wenn ihr erwachsen werdet.

Ihr habt bereits begonnen, das, was ihr seid, als nichtig zu beurteilen. Darum ist es so schmerzhaft für euch zu sehen, wer ihr seid, und darum projiziert ihr die Wertung außerhalb eures Selbst. Ihr müsst wirklich wissen, dass alles, was außerhalb von euch existiert, lediglich ein Spiegelbild dessen ist, was ihr selbst seid. Es gibt keine Facette menschlichen Verhaltens, die ihr nicht gewesen seid: Ihr wart, was man unter Opfer versteht; und ihr wart, was man unter Täter versteht. Es ist wichtig, dass ihr begreift, dass sich jeder seine absolut eigene Realität schafft. Was ihr seid, ist großartige, machtvolle Energie, doch ihr kennt eure eigenen Kräfte nicht. Ihr habt keine Vorstellung, welch wundervolle, kreative, multidimensionale Wesen ihr wirklich seid. Doch jetzt, meine Lieben, ist die Zeit großer Veränderungen gekommen. Da sind die zyklische Veränderung eurer Erde und auch die Veränderung des Bewusstseins der Menschheit. Eine Zeit, die für manche voller Angst ist; doch ihr müsst wissen, dass ihr wirklich alles selbst erschafft und auch alles verändern könnt. Wenn ihr die Veränderungen mit Angst vornehmt, dann werdet ihr die Verheerung und Verwüstung eures Planeten erfahren. Wenn ihr jedoch wirklich versteht, dass ihr die Realität selbst erschafft, dann könnt ihr ebenso ein wundervolles Paradies entstehen lassen. Wenn ihr mit Mut und Liebe im Herzen voranschreitet, dann, wahrhaftig, gibt es keinen Grund für eine Verheerung. Und mit der Zeit werdet ihr sehen, dass nichts wirklich vorbestimmt ist.

Wenn wir vom Multidimensionalen sprechen, meinen wir nicht bloß jene Bereiche, die ihr bewusst erreichen könnt wie zum Beispiel andere Zeitzonen, wir meinen die Dimensionen dieser eurer Erde. Seht, es gibt nicht nur eine Erde. Es gibt nicht nur ein Leben. Es gibt nicht bloß unveränderbare Situationen. Es gibt praktisch so viele Dimensionen, wie es Menschen gibt. Und jeder Einzelne von euch ist die zentrale Sonne seines Universums. Jeder erschafft sich sein eigenes Universum. Tatsächlich erschafft ihr es zusammen mit denen, die ihr in euer Leben hineinzieht. Ihr könnt alles haben; es gibt mehr als genug für alle auf diesem Planeten, alles, was ihr euch nur wünschen könnt.

Die Kunst des Manifestierens, meine Lieben, ist etwas, was ihr wirklich sehr gut kennt. Es ist nur so, dass ihr nicht wisst, wie man damit umgeht, doch ihr tut es jeden Tag. Ihr könnt Überfluss schaffen, Freude, Lachen, ihr könnt eine Welt der Liebe schaffen, hm? *Das könnt ihr alles haben.* Ihr solltet auch verstehen, meine Lieben, dass es nur zwei Arten des Ausdrucks auf dieser Stufe gibt: Die eine ist die Liebe und all die Wunder, die damit verbunden sind; und alles, was nicht ein Ausdruck der Liebe ist, ist tatsächlich ein Ausdruck von Angst. Und immer, immer könnt ihr wählen. Darum, wenn sich für euch Möglichkeiten auftun, müsst ihr wissen, dass ihr euch für die Liebe oder für die Angst entscheiden könnt. Nun, wir würden es begrüßen, wenn ihr mit den Fragen beginnt.

F:[1] *Wir sind alle eins. Das heißt, dass du und was auch immer wir uns vorstellen, es existiere, Teile der gleichen Einheit sind. Warum sind wir dann begrenzt und du nicht?*

P'taah: Nun, wir sind deshalb alle eins, weil wir alle aus derselben Quelle hervorgehen. Der einzige Unterschied besteht darin, dass wir verstehen, wie das Universum funktioniert, und dass ihr es nicht bewusst wisst. Doch seht: In Wahrheit liegt alles Verständnis und alles Wissen innerhalb jedes Einzelnen von euch. Jeder von euch ist beschäftigt, eilt und hastet umher und sucht die Erleuchtung. Meine Lieben, all die vielen Worte und das viele Wissen, das je hervorgebracht wurde, sind wirklich mehr als genug. Denn seit ewigen Zeiten erzählen alle eure Lehrer in allen heiligen Schriften dasselbe. Alles ist bereits darin enthalten. Nun, sowie ihr euer Bewusstsein mehr und mehr ausdehnt, ist es, als hättet ihr eine Radioantenne in euch. Und wenn ihr ein größeres Bewusstsein erreicht habt, ist es, als würde die Antenne weiter und weiter reichen und immer mehr Informationen empfangen. Und wenn dies geschieht, erhält der Computer in eurem Kopf immer mehr Möglichkeiten. Versteht ihr? Darum müsst ihr nicht außerhalb suchen – das ist nicht nötig. Der beste Lehrer, den ihr haben könnt, ist innerhalb eures Wesens. Und wahrlich, je mehr ihr euer natürliches Erbe – nämlich eure Gärten, eure Schöpfungen, eure Meere, euren Himmel, eure Jahreszeiten – in Besitz nehmt, umso mehr schwingt ihr im wirklichen Rhythmus eurer Erde mit. Es ist auch so: Je mehr ihr mit eurem Körper in Übereinstimmung lebt, desto kleiner wird die Trennung zwischen Körper und Geist. Ihr werdet dann verstehen, dass die physische Struktur eures Körpers tatsächlich ein Mikrokosmos eures Universums ist. Euer Körper spricht wirklich mit euch. Wenn der Körper krank *(im engl. disease)* ist, ist dies lediglich ein Spiegelbild einer emotionalen Unausgeglichenheit *(dis-ease)*, denn alles in der materiellen Wirklichkeit ist lediglich ein Spiegelbild – alles. Je mehr ihr in Übereinstimmung lebt, umso mehr versteht ihr euren Körper. Wenn ihr also beginnt, euer eigenes Wissen anzuzapfen, wird die Trennung des Selbst vom <u>SELBST</u> immer kleiner, versteht ihr das? Ihr werdet zum vollständigen, ganzen <u>SELBST</u>. Beantwortet das deine Frage, meine Liebe?

---

1 F: ist die Abkürzung für Fragesteller

F: *Es gibt mir genug nachzudenken, danke.*

P'taah: Frage?

F: *Was können wir tun, um mit diesem Wissen mehr in Übereinstimmung zu kommen, wie können wir das beschleunigen? Ich bin so ungeduldig.*

P'taah: Wirklich, dann muss man langsamer gehen.

F: *Gibt es nicht irgendeinen Weg, wie man aktiver sein Bewusstsein erweitern kann?*

P'taah: Nun, wir würden sagen, je mehr ihr sucht, je mehr ihr rennt und hastet, umso kleiner ist der Fortschritt. Seht, das ist der große Widerspruch, wie alles auf eurer Ebene. Man muss mit dem Fluss des Lebens gehen. Man muss nur sein. Der beste Ausgleich ist das Lachen. Spielt öfter, lacht öfter. Denn so ist es. Es bedeutet nicht: »Tue dies, tue jenes nicht.« So etwas wie richtig oder falsch gibt es nicht. Auch nicht gut oder schlecht. Und wahrlich, so etwas wie eine falsche Entscheidung gibt es auch nicht. Alles ist ein Lernprozess. Deshalb seid ihr hier, meine Lieben. Es ist nicht wegen der Erleuchtung. Je mehr ihr sie sucht, umso weniger werdet ihr sie finden. Unsere Frau[2] hat dafür einen herrlichen Ausdruck: Wir sind hier für eine gute Zeit, nicht für eine lange. Und es kann eine gute Zeit sein, mit viel Liebe und viel Lachen, viel nacktem Tanzen unter dem Mond – das bevorzugen wir. Geht feinfühlig mit eurer Natur um, in aufrichtiger Gemeinschaft, und sorgt euch nicht um Erleuchtung. Denn wenn ihr euch darum sorgt, meine Geliebten, wird sie immer schwerer zu erreichen sein. Ihr müsst wissen, dass ihr wirklich ein Ausdruck des Göttlichen seid – gleich, was ihr seid. Die Wahrheit ist, ihr seid alle erleuchtete Wesen – ihr habt es nur vergessen. Kein gut oder böse, kein richtig oder falsch, kein Werten, kein Urteilen, meine Lieben. Es gibt keinen Gott da oben, der sich über euer Tun Notizen macht. Wir sagen oft, dass die Menschen mit dem Konzept aufwachsen, dass der liebe Gott ein alter Mann ist und in den Wolken sitzt. Sogar wenn ihr erwachsen seid und intellektuell diesen Glauben fallen gelassen habt, glaubt ihr tief in euren Herzen immer noch, dass oben auf einer Wolke ein Gott über euch Buch führt. Nun, meine Lieben, ich bin über den ganzen Himmel geeilt, habe gesucht und gesucht und habe ihn nicht gefunden. Ihr seid das, was man Gott nennt. Ihr seid der/die große Gott/Göttin. Das ist es, was ihr wahrhaftig seid.

---

2   Mit »unsere Frau« bezieht sich P'taah auf Jani King.

F: *Aber wir leiden unter diesem Gedächtnisverlust!*
P'taah: In der Tat. Es ist einfach verschleiert. Doch seht: Alles, was ihr zu tun habt, ist, so wie diese geliebte Kreatur zu sein, die sich überhaupt nicht um Gott kümmert, die einen absolut wundervollen Abend verlebt. *(P'taah zeigt auf die Hauskatze, die sich wohlig im Schoß der Gastgeberin zusammengerollt hat.)*
Fragen?

F: *Wenn du sagst, da sei kein gut oder schlecht, wie legst du dann den Kurs für die Zukunft fest?*
P'taah: Ohne Werturteile, mein Lieber.
F: *Nun, wenn da zwei Wege sind, bewerte keinen. Aber welchem folgst du?*
P'taah: Tu, was immer dein Herz zum Singen bringt. Sieh, dort wo du herkommst – von einem Ort der Liebe –, wie kann es da eine falsche Entscheidung geben, hm? Es spielt keine Rolle. Tu, was im Moment dein Herz zum Singen bringt. Und wenn du ein wenig später merkst, dass es dein Herzenswunsch ist, etwas anderes zu tun, dann tu etwas anderes. Ihr müsst eure Entscheidungen nicht für ewig treffen. Ewig ist eine lange Zeit, meine Lieben. Ihr könnt eure Meinung jederzeit ändern. Nun, wir verstehen natürlich, dass man in eurer Kultur von euch erwartet, im Leben gewisse Entscheidungen zu treffen und sie auch zu befolgen. Nun, das scheint mir ein bisschen, hm, töricht, nicht? Es ist auch nicht nötig. Ihr mögt anderes entscheiden, wann immer ihr es wünscht – und das ist in Ordnung so! Nun, wir reden in keiner Weise über das gesellschaftliche Denken. Und für viele von euch bedeutet es, der Gesellschaft ein Dorn im Auge zu sein, wenn ihr tut, was euer Herz zum Singen bringt. Und dann müsst ihr entscheiden, was wichtiger ist: eure eigene Freude und Zufriedenheit oder die der Gesellschaft. Es gibt kein richtig oder falsch. Das existiert nur im menschlichen Verstand. Doch lasst uns die Urteilsfähigkeit nicht abtun! Wenn wir vom ›Nicht-Werten‹ reden, meinen wir keinesfalls das Fehlen von gesundem Menschenverstand. Ihr mögt unterscheiden und sagen: »Ich würde dies oder jenes vorziehen.« Werten ist, wenn ihr etwas ›richtig‹ oder ›falsch‹, ›gut‹ oder ›schlecht‹ macht. Versteht ihr, was ich sage? Folgt dem Herzen, meine Lieben! Es gibt keine falschen Entscheidungen – wie könnte es die geben? Und das, was als schlecht beurteilt wird, ist normalerweise eine Folge der Angst. Und wenn ihr jemanden wegen seines Benehmens verurteilt – was auch immer er tut –, müsst ihr wissen, dass diese Person lediglich ein Spiegelbild von euch selbst ist.

F: *Wenn man also eine bestimmte Eigenschaft in jemandem sieht, so sieht man nur einen Teil von sich selbst, meinst du das?*

P'taah: Genau. Nun, ihr müsst Folgendes verstehen: In all euren Tausenden und Abertausenden von Leben wart ihr alles – ihr wart, was man Mörder nennt; und ihr wart, was man den Ermordeten nennt. Ihr wart die Eroberer und die Eroberten. Ihr wart Sklaven; und ihr habt versklavt. Ihr wart die Vergewaltiger; und ihr wart die Vergewaltigten. Ihr wart die Kinder; und ihr wart die Kinderschänder. Es gibt nichts, was ihr nicht gewesen seid – ihr wart das alles. Darum müsst ihr euch daran erinnern und verstehen, welch ein Schmerz und welche Pein und welch ungeheure Angst mit solchen Taten einhergehen, die nicht der Liebe und dem Mitgefühl entspringen. Sogar in diesem Leben gibt es bei jedem von euch Bereiche, wo ihr es sicherlich vorzieht, dass niemand anderer davon weiß. Doch seht, es gibt kein Gericht. Ihr alle seid eine Schöpfung des Gedankens von Gott/der Göttin, dem ›<u>ALLES, WAS IST</u>‹. Jedes Teilchen von euch ist ein Ausdruck davon, oder es würde nicht existieren. *(Eine lange Pause)* Fragen?

F: *Meine Frage betrifft das Manifestieren. Warum gelingt der Versuch zu manifestieren manchmal, doch ein anderes Mal wieder nicht?*

P'taah: Nun, das ist eine sehr gute Frage. In der heutigen Zeit wird unter euch viel über das Manifestieren geschrieben und geredet. Man lehrt euch, positiv zu denken, zu sagen: »Ich wünsche mir dies« oder: »Ich möchte, dass sich dieses oder jenes ereignet.« Wenn ihr das oft genug tut, wird sich euer Wunsch auch tatsächlich erfüllen. Nun, ihr mögt die Worte sagen, doch wie auch immer, meine Lieben, im Grunde *manifestiert* ihr, indem ihr *Gedanken mit Gefühlen verbindet*. Wenn ihr euch Geldstücke im Überfluss wünscht und jeden Morgen beim Aufwachen sagt: »Ich wünsche mir, dass ich viel und reichlich Geld erhalte«, und es dann doch nicht bekommt, dann wäre es nötig, sich zu fragen, warum. Nun, wir nehmen Geld als ein Beispiel, weil die Menschheit stark darauf fixiert ist. Und wir möchten euch Folgendes fragen: Was denkt ihr wirklich über Geld? Nun, wir hören die Leute viele Dinge über Geld sagen. Unsere Frau hat gerade die letzten Tage davon gesprochen, und es war eine sehr gute Übung, denn sie hat aufgeschrieben, was sie über das Geld sagt und denkt. Und sie war höchst erstaunt: »Das verflixte Geld … Man hat nie genug davon … Nie hat man's, wenn man's braucht … Man muss arbeiten, um Geld zu bekommen … Geld wächst nicht auf Bäumen … Geld ist die Wurzel allen Übels.« Tönt das irgendwie bekannt? Und dann wundert ihr euch, wenn es nicht kommt, wenn ihr danach fragt.

Wir möchten euch auch bitten, Folgendes in Betracht zu ziehen: Geld ist eine Gedankenkonstruktion, ein Symbol. Es ist Energie. Wie auch immer, das, was ihr darüber denkt, und die Gefühle, die ihr dabei habt, machen sein Wesen aus. Versteht ihr das? Nun, wenn ihr den Glauben habt, dass es nicht da sei, dass ihr es nicht wirklich gern habt – oder auch: Geld sei nicht spirituell; und wenn ihr wirklich spirituell seid, würdet ihr darüber stehen und es nicht brauchen – wenn ihr es also von euch wegstoßt, wie könnt ihr dann erwarten, dass es zu euch kommt? Ich will damit sagen, dass ihr die Glaubensstrukturen erkennen müsst, die jeweils zugrundeliegen. *Es sind die zugrundeliegenden Glaubensstrukturen,* die eure gesamte Wirklichkeit erschaffen. Lasst uns die Beziehungen ansehen. Viele von euch sind in keiner Beziehung – in einer Ehe oder einer Liebesbeziehung –, wünschen sich aber sehnlichst einen Geliebten, nur, der kommt nicht. Doch was denkt ihr wirklich über die Liebe? Im Grunde glaubt ihr, dass Liebe wehtue. Liebe sei Schmerz, denn das ist das, was ihr erfahren habt. Ihr glaubt, eine Beziehung dauere nicht. Ihr glaubt all dies über die Liebe und wundert euch, dass sie euch nicht begegnet. Versteht ihr? Wenn ihr also etwas wünscht, das sich nicht manifestiert, dann nehmt ein Papier und schreibt auf einer Seite auf, was ihr wollt. Auf die andere Seite schreibt ihr, was ihr in diesem Zusammenhang glaubt. Dann werdet ihr sehr erstaunt sein, hm? *Gedanken, verbunden mit Gefühlen, manifestieren sich in eurer Wirklichkeit.* Gedankenstruktur – das ist alles. Das, was ihr glaubt, bildet die Bausteine eurer Realität. Ihr glaubt, dass der Boden, auf dem ihr steht, fest sei. Er ist es nicht. Ihr glaubt, die Wand sei fest, da könne man nicht hindurchgehen. Sie ist nicht fest, meine Geliebten. Solidität ist ein allgemein verbreiteter Glaube der Menschheit. Ihr glaubt, dass eure Erde massiv sei. Sie ist nicht massiv. Es gibt große Zivilisationen in eurer Erde. Wenn eure Wissenschaftler viele Meilen tief in der Erde Proben holten, würden sie sie als massiv befinden. Doch ehrlich: Sie ist es nicht – es ist nur der Glaube. Die Zivilisation innerhalb eurer Erde befindet sich allerdings in einem anderen Raum-Zeit-Kontinuum, doch sie sind wirklich dort. Es ist nur, dass ihr glaubt, dass sie es nicht sind. Das, was eure Erde ausmacht, ist nicht wirklich massiv. Denn es gibt in Wahrheit keinen großen Unterschied zwischen dem, was man Luft nennt, und dem, was man Wasser, oder dem, was man Erde nennt. Allgemeiner Glaube macht es zu dem. Was eigentlich sehr gut ist – denn wäre es nicht so, gäbe es ein großes Durcheinander, hm?

Ideen-Konstrukte[3] – die Glaubenskonzepte, welche die Menschen haben – entwickeln sich auch. Wir wollen als Beispiel von dem physischen Wesen reden, das als Joshua Ben Joseph, Christus, auf eurer Erde wandelte. Nun, mit dem, was eure Religionen aussagen, könnten wir – beim jetzigen Stand der Dinge – nicht übereinstimmen. Denn eure Religionen bilden die Struktur für eine riesige Versklavung. Doch dies nur am Rande. Jenes Wesen namens Joshua Ben Joseph hat nicht viel gemein mit dem Gedanken-Konstrukt, zu dem es während der letzten zweitausend Jahre gemacht wurde. Wie auch immer, das Gedanken-Konstrukt ist gültig. Es hat ein Wesen geschaffen, dessen wirkliches Leben nicht vergleichbar ist mit der Idee, zu der es wurde. Deswegen ist es allerdings nicht weniger mächtig. Es gibt nichts, keine Sache, die ihr in eurer Realität wahrnehmt, die nicht ihre Gültigkeit hätte. Alles hat seine Gültigkeit, und alles ist göttlicher Ausdruck. Sogar dann, wenn ihr nicht damit übereinstimmt. Ihr versteht, dass es viele Arten des Verhaltens, viele Glaubensstrukturen gibt, die wohl ihre absolute Gültigkeit haben, jedoch nicht zur Harmonie für die Menschen oder den Planeten beitragen. Wie auch immer, *das, was ihr ablehnt, das ermächtigt ihr.* Es ist wie mit der Angst. *Das, wovor ihr Angst habt, das zieht ihr an.* Die Menschen glauben, dass Gedanken in den Kopf gehören und außerhalb keine Wirkung haben. Dem ist nicht so. Gedanken sind Energiewellen. Sie sind, wie ihr es nennt, eine elektromagnetische Energie, die das, was sie enthält, anzieht. Das Universum wertet nicht, ob die Energie gut oder schlecht ist, sie IST einfach.

Sowie ein Gedanke sich ins Universum fortsetzt, habt ihr eure Wirklichkeit mit erschaffen. *Wenn ihr einen Gedanken, verbunden mit einem Gefühl, aussendet, dass ihr euch dieses oder jenes wünscht, dann wird sich das gesamte Universum neu ausrichten, damit sich der Wunsch erfüllt.* Auf diese Weise zieht ihr auch diejenigen Leute an, die ihr mögt. Es gibt keine Unfälle. Es gibt keinen Zufall. Wirklich alles ist erschaffen, cokreiert.

---

3 Der Ausdruck Ideen-Konstrukt ist grammatikalisch vielleicht nicht ganz akzeptabel, zusammen mit vielen anderen von P'taah's speziellen Ausdrücken bleibt er aber hier weitgehend unverändert. Mit diesem Ausdruck bezieht sich P'taah auf all jene menschlichen Wirklichkeiten (Glaubensstrukturen), die mit der Wahrheit oder den Tatsachen wenig bis gar nichts zu tun haben.

Nun gibt es viele, die sagen werden: »Und was ist mit dem Unfall, wo ein Kind vor ein Fahrzeug rennt und getötet wird? Und was ist mit den Eltern des Kindes? Und weiter, was ist mit dem, der das Fahrzeug fuhr und dessen Familie? Wie kann sich jemand etwas so Furchtbares wünschen?« oder »Wie kann sich ein Kind eine Geburt in einem Land erschaffen, wo es vor Hunger sterben wird?« Es geschieht tatsächlich wegen der Erfahrung. Denn seht, so etwas wie Tod gibt es nicht wirklich. Das ist eine große Illusion. Wie wir vorher schon sagten, gibt es nicht nur ein Leben, es sind Tausende und Abertausende von Leben. Und außerhalb dieses Raum-Zeit-Kontinuums finden sie alle gleichzeitig statt. Man könnte ein Leben nach dem anderen anschauen, wenn man sie wie eine Linie auf ein Blatt Papier zeichnen würde. Das, was man dann darauf sähe, könnte man Seelenenergie nennen. Aber in Wahrheit gibt es keine Vergangenheit und auch keine Zukunft, es gibt nur das Jetzt. Nun, wir verstehen, dass es für die Menschen schwierig zu begreifen ist, dass diese Leben gleichzeitig, simultan, alle zur gleichen Zeit stattfinden. Es wäre jedoch in diesem Stadium des Bewusstseins schwierig, wenn die Zeit nicht das wäre, was ihr darunter versteht.

Es existiert auf anderen Planeten und in anderen Galaxien tatsächlich auch Zeit – aber es ist eine andere Zeit – und dort gibt es auch das Wissen darüber. Jene Sternenwesen können durch die Zeit reisen, so wie ihr euch das vorstellt. Darum können sie auch das sehen, was ihr unter Zukunft versteht.

Doch fragt uns nicht über eure Zukunft – wir sind keine Hellseher und ihr erschafft euch eure Zukunft vom einen Moment zum anderen selbst. Nun, ich weiß, dass ihr dazu Fragen habt, darum bitte fragt.

F: *Ist es nicht so, dass ich mit einem Gedanken, den ich fasse, meine Zukunft erschaffe? Ist das so mit jedem Gedanken, ob ich den nun über dich oder über die Zukunft habe? Indem ich meine Gedanken auswählen kann, kann ich auch meine Zukunft auswählen?*

P'taah: In der Tat.

F: *Weil dies jeder tut, haben wir viele verschiedene Wirklichkeiten. Und da jede Wirklichkeit ihre Gültigkeit hat, sollte ich mich nicht um anderer Leute Wirklichkeit kümmern. Ist es meine Aufgabe als Kind Gottes, mir meine eigene Wirklichkeit zu schaffen?*

P'taah: In der Tat, das ist so. Über das, was ihr Zukunft nennt, wollen wir noch etwas anderes sagen; wir werden kurz über mögliche Wirklichkeiten reden. Immer wieder während eines Lebens, wenn ihr zu einem Entscheidungspunkt gelangt – wenn wir Entscheidungspunkt sagen, meinen wir, dass ihr dies oder jenes tun könntet –, ist mit jeder möglichen Wahl ein gefühlsmäßiger Gedanke verbunden. Nun, wir wollen ein Beispiel geben. Ein junger Mann trifft ein reizvolles Mädchen und sie entschließen sich, zu heiraten. Auf der einen Seite liebt er sie sehr, doch auf der anderen Seite möchte er noch die Welt bereisen. Er wäre gerne frei, um mit anderen auszugehen und weiß, wenn er heiraten würde, wäre das nicht mehr möglich. Er möchte vielleicht auch noch weiterhin zur Schule und weiß, dass auch dies nicht mehr möglich wäre. So wägt er vorsichtig ab, was sein Herzenswunsch ist und vielleicht auch, was praktischer wäre, hm? Und dann entscheidet er sich zu heiraten und tut es auch. Wie auch immer, er hat sein anderes Leben bereits in Bewegung gesetzt. Und weil es mit Gefühlen verbunden war, lebt es auch weiter als eine gültige Wirklichkeit. Der einzige Grund, warum er davon bewusst nichts weiß, ist, weil er seine Aufmerksamkeit außerordentlich scharf eingestellt hat. Darum sagen wir euch, dass euer Leben und eure Wirklichkeiten wahrhaftig fließend sind. Nichts ist festgelegt, darum habt ihr auch, wie ihr seht, Tausende und Abertausende möglicher Wirklichkeiten. So, wie sie auch eure Erde hat.

Nun, es wurde auch viel über die kommende Veränderung von der sogenannten dritten in die vierte Dimension oder Dichte gesagt, die in nächster Zeit stattfinden wird – und es wird sich auch viel Schrecken über diese Veränderungen und das, was während dieses Übergangs geschieht, verbreiten. Viele haben Angst davor, dass sie dann vielleicht weiterziehen, weil sie spirituell fortgeschrittener sind als jene, die sie lieben. Und diejenigen, die weniger fortgeschritten sind, würden in der dritten Dichte zurückgelassen oder müssten gar sterben. Dies ist menschliches, absolutes, konkretes Denken. Doch das steht alles nicht fest. Es gibt mehr als eine Erde – es gibt bereits eine Erde in der vierten Dichte. Jede Dimension existiert bereits. Es ist nicht so, dass, wenn die Menschen die Geschehnisse auf diesem Planeten nicht in den Griff kriegen, die Welt explodieren würde und dies das Ende von allem sei. Wir wollen es noch einmal sagen, meine Lieben, dass das eine Illusion ist. Ihr könnt nicht sterben, es gibt kein Ende. Es wird eine Zeit des Übergangs geben, bei dem man sagen könnte, dass es in Wahrheit, hm, wie ein sanfter Durchgang durch Schleier des Nebels ist, wo weder das eine noch das andere existiert. Es braucht kein Holocaust zu sein und keine Verwüstung. Natürlich wird es stufenweise Veränderungen geben, und einige von ihnen werden, in eurer Zeit gerechnet, bald stattfinden.

Tatsächlich haben sie bereits begonnen, und wir möchten euch daran erinnern, dass die Veränderungen eurer großen Göttin von einem wunderbaren Gefühl begleitet sind. Dieses Wunder bietet Anlass zur Freude. Und wenn ihr über jene lest, die sterben, dann denkt daran, dass es ihre eigene Wahl ist und dass es den Tod nicht gibt. Sie tun es wegen der Erfahrung, das ist alles. Es gibt keinen Tod, kein Ende. Fragen, meine Lieben?

F: *Waren wir in früheren Inkarnationen vielleicht eine Katze, ein Baum oder eine Blume?*

P'taah: Es ist nicht so, dass die Seelenenergie – die ganze Seelenenergie – zu einer Katze, einer Blume oder einem Baum wird. Aber auf der Seelenebene kann sich ein Teil der Seele jede Erfahrung auswählen, die sie wünscht, etwa als Kristall zu inkarnieren oder in einer gänzlich anderen Dimension der Wirklichkeit. Seht, ihr seid in eurer ganzen Größe nicht bloß als menschliche Wesen geschaffen, ihr seid viele Dinge – was immer ihr auf der Seelenebene ausgewählt habt. Doch wir wollen damit nicht sagen, meine Lieben, dass ihr als Katze wiederkommt. Das, was man Tier nennt *(und wir sprechen nicht von* Cetacea[4], *denn sie haben die gleiche Seelenenergie wie Menschen)*, das, was man Fauna und Flora nennt, hat eine Dimension, die ihr ›zweite Dichte‹ nennen würdet. Darum würde nicht die ganze Seelenenergie ein Baum werden oder in die sogenannte zweite Dichte oder Energie gehen wollen. Aber die Seele kann sich in der Tat – wo auch immer, wie auch immer – die Erfahrung aussuchen, die sie wünscht. Ihr seht, ihr seid sehr mächtig.

F: *Können wir unsere Gedanken beeinflussen und uns auf eine bestimmte Seelenebene wünschen?*

P'taah: Meinst du eine Inkarnation in der zweiten Dichte?

F: *Eher in der vierten Dichte.*

P'taah: Es ist nicht so, dass euer Wesen in der dritten Dichte so viel Einfluss hat auf das, was man Seele nennt. Eher wird die Seele das Wesen in der dritten Dichte beeinflussen. Natürlich könnt ihr eure Seele, den Gott/die Göttin eures Wesens, um etwas bitten. Und zu gewissen Zeiten geht das auch in Ordnung. Aber seht, euer höheres Selbst weiß, was zu eurem Besten ist.

---

4 Cetacea: Säugetiere in Fischform, einschließlich Wale und Delfine.

F: *Erschaffen wir uns also unseren bestmöglichen Weg, indem wir uns nach unserem inneren Gott ausrichten?*
P'taah: Mein Lieber, du hast im Sinne der Lektionen, die du lernen willst, bereits deinen besten Weg erschaffen. Verstehst du das? Wenn du dich nach dem göttlichen Faden, wenn du so willst, ausrichtest, dann erkennst du natürlich immer, was für dich harmonisch ist. So ist es in der Tat.

F: *Ist es möglich, körperlich zu sterben, das Bewusstsein zu behalten und zurückzukommen?*
P'taah: Das geschieht doch öfters. Es gab Energien, die klinisch tot waren und wiederbelebt wurden.
F: *Ich denke eher an die vielen Leute, die Angst vor dem Sterben haben. Ich erinnere mich an meinen Vater, der Anfang dieses Jahres ging, jedoch nicht gehen wollte. Er hatte Angst zu gehen. Wenn also jemand stirbt – ich würde mich dafür zur Verfügung stellen – und dann zurückkäme und den anderen zeigte, wie es ist, dann wäre diese Angst um vieles kleiner. Man könnte so den Alten und Leidenden helfen.*
P'taah: Mein Lieber, selbst wenn du sterben und zurückkommen würdest – und du weißt, das ist schon vorgekommen –, hülfe das den Leuten in ihrer Angst vor dem Tod keineswegs. Euer Joshua Ben Joseph starb tatsächlich und kam wieder zurück, hm, doch es verhalf nicht vielen Leuten zum wirklichen Verständnis, dass es den Tod nicht gibt, dass er nur eine Illusion ist. Darum, Geliebter, selbst wenn du das tätest, würdest du den Leuten nicht helfen. Denn zu diesem Verstehen muss jeder selbst gelangen, weil sich jeder seine eigene Wirklichkeit erschafft. Nun, es gibt viele, die durch diese körperliche Übersetzung[5] gehen und fest daran glauben, dass es einen Himmel und eine Hölle gibt. Und sie haben ein Bild im Kopf, wie der Himmel und wie die Hölle aussieht. Das ist dann genau das, was sie vorfinden, wenn sie ihren Übergang machen.
F: *Meinst du Sterben?*
P'taah: Genau. Dann werden sie begreifen, dass das nicht so sein muss. Dann gibt es auch einige, die glauben, dass nach dem Tod gar nichts mehr passiert – nun, die werden sehr überrascht sein.
F: *Was passiert denn wirklich, wenn man stirbt?*
P'taah: Erstens nimmst du dein Bewusstsein mit – wirklich: Deine sogenannte Energie nimmst du mit. Viele Leute verstehen nicht richtig,

---

5 Einer von P'taah's Ausdrücken für physischen Tod.

dass sie physisch nicht mehr sind, weil sie sich immer noch so fühlen, als hätten sie einen Körper. Diejenigen unter euch, die außerkörperliche Erfahrungen hatten – das ist, wenn das Bewusstsein den Körper verlässt –, haben ihren Körper auf dem Bett liegen sehen und sich gesagt: »Wie kann das sein, ich fühle doch meinen Körper immer noch?« Hm? Darum ist diese Erfahrung für viele Leute sensationell. Jedoch euer Bewusstsein geht mit euch. Das wird sich aber ändern. Doch wie auch immer, es ist sehr schwierig für mich, euch zu sagen, was wirklich passiert. Das ist, wie wenn man einem Fötus in der Gebärmutter erklären würde, wie es nach der Geburt sein wird.

Viele dieser Konzepte werden sehr kompliziert, weil sie doch in die beschränkten Schachteln eurer Glaubensstruktur, in euer bewusstes Verständnis passen müssen. Darum versuchen wir hiermit euer Bewusstsein ein wenig mehr auszudehnen, sodass ihr ein größeres Verständnis erlangt – damit ihr das umfassende Wissen darüber, wer ihr wirklich seid, nutzen könnt. Und wisst auch Folgendes, meine Lieben: Sowie ihr eure Frage stellt, und ihr könnt alles fragen – nichts wird für zu bedeutungslos erachtet –, wisst ihr in Wahrheit bereits die Antwort. Nun, meine Lieben, wir verstehen, dass ihr viele Fragen habt. Trotzdem meinen wir, dass es für den Moment genug ist. Diesen Abend gab es viel Information, und wir wollen den Stromkreis nicht sprengen, den Computer nicht überladen, hm?

Wir möchten noch sagen, dass es immer eine Freude ist, mit euch zu sein. Wir haben die Menschen in unser Herz geschlossen, und wir freuen uns auf unser nächstes Zusammensein. So, nun könnt ihr euch mit eurem Papier beschäftigen und neue Fragen vorbereiten. Wir werden versuchen, sie nach Möglichkeit zu beantworten.

(P'taah wendet sich einer Frau zu, die leise weint:) Es ist schon gut, geliebtes Wesen. Man muss es nicht so ernst nehmen – zu wissen, dass du es warst, die diese wundervolle Erfahrung, genannt Leben, ausgesucht hat und dass das ›Getrennt-Sein‹ diese Zusammenkunft umso wertvoller macht.

Meine Lieben, macht weiter in Liebe und lacht. Wir würden sagen, spielt mehr, seid albern. Ich spaße nicht. Na ja, natürlich spaße ich, aber auch wieder nicht. Wir bedanken uns.

Zweite Übermittlung

P'taah: Guten Abend, meine Lieben. Wie geht es euch heute Abend?
Publikum: *Sehr gut, danke.*
P'taah: Wirklich, es ist mir eine Freude, bei euch zu sein. *(P'taah wendet sich kurz der Person zu, die sich um die Aufnahmeausrüstung und die Aufzeichnungen kümmert.)* Ist dein Gerät in Ordnung? Sehr gut. Wir hoffen wirklich, mein Lieber, dass die Worte für dich einen Sinn ergeben. Wie du weißt, haben wir bis jetzt vor allem darüber gesprochen, dass die Energie eins zu eins rüberkommt. Denn tatsächlich kommunizieren wir auf mehreren Ebenen. Nicht nur über die Sinne, wie ihr es versteht. Wir sprechen auch andere Dimensionen eures Seins an. Weil wir auf diese Art mit euch kommunizieren, wird in euch ein Verständnis reifen, das nicht zu Stande käme, wenn ihr nur die Worte lesen würdet. Darum ist es an dir, mein Lieber, den Sinn zu erfassen. In Ordnung?

Seid willkommen, meine Lieben! Nun, die Grundsteine eurer Realität sind eure Glaubensstrukturen. Dies sind die Bausteine, wenn ihr so wollt, aus denen ihr eure tägliche Realität, ja das ganze euch bekannte Universum bildet. In mancher Hinsicht setzen wir sogenanntes Grundwissen voraus; ihr habt solche und ähnliche Worte schon oft gehört. Doch obwohl ihr es intellektuell versteht, wurde viel von diesem Grundwissen noch nicht gefühlsmäßig verarbeitet. Die Bausteine eures Seins setzen sich aus dem zusammen, was ihr von euch glaubt, und diese Bausteine entstehen bald nach eurer Geburt. Euch wird beigebracht, was ihr über euer Selbst zu glauben habt. Nur leider weist man euch eher auf die sogenannten negativen Aspekte eures Seins hin.

Eure Rollenmodelle aus der Vergangenheit – und natürlich ist das von Kultur zu Kultur etwas verschieden – sind so großartig, dass ihr das Gefühl habt, ihr könntet ihnen nie wirklich gerecht werden. Nun, wir sprechen hier speziell über die grundlegende Religion der heutigen Zeit. Zwar wird in eurer Kultur die Religion von Millionen von Menschen verdrängt, doch wie auch immer, meine Lieben, gefühlsmäßig ist sie in euch. Sie ist auch in eurem sogenannten kollektiven Bewusstsein. Wir sprechen hier von Joshua Ben Joseph, dem Christus. Man lehrt euch in frühen Jahren, dass dieser starb, weil ihr so schlecht seid. Er starb, um euch zu retten, hm? Das ist nicht so. Ihr brauchtet noch nie Rettung. Und dieser als Christus bekannte Mann starb sicherlich nicht für euch. Eher als Erfahrung für sein eigenes Selbst, und, wenn ihr so wollt, zur Demonstration. Der Grund für diese Demonstration war, der Menschheit zu zeigen, dass es so etwas wie den Tod nicht gibt. Nun, ihr wisst ja, wie das alles verdreht wurde. Deshalb wachst ihr seit eurer Geburt mit dem Glauben an Schuld und Sünde auf. Und so kommt das Verurteilen zu Stande.

Nun, wir sprechen jetzt darüber, weil es für euch wichtig ist, diese Glaubensformen, die ihr seit eurer Kindheit in euch tragt, zu erkennen. Eure Erfahrungen als Kind – selbst wenn man sie nicht als traumatisch bezeichnen kann – werden zur Linse, durch die ihr eure Welt betrachtet, während ihr zum Erwachsenen heranreift.

Ihr glaubt, dass ihr nichts wert seid, dass ihr die Liebe nicht verdient, dass ihr all die Wunder, die euer Universum für euch bereithalten könnte, nicht verdient, dass ihr der Liebe Gottes nicht wert seid, dass manche Menschen es nicht einmal verdienen zu atmen. Es ist höchst interessant, jene auf eurem Planeten zu beobachten, die Schwierigkeiten mit dem Atmen haben. Denn in Wahrheit glauben diese Menschen wirklich, dass sie nicht wert sind zu leben. Ihr glaubt, ihr endet dort, wo eure Haut endet. Dem ist nicht so. Ihr glaubt – und wir haben darüber bereits gesprochen –, dass eure Erde rund und fest sei. Dem ist nicht so. Ihr glaubt, Gedanken seien etwas, was in euren Köpfen bleibt und den Rest des Universums nichts angeht. Dem ist nicht so. Es ist eine sehr interessante Übung für euch, eure Glaubenssätze zu erkennen; aufzudecken, was ihr über euer Selbst glaubt. Was ihr von anderen Leuten glaubt. Was ihr von eurem Planeten glaubt, von eurer Flora und Fauna. Seht: Wenn ihr beginnt, das, was ihr glaubt, genau zu hinterfragen – die Glaubensformen, die ihr mit euch herumtragt und von denen ihr intellektuell genau wisst, dass sie Unsinn sind –, werdet ihr erstaunt sein. Ihr glaubt, dass ihr nicht wirklich Teil Gottes/der Göttin seid, Teil von ALLEM, WAS IST. Wir kennen diese Sehnsucht, ganz zu werden, die in jeder Brust steckt. Sie ist fühlbar. Doch schaut, in Wahrheit seid ihr in einem gewissen Sinne bereits ganz. Die sogenannte Trennung des Selbst vom SELBST ist die bitterste Pille für euch alle – für die gesamte Menschheit. Alle Menschen leiden unter dem Kummer dieser Trennung, dem inneren Wissen, dass ihr nicht ganz seid und dem verzweifelten Wunsch, ganz zu werden. Mit dem Glauben, dass ihr es nicht wert seid, dass ihr nicht gescheit genug seid, dass ihr nicht schön genug seid, dass ihr *nicht genug* seid, haltet ihr diese Trennung aufrecht. Wir haben euch gesagt, dass alles außerhalb von euch ein Spiegelbild sei, eine große Reflexion für euch. Und wir haben gesagt, dass, wenn ihr jemanden streng beurteilt, ihr bloß ein Spiegelbild eures Selbst seht. Doch, meine Lieben, lasst euch sagen: Geht in euren Garten, schaut in den Himmel, schaut die Bäume an, den Mond, den Sonnenaufgang, den Sonnenuntergang, die Schönheit dieses Augenblicks, und seid gewiss: Dies ist auch ein Spiegelbild dessen, was ihr seid. Ihr seid auf wunderbare Weise schön, jeder Einzelne von euch, und ihr wisst es nicht.

(An diesem Punkt wird P'taah's Stimme unglaublich sanft.)

Wahrlich, ihr wisst es nicht. Und wir möchten, dass ihr Ehrfurcht vor eurer eigenen Schönheit bekommt, dass ihr lernt, wie es ist, wenn ihr mit dem, der ihr seid, eine wundervolle Liebesaffäre habt. – Wie liebt ihr die Person, die ihr seid? *(Eine lange Pause)* – Genau, wie liebt ihr das, was ihr seid?

Schau in den Spiegel, und wisse, dass du ein einzigartiger Edelstein bist, eine Facette des Juwels, das die Menschheit ausmacht. Aber alles, was ihr wirklich kennt, ist Schmerz, Leid und Verlassenheit. Nun ist wirklich die Zeit für die Veränderung gekommen. Die Menschheit, ja das ganze Universum, ist im Begriff, sich von der sogenannten männlichen Energie, dem männlichen *Tun* zu verabschieden. Jetzt ist die Zeit für menschliches *Sein*[6] gekommen.

Männliche Energie bedeutet sich zu bemühen, zu organisieren, vorzustoßen. Weibliche Energie ist das Nährende, das Zulassende dessen, was sich von selbst ergibt. Nun, es spielt keine Rolle, welches Geschlecht ihr habt. Die Seele hat kein Geschlecht. Die ganze Menschheit – auch das, was man Frau nennt – orientiert sich an der männlichen Energie, den Bemühungen zu tun, zu überleben. Die Frauen auf eurem Planeten haben sich sehr über die sogenannte Frauenbewegung gefreut: New Age – Frauen an die Macht. Diese Frauen waren sehr glücklich. Sie sagten: »Nun werden wir's ihnen zeigen – diesmal kriegen wir sie, diese Bastarde.« Hm? Ihr kennt das sicher. Doch seht, in Wahrheit haben sich die Frauen an der männlichen Energie orientiert, weil sie überleben mussten und weil in eurer Kultur die weibliche Energie verachtet wurde. Es war ganz einfach unverzeihlich, wenn ein Mann einmal weinte, wenn

---

6 Anmerkung des Übersetzers: Human being bedeutet menschliches Wesen, being heißt gleichzeitig auch Sein, doing bedeutet das Tun. Im Englischen ist deshalb ein Wortspiel mit diesen beiden Ausdrücken möglich. Human doing, statt human being.

er sanft und fürsorglich war und die Dinge einfach auf sich zukommen ließ. Nun, ihr alle hier wisst, dass sich manches verändert hat. Es wird sich immer mehr verändern. Die männliche Energie soll nicht schlechtgemacht werden, doch es soll ein Gleichgewicht entstehen – in Männern und Frauen soll die männliche und weibliche Energie im Gleichgewicht sein. Man könnte es mit den beiden Flügeln einer Taube vergleichen. Mit nur einem Flügel würde die Taube nicht fliegen können. Das, was ihr seid, *zulassen*. Jedem Menschen erlauben, der zu sein, der er ist. Das bedeutet enorme Veränderungen bei der Erziehung eurer Kinder. Sehr bald, in eurem Zeitbegriff gesprochen, werden die Kinder nicht mehr in die Schule gehen. Wirklich, es wird eine ganz andere Art Lernerfahrung geben.

Wenn das Gleichgewicht erreicht ist, wird sich das auf eurem ganzen Planeten widerspiegeln. Bis dahin möchten wir nur so viel sagen: Bei einem planetarischen Aufstieg geschehen viele Dinge, die äußerst unharmonisch sind. Wir haben bereits erwähnt, dass viele Leute die kommenden Veränderungen in Angst und mit Bestürzung erleben werden. Doch, ihr Lieben, ihr habt es so ausgesucht. Ihr wolltet hier sein, um Zeuge dieser Veränderungen zu werden, um zu helfen, damit diese Veränderungen harmonisch verlaufen. Damit ihr verstehen könnt, dass es *eine solche Sache wie den Tod wirklich, wirklich nicht gibt*. Wenn ihr glaubt, dass es den Tod nicht gibt; wenn ihr glaubt, dass ihr alle Dinge in eurer physischen Welt verändern könnt; wenn ihr zum Verständnis gelangt, dass jedes Wesen auf eurem Planeten dazu die Macht hat – wie denkt ihr, wird dann diese Veränderung für euch sein? Wenn ihr wisst, dass ihr die Dinge verändern könnt – euer Leben verändern könnt –, dann habt ihr keine Angst mehr. Ihr könnt anderen zeigen, dass es nicht nötig ist, Angst zu haben, dass die kommenden Veränderungen absolut in Ordnung sind. Das, was man eine Katastrophe nennt, kann eine Chance sein, und was euch als schreckliche Umstände erscheinen mag, kann eigentlich ein Grund zur Freude und zum Feiern sein. Denn durch solche Situationen werden die Veränderungen für die neue Ordnung in die Wege geleitet. In diesem Zusammenhang werdet ihr begreifen, wie wichtig es ist zu erkennen, was ihr glaubt und vor allem, was ihr von euch selbst glaubt. *Zu verstehen, dass alles außerhalb eures Selbst ein Spiegelbild ist*. Wenn ihr mehr und mehr zur Ganzheit findet, ein immer mehr erweitertes Bewusstsein erlangt, werdet ihr das für alle anderen um euch herum ausstrahlen. *Ihr erschafft euch eure gesamte Wirklichkeit absolut selbst*. Es gibt keine Unfälle, keine Zufälle. Ihr seid es, meine Lieben, ihr seid die Verantwortlichen. Und ihr habt auch die Macht, ein wunderbares, wundervolles Paradies zu erschaffen.

Nun, bei den kommenden Treffen werden wir Schritt für Schritt besprechen, wo ihr in eurem Leben steht, wie ihr eine Veränderung innerhalb eures Selbst bewirken könnt, wie ihr Schmerzen und Pein annehmen könnt, wie ihr körperliche Krankheiten umwandeln könnt und wie ihr euch integriert, ganz werdet, mehr und mehr zu dem werdet, das ihr wirklich seid. Nun, habt ihr Fragen, meine Lieben?

F: *Wenn du von einer neuen Ordnung sprichst, meinst du dann dasselbe wie die Politiker, wenn sie von einer neuen Weltordnung reden? Ich glaube nicht. Aber ich hätte das gerne bestätigt.*

P'taah: Du meinst vielleicht, das sei nicht der korrekte Ausdruck, wenn wir von einer neuen Ordnung reden, einer neuen Ordnung für die Menschheit. Tatsächlich könnte man beinahe von einer neuen Art Mensch sprechen. Das wurde jedenfalls für die Veränderung von der dritten zur vierten Dichte oder Dimension der Wirklichkeit verkündet. Nun, wir möchten dazu Folgendes sagen: Wir gebrauchen diese Ausdrücke nicht so gerne. *Denn was wir im Hinblick auf diese Veränderung sagen, ist wirklich jenseits eures jetzigen Verständnisses.* Viele von euch haben schon einen flüchtigen Eindruck, wie es sein wird. Doch wie wir bereits erwähnten: *Zu beschreiben, wie es sein wird, ist, wie wenn man einem Fötus im Mutterleib beschreibt, wie das Leben nach der Geburt sein wird.* Eigentlich wisst ihr bereits, wie es ist, denn jenseits eurer jetzigen bewussten Wahrnehmung seid ihr bereits dort. Wie auch immer, in der sogenannten neuen Ordnung werdet ihr bewusst wissen. Ihr werdet das bewusste Verständnis erlangen, dass ihr Lichtwesen seid. Und ihr werdet ein großartiges technologisches Wissen erlangen. *Ihr werdet wirklich erkennen, dass alles, alles* <u>EINS</u> *ist,* dass es keine Trennung innerhalb eures Selbst gibt und auch keine Trennung zwischen den einzelnen Personen. Dass ihr alle von derselben Quelle abstammt, ja Teil dieser Quelle seid – ein Ausdruck des Göttlichen. Ihr werdet verstehen, wie man Materie erschafft und dass ihr der Gedanke Gottes seid. Mit diesem Wissen werdet ihr das Verständnis erlangen, wie man Materie verändert. Ihr werdet zwischen Galaxien reisen und auswählen könne, wie und wo ihr sein wollt. Wie sich Teile eurer Seelenenergie an verschiedenen Orten gleichzeitig befinden, werdet ihr erkennen und auch, dass ihr telepathisch kommunizieren könnt, dass ihr die Lichtenergie jedes Atoms und jedes Moleküls erfassen könnt. Das wird die neue Ordnung sein, meine Geliebten.

F: *Was du erzählst, bringt jedes Herz zum Jubeln.*

P'taah: Genau. *(P'taah geht zu dem Fragesteller und berührt sanft seine Stirn.)* Du weißt es mein Lieber, du hattest diese Erfahrung und weißt, wie es ist, mit allem eins zu sein. Doch manchmal ist es beinahe schwerer, wenn man diese Erfahrung hat, weil man dann immer, immer trauert und wartet.
(Eine lange Pause entsteht, während P'taah die Stirn dieses Mannes küsst.)
(P'taah wendet seine Aufmerksamkeit wieder dem Publikum zu.)
Fragen?

F: *Dieser Prozess findet also bereits statt, und man muss die Dinge nur geschehen und sich entfalten lassen?*

P'taah: Genau so ist es. *Es gibt nichts zu tun, Lieber, nur zu sein.* Weißt du, dass es kein ›Morgen‹ gibt? Es gibt nur die Fülle des Moments – die Freude des Moments. Und sogar dann, wenn es keine Freude ist, Lieber, bleibe jedenfalls in der Fülle dessen, was ist. Es mag sein, dass du Kummer und Schmerz leidest, *aber auch das muss man in vollem Umfang annehmen*, denn nur auf diese Weise schafft ihr euer ›Morgen‹.

Seht: Eure Vorstellung von der Zeit gilt wirklich nur an diesem Ort. Außerhalb dieses Raum-Zeit-Kontinuums existiert eine andere Zeit. Und diese Zeit ist das ›Jetzt‹, und das kann irgendwann sein. Wir möchten euch daran erinnern, dass es kein ›Morgen‹ gibt. Und wenn ihr in eurer Vergangenheit lebt oder euch um eure Zukunft sorgt, lebt ihr nicht im ›*Jetzt*‹. Denn nur wenn ihr im ›Jetzt‹ lebt, können sich die ›Morgen‹ in ihrer gesamten Fülle und in ihrer eigenen Schönheit entfalten. Geschehen lassen, hm? Großartige, weibliche Energie geschehen lassen. Das ist extrem vielseitig. Seht, ihr erschafft jeden nächsten Moment aus dem ›Jetzt‹. Und wenn ihr euch sorgt, wie es sein wird, was sich manifestieren wird, und wenn ihr dann sagt: »Ich möchte dies und jenes« und »Ich möchte, dass es zu dieser oder jener Zeit und auf diese oder jene Weise stattfindet«, was glaubt ihr, was dann geschieht? Ihr schließt in diesem Moment Millionen von Möglichkeiten aus. Die große Kunst des Manifestierens besteht darin, dass man schlicht sagt: »Ich wünsche mir von dem Gott/der Göttin meines Seins dies und das.« Sendet dies ins Universum, und *seid gewiss, dass es bereits unterwegs ist*. Es mag eine Weile dauern, bis es sich manifestiert. Das jedoch nur, weil ihr nicht genau wisst, wie es stattfinden wird. Doch wisset: Wenn der Wunsch, verbunden mit Gefühl, einmal geäußert wurde, geht er bereits in Erfüllung. So einfach ist das. Wenn ihr dogmatisch seid und dies und jenes vorbestimmt, habt

ihr sogleich die Möglichkeiten verändert. Denn es gibt immer Millionen von Variationen.
Fragen?

F: *Wie wichtig ist der Körper? Welche Rolle spielt er in Bezug auf das aufsteigende Bewusstsein.*
P'taah: Nun, der Körper ist in der Tat ein wunderbares Gefäß, ein Tempel für die Seele, hm? *Eure Körper wurden so entworfen, dass sie Hunderte von Jahren existieren können.* Wenn ihr glaubt, dass sie das nicht können, dann wird es nicht so sein. Euer Körper ist ein Gefährt, um diese Dimension der Wirklichkeit zu erfahren. Er ist auf seine eigene Weise vollständig, seine Zellen haben ihre eigene Erinnerung. Er schwingt auf wunderbare Weise mit eurem Planeten mit. Es gibt kein Material auf eurem Planeten, das nicht in eurem Körper vorkommt. Wir haben festgestellt, dass der Körper oft mit Verachtung behandelt wird. Es gibt viele große, spirituelle Leute, die glauben, dass ihr Körper nicht wichtig sei. Und sie würden in der Tat alles tun, um ihn loszuwerden. Sie haben das Gefühl, dass einzig der Körper sie davon abhält, das Paradies zu erlangen. Diese Leute verstehen nicht, dass sie ihren Körper wegen seiner großartigen Ausdrucksmöglichkeiten gewählt haben, die auch göttlicher Ausdruck sind. Ohne den Körper würdet ihr auf viele, viele Freuden verzichten müssen. Eure Körper haben viele Veränderungen durchgemacht; und dazu gehören auch die Veränderungen, die durch sogenannte Verschmutzungen oder Misshandlungen entstehen. Wie auch immer, der Körper ist wirklich ein wundervolles Instrument, ein wunderbares Wesen: elastisch, kreativ – unglaublich kreativ! Und wenn wir von Vollständigkeit reden, meinen wir das auch auf zellularer Ebene. *Der Körper ist manifestierter Geist.* Versteht ihr das? Ein Grund für Lobpreisungen. Wenn ihr keinen Körper hättet, wäre die dritte Dichte höchst langweilig. Es ist sehr interessant für euch, die Zusammenhänge zu erkennen zwischen euren Körpern und dem, was ihr von euch selbst glaubt.

Die Menschen sind als sexuelle Wesen gemacht. Ihr habt ein Geschlecht, und wir haben festgestellt, dass innerhalb der Menschheit eine außergewöhnliche Unruhe wegen der Sexualität besteht. Es gibt viele, die glauben, dass ihr Körper schmutzig sei. Wir haben nicht bemerkt, dass deren Körper schmutzig sind – es sei denn, sie kommen gerade aus dem Garten, hm? Euer Körper spricht die ganze Zeit mit euch. Er ist wie ein Barometer. Das Unwohlsein des Körpers zeigt lediglich ein *Un-*Wohlsein des Selbst an. Es ist interessant zu sehen, welche Bereiche des Körpers krank sind. Je mehr ihr erkennt, wer ihr seid, umso besser versteht ihr, was der Körper euch über euer Befinden mitteilt. Es gibt viele Leute, die sagen, dass dieses und jenes nicht gut für den Körper sei: gewisse Nahrung, die ihr esst, oder was ihr trinkt. Wir möchten euch sagen, dass euer Körper ziemlich schwer umzubringen ist – es ist beinahe unmöglich, *vorausgesetzt ihr lebt in Freude und Harmonie. Dann könnt ihr sogar Gift essen und werdet dieses Gift automatisch transmutieren.* Wir werden später mehr über den Prozess der Transmutation sagen.

Meine Lieben, wir werden eine Pause machen, damit ihr neue Fragen vorbereiten könnt, hm?

F: *Eine Frage noch, bevor du gehst: Du bist ein großer Lehrer für uns. Hast du auch irgendwas davon?*

P'taah: *(mimt den Empörten):* Meine Lieben! Ihr müsst wissen, dass so etwas nie einseitig ist. Wirklich! Ihr seid großartige Lehrer für mich. Es ist eine Freude, mit euch zusammen zu sein. Es ist eine große Lernerfahrung für uns – und wir lieben euch so sehr. Weshalb sollten wir nicht mit euch zusammen sein?

(P'taah entfernt sich, um den Zuhörern eine Verschnaufpause zu gönnen.)

(Nach der Pause)
P'taah: Nun, meine Lieben?

F: *Ärgerst du dich nie, dass wir immer wieder vergessen, dass wir zwar die Worte hören, doch die Tiefe und die Wahrheit dessen, was du uns lehrst, nicht erfassen, obwohl du sie uns genau darlegst? Langweilst du dich nicht mit uns? Mir ist meine Vergesslichkeit nämlich lästig.*

P'taah: Geliebte Frau, wie könnte ich mich langweilen? Jeder Einzelne von euch bemüht sich um Erkenntnis, und natürlich vergesst ihr auch. Denn jetzt müsst ihr auflösen, was sich seit Äonen festgesetzt hat. *Das, wovon wir hier reden, widerspricht genau dem, was man euch in all den vielen Leben gelehrt hat. Das, wovon wir sprechen, ist dem morphogenetischen[7] Bewusstsein der Menschheit wirklich genau entgegengesetzt. Das menschliche Bewusstsein bewegt sich auf einen Quantensprung zu.* Gerade weil wir eure Sehnsucht, euren Schmerz, euren Kummer und eure gebrochenen Herzen erkennen, bricht es unser Herz in der Tat genau-

---

[7] Morphogenetische Resonanz oder morphogenetisches Bewusstsein: kollektives Bewusstsein oder Massen-Bewusstsein oder globale Gedankenform.

so, wenn ihr nicht hören wollt, was wir sagen. Doch wir sind sehr geduldig und wir wissen und begreifen, wo ihr jetzt steht. Wir wissen auch, wohin es mit euch geht, denn in einem gewissen Sinne seid ihr bereits dort. Soviel wissen wir.

Habt ihr eine weitere Frage, ihr Lieben?

F: *Meine Frage ist etwas persönlich. Ich sorgte mich diese Woche und hatte Überlebensängste. Ich habe mich dann bemüht und versucht, sie mit Gewalt zu überwinden – bis ich gemerkt habe, dass sie ja auch zu mir gehören. Ich habe es dann vorgezogen, mich der wundervollen Energie hinzugeben, von der ich weiß, dass sie mich umgibt. Diese Energie ist so vielseitig! Doch ich vergesse das immer. Ich schließe mich von ihrer Schönheit aus, wenn ich mich um etwas sehr bemühe.*

P'taah: Darin liegt die Lektion, meine Liebe, hm? Wie glücklich du bist, dass du es wenigstens weißt. Für alle, die sich bemühen: Es kommt der Moment, wo ihr euch sagt: »Was zum Teufel tue ich denn da? Wo bleibt die Liebe und die Freude in meinem täglichen Leben? Warum lasse ich mich so einspannen?« Dann sollte man sich an die ruhigen Momente erinnern. Manchmal sind die einzigen ruhigen Momente, die ihr habt, jene im Bett, bevor ihr einschlaft. Bevor ihr dann ins Träumen abgleitet, könnt ihr über euren Tag nachdenken und versuchen zu erkennen, was ihr aus eurem Bewusstsein verdrängt habt. Das genügt. Ihr braucht es nicht zu bewerten und euch auch nicht schuldig zu fühlen. Ihr sollt euch immer so annehmen, wie ihr seid. Wisst, dass ihr in Ordnung seid und mehr Harmonie für euer Selbst erschafft, wenn ihr nur im ›Jetzt‹ lebt. Das braucht jeweils nicht für lange zu sein. Nehmt euch Zeit für euer Selbst, um euch zu ordnen, um euch umzusehen, den Himmel anzuschauen und den Vögeln zuzuhören. *(An diesem Punkt schreit irgendwo ein Hahn und unterbricht damit die Stille der Nacht, und P'taah bemerkt:)* Auch diesem. *(Der Gastgeber witzelt, weil er wegen bestimmten Erfahrungen mit »diesem« nicht einverstanden ist, und fragt:)*

F: *Auch um drei Uhr nachts?*

P'taah: In der Tat. In der Tat. Und wenn ihr um drei Uhr nachts aufwacht und den Hahn krähen hört, solltet ihr euch freuen – denn er hat keine Probleme mit der Zeit.

F: *Allerdings.*

P'taah: Ihr, die ihr an diesem Ort lebt, habt Glück. Ihr lebt in einer wundervollen Umgebung und habt sie wegen deren Schönheit ausgewählt. Es ist deshalb eure Pflicht, sie auch zu genießen. Die Natur lehrt

euch mehr als irgendein Buch, irgendein Film, irgendeiner eurer Gurus und sicherlich auch mehr, als ich euch lehren kann.
Fragen?

F: *Betreffend der Träume, P'taah: Kannst du mir sagen, warum uns die Träume manchmal genau sagen, was am nächsten Tag passieren wird, und warum das nicht immer so sein kann?*
  P'taah: Sieh, meine Geliebte. Das Schlafen erlaubt euch, eure Multidimensionalität auszuleben. Nicht nur wegen der Lektionen, die ihr auf diese Weise lernt, auch wegen der großen Abenteuer, die ihr so erlebt. Im Schlaf reist ihr und trefft Leute, mit denen ihr körperlich nicht in Kontakt steht – sowohl auf diesem Planeten und auf dieser Ebene, wie auch auf anderen Planeten und Ebenen. Ihr seid sehr beschäftigt in euren Träumen. Tatsächlich würdet ihr nicht existieren, wenn ihr sie nicht hättet. Denn das ist die wahre Realität auf eine andere Weise. Es ist Wirklichkeit, es hat Gültigkeit, und wenn ihr in einem anderen Bereich eures Bewusstseins weilt, ist das hier der Traum.
  F: *Wie können wir jenes Bewusstsein erhalten, wenn wir aufwachen? Gibt es irgendeine Technik, um das zu erreichen?*
  P'taah: Das ist nicht nötig, meine Liebe, das ist nicht nötig. Du bemühst dich um ein bewusstes Verständnis der Multidimensionalität, und das wird sowieso kommen. Doch es gibt tatsächlich etwas, was ihr tun könnt, um diesen Makel des Getrenntseins zu beheben. Einerseits braucht ihr keine langen Schlafperioden. Ihr müsst nicht länger als sechs Stunden in einer Nacht schlafen. Ihr könnt diese Zeit so aufteilen, dass ihr in Intervallen von drei Stunden schlaft. Denn die frühen Morgenstunden nach Mitternacht, vor vier Uhr morgens, sind die Zeit, wo das Getrenntsein der Wirklichkeiten am wenigsten spürbar ist. Ihr könnt diese Zeit am frühen Morgen dazu nutzen, ein erhöhtes Bewusstsein zu erlangen, Abenteuer zu erleben und bewusst den Körper zu verlassen. Ihr nennt dies ›außerkörperliche Wahrnehmung‹. Das erreicht ihr in den frühen Stunden des Morgens ganz einfach. Entspannt euch, bevor ihr einschlaft, und äußert den Wunsch, dass ihr nur drei Stunden zu schlafen wünscht und dann gerne spielen möchtet. So könnt ihr diese wundervollen Bereiche des Bewusstseins erleben. Es wäre auch sehr nützlich, wenn ihr eure Träume aufschreibt. Wenn ihr zwischen diesen kurzen Schlafintervallen aufwacht, werdet ihr sehen, dass eure Träume sehr lebendig bleiben. Doch wenn ihr sie aufschreibt, tut dies auf alle Fälle mindestens während einundzwanzig Tagen. Ich kenne viele Leute, die

ein Traumbuch führen und ihre Träume immer aufschreiben. Nach einer gewissen Zeit werdet ihr feststellen, dass eure Träume ein Muster aufweisen. Mit diesem Muster spricht euer Unterbewusstsein zu eurem Bewusstsein. Es ist ein großes Abenteuer, das bestimmt den Aufwand wert ist.

F: Ich möchte an diesen Punkt anknüpfen und möchte gerne Klarheit über eine immer wiederkehrende (außerkörperliche) Erfahrung, während der ich im physikalischen Sinne in verschiedene Höhen reise. Letzte Nacht, zum Beispiel, stieg ich so hoch wie die äußere Atmosphäre. Was passiert da genau?

P'taah: Nun, es kommt vor, dass ihr innerhalb dieser Dimension der Wirklichkeit reist. Das erkennt ihr daran, dass ihr nicht das Gefühl habt, ihr würdet sehr weit abheben. Wenn ihr dies bewusst tut, könnt ihr eure Aufmerksamkeit auf irgendeinen Punkt dieses Globus lenken. Ihr könnt eure Freunde besuchen. Zu anderen Zeiten seid ihr jenseits dieser Wirklichkeit. Mit euren Worten wäre das jenseits eurer Erde. Nun, wenn ihr am Anfang einer solchen Erfahrung steht, könnt ihr darum bitten, dass ihr bewusst erkennt, was geschieht. Und das könnt ihr, ob ihr schlaft und träumt oder ob ihr wach seid und eine außerkörperliche Wahrnehmung erlebt. Wenn ihr sehr oft außerhalb eurer bekannten Dimension der Realität reist, könnt ihr euch nicht bewusst daran erinnern. Selbst dann nicht, wenn ihr eine außerkörperliche Wahrnehmung habt, also bewusst auf euren Körper zurückblickt. Doch das heißt nicht, dass dies euer tägliches Leben nicht beeinflusst. Ihr habt nur keine bewusste Kenntnis davon. Doch ihr könnt eure Träume beeinflussen. Es ist möglich, dass ihr im Traum sagt: »Ich wünsche, bewusst zu erleben, dass ich mich an die Abenteuer erinnern kann.« Das könnt ihr tun. Ihr könnt ein Traumgeschehen manipulieren. Ihr könnt bewusst träumen, dass ihr träumt.

F: Als Nebeneffekt erfährt man vielleicht eine sensationelle Heilung oder ein extremes Gefühl des Wohlbefindens. Womit hat das zu tun?

P'taah: Genau so ist es. Wenn du weiter reist und dich mit deinen Brüdern und Schwestern aus anderen Wirklichkeitsdimensionen verbindest, wenn du an deren große Weisheit und große Freude anknüpfst – was denkst du, was dann geschieht, mein Geliebter? Was denkst du, welchen Nutzen du daraus ziehst? Es leitet eine große Heilung ein. *Bittet darum, und es wird sich für euch manifestieren. Bemüht euch nicht. Fragt danach und lasst es ohne Erwartungen geschehen.* Wie wir bereits erwähnt haben: Erwartungen verringern die Möglichkeiten und engen das Feld der Manifestationen ein. Und das geschieht so in allen Dimensionen.

F: *Besteht dabei die Gefahr, dass man nicht mehr in den Körper zurückfindet?*
P'taah: Da besteht keine Gefahr. Die Frage ist aber angebracht. Es haben viele Leute Angst, dass sie ihren Weg nicht mehr zurückfinden. Wir möchten dazu Folgendes sagen: *Ihr lebt in einem sicheren Universum. Nichts kann euch verletzen. Ihr könnt nicht sterben.* Eure Seele ist absolut unversehrbar, denn ihr seid souveräne Wesen. Nichts kann euch geschehen. Wo auch immer ihr im Multiversum umherreist – ihr seid sicher in der göttlichen Ganzheit eures Seins.

F: *Zu Julias und Gittas Frage: Was macht uns körperlich krank? Sind es vielleicht unsere Gedanken, die uns vom ursprünglichen Pfad abbringen?*
P'taah: Es sind nicht die Gedanken, meine Liebe. Die Gefühle verursachen die Krankheit. *Euer physischer Körper ist ein Ausdruck eures gefühlsmäßigen Wohl-Seins oder Un-wohl-Seins. Er ist natürlich auch ein Spiegel eurer Glaubensstrukturen,* eurer Vorstellung von euch selbst, eurer Vorstellung von eurer Umgebung. Wenn ihr glaubt, dass ihr nicht in einem sicheren Universum lebt, dann wird sich das Universum tatsächlich umordnen, um sich diesem Glauben anzupassen. Versteht ihr das? Wenn ihr glaubt, ihr wärt ein Opfer, werdet ihr ein Opfer sein. Die Menschen verstehen nicht wirklich, dass, wenn ihre Gefühle Schmerz widerspiegeln, ihr Körper diesen Schmerz ebenfalls widerspiegelt. Jetzt kommen wir in Bereiche, die ich lieber später behandeln würde. Doch wir werden jetzt trotzdem kurz darauf eingehen.

Wenn ihr also geboren werdet und mit eurem Minderwertigkeitsgefühl lebt und von euch selbst glaubt, dass ihr nicht genügt und nichts wert seid, so spiegelt das Leben diesen Glauben wider. Das erschafft eine Situation, bei der ihr euch selbst verurteilt und auch die Situation verurteilt. Eure Angst vor dem Schmerz erschafft eine Mauer der Unverletzlichkeit. Wir benutzen dies nur als Beispiel, meine Lieben. Und so, wie ihr unverletzlich werden wollt, erschafft ihr eine Trennung. Wegen der Furcht vor Kummer und der Furcht, dass jemand außerhalb eures Selbst euch Leid zufügen könnte, baut ihr diese Mauer der Unverletzlichkeit um euch, damit ihr nichts zu fühlen braucht. Das funktioniert natürlich nicht. Nun sind die Ängste und Gefühle zwar in einer Flasche mit einem festen Korken eingeschlossen, können aber nicht darin festgehalten werden. Denn ihr seid aus Gedanken, verbunden mit Emotionen, gemacht. *Und wo einer Emotion kein Zugang zu einem Ausdruck verschafft wird, kreiert der Körper eine Krankheit, um euch zum Handeln aufzufordern.* Das wird zu einer Art Spirale, die zum Untergang führt. Nehmen wir zum Beispiel eine der größten Krankheiten eurer Zeit: AIDS. Ihr kennt sie doch, hm? Seht euch die Menschen an, die sie für sich kreiert haben. Ihr wisst, dass niemand eine Krankheit »kriegt«. Die Menschen haben sich die Vorstellung geschaffen, dass sie, wenn sie in ihren zerbrechlichen kleinen Körpern um den Planeten rasen, verletzlich für die ekelhaften kleinen Viren sind, die den Körper befallen. Das ist nicht so. Ihr seid keine Opfer, ihr seid Schöpfer. Das menschliche Bewusstsein wird immer die Situation erschaffen, die ein Ausdruck der Gefühle ist. Männliche Homosexualität ist in eurer Gesellschaft eine riesige Schande, was ziemlich außergewöhnlich ist, denn in Wahrheit sind menschliche Wesen von Natur aus bisexuell. Wir wissen, dies ist für viele Leute kein angenehmer Gedanke, doch wie auch immer, er ist für euch emotionale Wirklichkeit. Leute die Chemikalien in ihre Körper einspritzen, sind sehr angreifbar für diesen Virus. Wie ist das für sie? Wir sprechen von Schuld. Wir sprechen über einen Mangel an Akzeptanz, Liebe und Unterstützung. Wir sprechen von einer Art des Unwürdig-Seins. Wir sprechen von Leuten, deren Kindheit von riesigen Traumata belastet ist. Wir sprechen von Leuten ohne Hoffnung, ohne Freude. Als Folge davon kommt dann diese Krankheit, die – wir dürfen es ruhig sagen – *von euch auf der Erde zu Vernichtungszwecken ins Leben gerufen wurde.* Und seht, was sie angerichtet hat!

Es gibt auch die sogenannten Kinderkrankheiten – jedermann rennt umher und impft sich dagegen. Da wäre noch der gesamte Bereich der Medizin zu erwähnen. Wir finden es äußerst außergewöhnlich, dass die Frauen ermutigt werden, ihren Körper auf Krankheiten untersuchen zu lassen. Wir halten es nicht für sehr vernünftig, Ausschau nach einer Krankheit zu halten. Erkennt ihr – mit dem Verstehen, dass ihr eure Wirklichkeit selbst erschafft – was da passiert? Wenn eure Gedanken, verbunden mit Gefühlen, Materie und physische Realität erschaffen? Dann sagt mir, ob es vernünftig ist, wenn eine Frau ihren Körper jeden Monat auf Krankheiten hin untersucht. Das ist sehr unvernünftig. Sich gegen eine grassierende Krankheit zu impfen, was ist das anderes, als sie zu unterstützen. Doch seht: Es steckt in der morphogenetischen Resonanz, im kollektiven Bewusstsein. Nun sagen wir aber nicht: Benutzt keine Medikamente! Das sagen wir nicht, denn die Menschen glauben, dass sie wirken. Wir sagen aber: Ihr werdet – je mehr ihr zum Verständnis gelangt, wie ihr eure Wirklichkeit erschafft, und je wohler ihr euch fühlt und je mehr ihr mit eurer Wirklichkeit im Einklang steht – erfahren, dass ihr immer weniger Medikamente braucht. Sie haben durchaus ihre Gültigkeit. Wir möchten hierüber keine Missverständnisse aufkommen lassen, meine Lieben. Wir zeigen euch nur auf, wie es mit ihnen ist. Ihr Da-Sein bedeutet, dass sie existieren. Darum haben sie ihre Gültigkeit und sind Ausdruck des Göttlichen, sonst gäbe es sie nicht. Wenn euer Körper krank ist, müsst ihr euch fragen, warum. Was ist das Gefühl, das hinter der körperlichen Krankheit steckt? Dann müsst ihr dieses Gefühl annehmen und natürlich auch die körperliche Krankheit. Ihr müsst wissen, dass sie nur existiert, damit ihr daraus lernt. Und mit dem Annehmen bewirkt ihr die Veränderung. Wir werden bald mehr darüber reden. Beantwortet das deine Frage, Geliebte?

F: *Ja, danke dir.*

F: *P'taah, gibt es irgendwo andere Planeten, deren Bewohner sich ein so krasses Getrenntsein ausgesucht haben wie wir hier auf der Erde?*
P'taah: Die gibt es.
F: *Könntest du das genauer ausführen, bitte?*
P'taah: Das ist nicht nötig, aber es gibt natürlich viele, die zwar auf ihren Planeten technologisch fortgeschritten sind, sich aber spirituell kaum entwickelt haben. Und wo Menschen über kein spirituelles Wissen verfügen, da ist Getrennt-Sein. Wir möchten Folgendes sagen, und es ist sehr wichtig für euch auf diesem Planeten: In der heutigen Zeit besteht ein großes Interesse am technologischen Fortschritt; wir werden wahrscheinlich später darüber mehr sagen. Im Moment dazu Folgendes: Wenn sich die Technologie weiter entwickelt, folgen große Veränderungen. Viele dieser neuen Technologien – genauer gesagt, die kristalline Technologie, die auf einem Mechanismus ohne bewegliche Teile beruht; und wir sprechen hier speziell vom Transportwesen, obschon es manches mehr betrifft –, benutzen als Antriebskraft die Gedankenenergie. Und da, wo es kristalline Technologie gibt, herrscht enormes Wachstum. Es gibt auf eurem Planeten – eigentlich in jeder Realität – zwei schöpferische Kräfte: die Angst und die Liebe. *Wo es technologischen Fortschritt ohne Spiritualität gibt, sprechen wir von Angst.* Wenn die Gedanken derjenigen, die die Macht über die Technologie besitzen, von Angst geprägt sind, wird diese Angst millionenfach verstärkt. Daraus entstehen dann Zerstörung und Verwüstung. Wo Technologie auf Gedankenenergie beruht, die von Liebe durchdrungen ist, vervielfacht sich die Liebe. Solange die Menschen nicht verstehen, wie wichtig Gedanken sind, wie wichtig es ist zu wissen, dass sie ein Ausdruck des Gött-

lichen sind; solange sie nicht verstehen, wie ihr Universum funktioniert, wird eine solche Technologie die Zerstörung eures Planeten bedeuten. Wie auch immer, meine Geliebten, ihr braucht das, was ihr euch ausgesucht habt, nicht zu fürchten. Deshalb sind wir hier. Um mitzuhelfen, damit diese wunderbare Idee Früchte trägt, damit ihr diese großartige Technologie erreichen werdet, damit ihr das Wissen und das Verständnis erlangt und ins Gleichgewicht kommt, damit sich die Menschheit der sogenannten Großen Föderation der Seelen, die euch erwartet, anschließen kann. *Es wird Zeit für euren Planeten, seinen rechtmäßigen Platz einzunehmen.*

F: *In der heutigen Zeit betrübt es mich, Zeuge von Sklaverei zu sein. Sei es nun auf anderen Welten oder auf dieser. Ich komme wohl mit der Natur zurecht, aber ich finde es sehr schwierig, wenn ich sehe, was in der Welt geschieht. Das betrübt mein Herz ...*
(Die Frau, die die Frage gestellt hat, wird für einen Moment von ihren Gefühlen überwältigt.)
P'taah: In der Tat, meine Liebe. Das wird sogar mehr und mehr so sein. Sagen wir es so: In dem Maße, wie sich die Menschheit auf ein größeres Verständnis zubewegt, wird der Widerstand derjenigen wachsen, die nicht den Wunsch haben, dass dies geschieht. Lasst hier keine Missverständnisse aufkommen. Es gibt viele, die sich sträuben werden und in ihrer Angst und ihrem Schrecken so viele Probleme verursachen, wie sie nur können. Und du hast ganz recht, meine Liebe: Das Einzige, was eine Veränderung bewirkt, ist, sie anzunehmen und zu wissen, dass alles, was nicht Liebe ausdrückt ein Ausdruck von Angst ist. Jene mit einer Gier nach Macht haben wahrhaftig Angst, sie wären machtlos. Jene, die nach den Reichtümern der Welt trachten, leben in Angst, keinen Reichtum zu erlangen. Und sie verstehen nicht, dass es einen Reichtum des Geistes gibt. Jene, die dich tatsächlich versklaven wollen, sind die, die Angst davor haben, versklavt zu werden. Es heißt, all dies anzunehmen. Und indem ihr annehmt, bewirkt ihr die Veränderung.
F: *Mit anderen Worten bedeutet das also: Wenn ich fürchte, von jemandem versklavt zu werden, versuche ich, irgendwie diesen Jemand zu versklaven.*
P'taah: Genau. Wenn du in Angst lebst, versklavt zu werden, meine Liebe, ist es genau das, was du hervorbringen wirst. *Das Universum wertet nicht.* Es spielt keine Rolle, ob du Gedanken, verbunden mit Angst oder Liebe, aussendest. Das Universum unterscheidet nicht. Du wirst anziehen, was du aussendest.

F: *Das würde heißen, was sie machen, ist in Ordnung, und wenn ich das einmal weiß, brauche ich nicht mehr traurig zu sein.*

P'taah: Genau. Wenn du verstehst, was du damit kreierst, dann hast du einen Überblick. Man muss einen Schritt zurücktreten, um die Situation zu überblicken. Man muss erkennen, dass sich alle Leute auf diesem Planeten abmühen, um das zu erreichen, was sie sich wünschen, ob dies nun bedeutet, jemanden zu versklaven oder umgekehrt. Sowie du einen Gedanken aussendest, ziehst du genau das an, was das dazugehörige Gefühl beinhaltet. Du bestehst aus schwingender Frequenz, das ist *alles*, was du bist. Doch tatsächlich ist dies das Größte überhaupt. Ihr seid schwingende Frequenz. Und Gedanken sind schwingende Frequenz, verbunden mit Gefühl. Wenn ihr begreift, dass ihr in einem sicheren Universum lebt, dass ihr unabhängige Wesen seid, dass der Einzige, der euch tatsächlich versklaven kann, ihr selbst seid; wenn ihr versteht, dass ihr genau das anzieht, was ihr glaubt – dann habt ihr auch verstanden, dass ihr so euer Dasein mit kreiert. Auf diese Weise werden die Leute nach und nach verstehen lernen. *Wenn ihr erkennt, dass ihr in einem sicheren Universum lebt, dass ihr eure Wirklichkeit absolut selbst erschafft; wenn ihr versteht, dass die größte Macht im Multiversum die Liebe ist und ihr von Nichts und Niemandem getrennt seid und dass alles, was ihr erblickt, ja alles, was in den euch bekannten und unbekannten Daseinsebenen existiert, ein Ausdruck ist von* <u>ALLEM, WAS IST</u> *– dann werdet ihr zu einem Licht auf dieser Welt und erschafft somit die Veränderungen, die ihr euch alle so sehr wünscht. Und sowie ihr euch Freude wünscht und Friede und Ruhe, und sowie ihr euch wünscht, auf eurem Planeten ein Paradies zu erschaffen, so werdet ihr dies manifestieren. Ihr müsst in euren Herzen wissen, dass nichts wirklich zerstört werden kann. Ihr seid heilig, euer Planet ist auch heilig; das, was ihr seid, macht meinem Herzen Freude.* Ihr müsst jedoch das, was ihr seid, akzeptieren, meine Lieben. Ihr müsst jede Facette eures Seins als göttlichen Ausdruck anerkennen. Denn seht – alles fällt auf euch zurück, und ihr braucht nichts zu tun. Ihr braucht nur einfach zu sein, mit dem Wissen, dass ihr nichts Falsches tun könnt. Es gibt nichts, das ihr sein könnt, was nicht auch ein Ausdruck des Göttlichen ist. Und je mehr ihr euer Sein akzeptiert und anerkennt, desto mehr könnt ihr alles andere akzeptieren und anerkennen. Das nennt man dann Unabhängigkeit und Freiheit. Und man nennt es zum Licht vordringen, man nennt es nach Hause kommen, zu seinem wirklichen <u>SELBST</u>.

Das ist, meine Lieben, genug für heute. Ich wünsche mir, dass ihr mit Liebe und Freude gehen mögt und nichts tut – nur seid. Und wenn ihr am Morgen in den Spiegel blickt, schaut euch in die Augen und sagt: Tatsächlich, Geliebter, du bist ein Ausdruck des Göttlichen.

Denn das seid ihr tatsächlich. Ich wünsche euch einen schönen Abend. Ich liebe euch.

Dritte Übermittlung

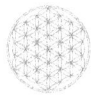

P'taah: Guten Abend. *(Mit seiner dynamischen Art zu grüßen gewinnt P'taah die volle Aufmerksamkeit jedes Anwesenden.)*

Nun meine Lieben – welch eine Freude, wieder bei euch zu sein! Und auch diejenigen unter euch, für die das eine neue Erfahrung ist, seien willkommen! In der Tat, ihr seid willkommen, denn die Zeit ist reif.

Nun, wir wollen den heutigen Abend zunächst den Beziehungen widmen. Der Beziehung vom Selbst zum SELBST und natürlich den Beziehungen zu den Wesen, die ihr – aus welchen Gründen auch immer – in euer Leben hineinnehmt. Wir haben früher erwähnt, dass ihr eure Realität selbst erschafft, dass es tatsächlich *keine Sache wie einen Unfall gibt, dass es keinen Zufall in euren Leben gibt*. Wir haben mit euch über eure persönliche Realität und die kollektive Realität gesprochen. Beide basieren auf euren Glaubensstrukturen. Wir haben des Öfteren gesagt, dass ihr das, was ihr über euer Selbst glaubt, also genau das, woran ihr glaubt, auch anzieht.

Lasst uns zuerst einmal über die Liebe reden, die ihr euch alle so dringend wünscht und die den meisten ebenso schnell wieder entgleitet. Sowie ihr glaubt, jeder Einzelne von euch, dass ihr nicht wert seid, geliebt zu werden – und wir werden das noch weiter ausführen –, so erschafft ihr genau dies. *Wenn ihr als Menschen euer Selbst wirklich lieben würdet; wenn ihr in das, was ihr seid, verliebt wäret; wenn ihr euch – mit dem Wissen, dass ihr göttlicher Ausdruck seid – gänzlich anerkennen und akzeptieren könntet, wäre jede Beziehung auch tatsächlich eine Liebesbeziehung.* Dass dem nicht so ist, ist das direkte Spiegelbild davon, *wie ihr euch selbst seht*, wie sich diese Sicht in allem außerhalb eures Selbst widerspiegelt.

Die meisten Menschen haben einen ziemlich engen Gesichtskreis, was ihr Verständnis der Liebe angeht. Wenn ein Kind geboren wird, dann zeigt sich gewöhnlich eine große Liebe und Zärtlichkeit für das neugeborene Baby. Die offensichtliche Hilflosigkeit erweckt eine wunderbare Zärtlichkeit und ein wunderbares Mitgefühl. Sowie das Baby heranwächst und eine Person mit einem eigenem Willen wird, werden ihm die sozialen Konventionen auferlegt: Die Eltern erwarten vom Kind, so zu sein, wie sie es wollen, ohne Rücksicht darauf, wer oder was das Kind sein will. Sehr oft empfindet das Kind dies als Mangel an Liebe; und es spielt keine Rolle, welch gute Eltern sie sonst sein mögen. Wenn das Kind mit diesem Mangel an Selbstwert und echter Kommunikation mit seinen Eltern aufwächst, sind die Missverständnisse bereits programmiert. So kommt in eine Liebesbeziehung auch die Beschränkung der betreffenden Personen mit hinein. Ob es sich hierbei um eine Beziehung zwischen Mann und Frau, Frau und Frau oder Mann und Mann handelt, macht dabei keinen Unterschied.

Denn in Wahrheit sprechen wir von der Herzensliebe – und wie auch immer sie sich zeigt, ist sie in Ordnung. Doch wir bitten euch, es einmal auf diese Weise zu betrachten: Das, was ihr von euch selbst und von der Liebe glaubt, und das, was ihr von anderen Leuten glaubt, diese Gedanken werden durchs Universum gesandt. Gedanken – die euer mächtigstes Werkzeug, ja sogar viel mehr sind – haben ihre eigene Macht, ihre eigene *(nennen wir es elektromagnetische)* Energie und ziehen genau das an, was sie aussenden. Und deshalb (wie wir schon erwähnt haben): Wenn ihr glaubt, dass Liebe Schmerz bedeutet; wenn ihr glaubt, dass Liebesbeziehungen nicht ewig halten; wenn ihr glaubt, dass ihr in Wahrheit der Liebe nicht wert seid, dann ist das natürlich genau das, was ihr auch anzieht. Es ist dann eine Person und eine Situation, die euch widerspiegelt, was ihr glaubt. So einfach ist das.

Nun, da gibt es auch Folgendes zu bedenken: Liebe, die nach außen projiziert wird – und wir meinen damit das, was bei den Menschen der bedingungslosen Liebe am ehesten nahe kommt – ist da, um euch zu zeigen, wie es sein könnte, wenn ihr euch selbst lieben würdet. Es ist eine Lektion, ein Spiegelbild, denn: *Bevor ihr nicht wirklich das lieben könnt, was ihr seid und ihr nicht wirklich jede Facette dessen, was ihr wirklich seid, anerkennen und akzeptieren könnt, wisst ihr nicht, was Liebe ist.* Sowie ihr jedoch das, was ihr wirklich seid, akzeptieren und annehmen könnt, spiegelt sich das auf dem ganzen Planeten wider. Diese wundervolle Liebesbeziehung des Selbst zum <u>SELBST</u> wird ins Universum ausgesandt. So gesehen, vereint sich das Selbst mit dem <u>SELBST</u>. Auf diese Weise nämlich: Wenn ihr euch erlaubt zu *sein*, erreicht ihr den Ausgleich zwischen männlicher und weiblicher Energie innerhalb eures Selbst. Dieser Ausgleich spiegelt sich außen, in eurem Universum wider. Somit seht ihr, meine Geliebten, was auch immer ihr lesen mögt, was auch immer ihr sucht, wem auch immer ihr zuhört, welchem wunderbaren Lehrer oder Guru ihr auch immer folgt: Immer, immer fällt es auf euch selbst zurück.

In letzter Zeit, wenn wir mit der heutigen Menschheit gesprochen haben, war immer eine enorme Neugier nach dem ›da draußen‹ vorhanden, hm? Nach den Wesen von anderen Orten – seien es nun Wesen von anderen Sternensystemen oder Menschen innerhalb eurer Erde oder sei es eine große Technologie jenseits der wildesten Vorstellung der Menschheit. Ich werde euch immer die gleiche Antwort geben: Bevor ihr nicht wisst, wer ihr seid, könnt ihr euch auch nicht wirklich vorstellen, was jenseits des Bewusstseins der Menschheit der heutigen Zeit liegt. Meine Lieben, das könnte man auch ›die Verantwortung auf eure Schultern legen‹ nennen. Denn sowie jeder Einzelne von euch ein größeres Wissen erlangt, steuert er das zu einem größeren Wissen der gesamten Menschheit bei.

(P'taah's folgender Punkt bezieht sich auf ein Prinzip, welches das Gesetz der Resonanz und Affinität genannt wird. Ein gewisser Aspekt, der vielleicht besser bekannt ist als ›the hundred monkey syndrome‹.) Das Wissen der Menschheit ist Teil der sogenannten morphogenetischen Resonanz, Teil des kollektiven Bewusstseins. Diese Resonanz hat sich verändert, wenn eine gewisse Energie – einige sagen, es benötigt eine Anzahl von Leuten, aber in Wahrheit ist es eher eine Schwingung –, wenn diese Schwingung des Wissens einen bestimmten Grad erreicht, wird ein Quantensprung eingeleitet, und das gesamte menschliche Bewusstsein wird einen Sprung vorwärts in die Erkenntnis tun.

Dieser Sprung erfolgt nicht wegen eines intellektuellen Wissens. Wir wollen den Intellekt nicht schlechtmachen, meine Lieben, bestimmt nicht, aber wir sagen euch, dass echtes intellektuelles Wissen nicht ohne das spirituelle Wissen aus dem Herzen jedes Einzelnen aufkommen kann. Was ihr bis jetzt alle kennt, ist Unausgewogenheit. Was in eurer jetzigen Kultur vorherrscht, ist ein Intellekt, der die Gefühle verachtet. Doch seht, ihr alle seid vibrierende Frequenz, die von Gefühlen angetrieben wird. Ihr seid der Gedanke des <u>ALLES, WAS IST</u>, angetrieben von Gefühlen. In der euch bekannten Kultur, also in jüngerer Zeit, wurden die Gefühle und die Vorstellungskraft mit viel Verachtung betrachtet. Eure Vorstellungskraft ist jedoch das größte Werkzeug, das ihr besitzt, eure größte schöpferische Kraft. Denn ihr seid kreativ; jedes Atom, jedes Molekül eures physischen Körpers ist kreativ, machtvoll und absolut integer – sonst wärt ihr nicht hier. Eure Vorstellungskraft kann euch jenseits von Ort und Zeit tragen, aber Gefühle können das auch. Weibliche Energie ist tatsächlich das, was euch einmal leichter zum Verständnis der Gefühle führt. Geschehen lassen, fühlen, intuitiv sein! Was heißt intuitiv sein? Viele Menschen haben keine Ahnung davon; und tatsächlich haben wir häufig gehört, dass Frauen oft großem Spott ausgesetzt sind, wenn sie zum Beispiel sagen: »Ich möchte dies und jenes tun, denn ich habe das Gefühl«, hm? Das wird »ausgebuht«, das ist nicht logisch, das kommt nicht vom Intellekt, das ist Unsinn, das ist Frauenzeugs, hm? Nun wir stellen mit Freude fest, dass dies immer seltener vorkommt. Die Menschheit lernt besser zu verstehen, dass Intuition niemals falsch ist, sonst wäre es keine *Intuition*. Nun ist es aber für viele schwierig, sich daran zu gewöhnen, ihrer Intuition zu folgen, denn sie macht sich nur während einer Mikrosekunde bemerkbar. Wenn ihr mit eurem gestressten täglichen Leben beschäftigt seid und eine Entscheidung trefft, und dann sagt euch in einer Mikrosekunde eine Stimme: »Nein«, oder sie sagt auch: »Ja, tu Dies oder Jenes«, und ihr seid beschäftigt und unausgewogen, dann hört ihr nicht darauf. *Was ihr Intuition nennt, ist weibliche Energie.* Es würde euch allen gut anstehen, wenn ihr auf diese leise innere Stimme hören würdet, hm? Damit in Berührung zu kommen, ist ähnlich – wie wir schon gesagt haben – wie auf euren Körper zu hören: Wenn euer Körper mit euch spricht, wenn da ein Unwohl-Sein eures Körpers ist, dann will er euch etwas sagen, hm?

Nun, in diesem Sinne haben die Menschen Angst vor ihren Gefühlen. Eine bekannte Geißel der Menschheit wird Schmerz genannt, auch Pein, Verlassenheit, gebrochenes Herz. Vom Zeitpunkt eurer Geburt an, von dem Moment an, wo ihr die erste schmerzvolle Erfahrung des Ungenügend-Seins macht, errichtet jeder Einzelne eine Mauer der Unverletzlichkeit um sich selbst. Ihr alle habt Angst, wieder verletzt zu werden. Enttäuschungen, die Qual des Lebens, Schmerz, ihr alle kennt das sehr gut. Das findet ihr bereits in jungen Jahren heraus. Und ihr verwechselt dann Schmerz mit Gefühlen. Doch seht, meine Geliebten: *Schmerz ist kein Gefühl!* Das, was Schmerzen macht, ist der Widerstand, den ihr gegen die Gefühle habt. Es ist wichtig, dass ihr das versteht: *Schmerz ist Widerstand gegen die Gefühle.*

Wir möchten das so erklären: Wenn ihr in einer eurer Lebenssituationen große Freude empfindet, ist das Gefühlszentrum, das sich im Bauch befindet, offen. Wenn ihr richtig lachen müsst, dann kommt es aus dem Bauch, hm? Wenn ihr also eine Situation als lustig und freudig beurteilt, dann sind die Energiezentren in eurem Körper offen. Gefühle sind Energie, sonst nichts. Das ist, woraus *alles* besteht: Energie.

Wenn also eine Situation entsteht, die ihr als freudig beurteilt, sind alle Chakras, alle Energiezentren innerhalb eures Körpers offen. Und so beginnt die Freude im Bauch und bewegt sich ohne Widerstand durch alle offenen Energiezentren weiter, und euer Herz wird lebendig. In diesem Moment der Freude lebt ihr im Jetzt – ohne Vergangenheit und ohne Zukunft – und jedes Atom und Molekül in eurem Körper schwingt mit dieser Freude mit. *Meine Geliebten, frohe Menschen haben keine körperlichen Krankheiten.*

Wenn ihr nun aber in eine Situation kommt, die ihr als schmerzvoll beurteilt, vor der ihr Angst habt und zittert, weil sie euch Schmerzen zufügen wird, dann ist das Energiezentrum im Bauch geschlossen. Jeder von euch kennt das. Wenn ihr in eine solche Situation geratet, schockiert seid und Schmerz empfindet, wo fühlt ihr's dann, hm? Im Bauch! Wir haben den Ausdruck gehört: »Das war ein Tritt in die Magengegend«, ja? Negatives Verurteilen fühlt sich im Bauch an wie Stahlklauen, und die Energie kann nirgendwo hin. *Das nennt man dann Schmerz. Nun, was denkt ihr, erzeugt Schmerz? – Verurteilen. Es gibt keinen anderen Grund für Schmerzen.* Es ist das Verurteilen, das diesen Widerstand schafft, den man Schmerz nennt. Schmerz, meine Lieben, häuft sich an. Ihr kennt das seit Urzeiten, von einem Leben zum anderen. Das ist euch allen wohl bekannt.

So, was geschieht in euren Leben? Als kleines Kind werdet ihr minderwertig gemacht. Das braucht keine ›große Angelegenheit‹ zu sein. Etwas ganz Einfaches. Man gibt euch einen Schlag hinten drauf und sagt, ihr wäret ungezogen, obschon ihr es nach eurer Auffassung gar nicht wart. Man sagt euch, ihr seid nicht schön, man sagt euch, ihr seid dumm und vieles mehr. Und so beginnt ihr, euch für minderwertig zu halten – und dadurch erfahrt ihr Schmerz. Wenn ihr dann größer werdet, lernt ihr damit umzugehen. Und was heißt das, damit umzugehen? Das heißt, dass ihr eine Mauer um euch errichtet, damit ihr unverletzbar werdet, sodass ihr nicht mehr verletzt werden könnt. Aber natürlich werdet ihr doch wieder verletzt. Also baut ihr eine noch größere, noch dickere Mauer. Und während ihr zum Erwachsenen heranreift, wird die Mauer natürlich noch höher und dicker. Ihr lernt darin, eure Gefühle nicht mehr zu zeigen. Ihr lernt sie zu verstecken und habt Angst, euer Herz zu öffnen. Denn wenn ihr es tätet, würdet ihr verwundet werden. Jedes Mal, wenn ihr Schmerzen habt, ›überwindet‹ ihr sie. Und es geschieht wieder, und es wird immer mehr und mehr. Ihr verurteilt euch selbst zunehmend und verurteilt den Rest der Menschheit. Häufig seid ihr ein

›Opfer‹ der Regierung, ›Opfer‹ der Personen in eurem Leben. Und mit wachsender Angst zieht es euch mehr und mehr zu solchen Situationen und Leuten, die euch genau das geben, was ihr glaubt. Versteht ihr nun, wie das zu einem Kreislauf wird? Wovor ihr alle so Angst habt, ist, zu sagen: »Ich habe Angst« oder »Ich bin verletzt.« Ihr habt Angst zu sagen: »Ich lebe mein tägliches Leben, aber in Wahrheit sterbe ich an einem gebrochenen Herzen.« Und seht, ihr Lieben, ihr alle sterbt an gebrochenen Herzen und könnt nicht darüber reden, habt Angst, euch das einzugestehen, Angst, das, was ihr seid, anzuerkennen. Ihr habt solche Angst, nicht zu genügen, und wagt es nicht, es zuzugeben. Denn ihr glaubt, dass alle anderen die Antworten haben, dass ihr tief in eurem Herzen tatsächlich schlimmer seid als alle anderen. Ihr begutachtet alle Bereiche eures Lebens, eure geheimsten Gedanken und euer sogenanntes verstecktes Betragen. Und dann ›wisst‹ ihr, dass ihr unwürdig seid, ihr ›wisst‹, dass »ihr niemals dorthin gelangen werdet«. Für viele von euch scheint es, als wäre dies alles eine völlig absurde Heuchelei. *Obwohl doch alles, was ihr wirklich wünscht, Ganzheit ist.*

Und das alles geschieht nur, weil ihr nicht wirklich versteht, dass das, was ihr seid, ein Ausdruck des Göttlichen ist. Wer und was ihr wirklich seid, ist so wunderbar, man kann es mit Worten gar nicht ausdrücken. Wenn wir euch sagen: Wirklich, ihr seid der Gedanke des <u>ALLES, WAS IST</u>, der Urquelle, dann tut ihr Folgendes: Ihr personifiziert dieses <u>ALLES, WAS IST</u>. Wenn wir Gott/Göttin sagen, glaubt ihr tatsächlich, dass es einen personifizierten Gott gebe. Doch seht, das ist ein Mangel an Verständnis für die Natur der ›Ersten Ursache‹. *Wenn ihr euch vorstellen könnt, dass dieses <u>ALLES, WAS IST</u>, keine Person ist, dann könnt ihr wirklich erkennen, dass es alles einschließt – auch das, was ihr seid.* Der göttliche Faden geht durch jedes Atom und Molekül, durch jedes Universum. *Diese Kraft ist innerhalb von allem.* Ihr könnt alle Dinge betrachten und tief in eurem Herzen *wissen*: Jeder Grashalm, jeder Vogel, jede Blume, jeder Baum und jede Kreatur, jeder Fels und sogar das, was ihr als von Menschenhand gemacht betrachtet – all dies, wirklich alles ist dieses <u>ALLES, WAS IST</u>. Wenn ihr dies, im Spiegel außerhalb von euch erkennen könnt, kann das helfen zu verstehen, dass ihr es wirklich ebenfalls seid. Manchmal ist es viel einfacher, euch davon ein Bild zu machen, was sich außerhalb von euch befindet als ein vollständiges Bild darüber, was ihr tatsächlich seid.

Nun gut, ihr Lieben, an dieser Stelle möchten wir euch um eure Fragen bitten.

F: *Danke, P'taah. Was du gerade gesagt hast, könnte auch so interpretiert werden, dass es kein Modell für Perfektion gibt. Wir haben uns während unserer langen Geschichte immer an ein Modell der Perfektion gehalten.*

P'taah: Das ist eine sehr gute Feststellung. Wir haben uns mit euch schon früher über die Rollenmodelle eurer kulturellen Gesellschaft unterhalten. Vielleicht sollten wir es wiederholen. Schaut, das gehört zu eurem Gefühl des Unwert-Seins, denn es wurde euch ein Ideenkonstrukt übermittelt, das in Wahrheit jeglicher Realität entbehrt. Das meinen wir im Sinne eines universellen Gesetzes. Da war – nicht nur in dieser Kultur, auch in vielen anderen Kulturen – diese eine Person, die das gesamte Wunder perfekt verkörperte, und darum strebt ihr gefühlsmäßig alle nach diesem Rollenmodell. Wir nehmen jetzt als Beispiel dafür den, der Jesus genannt wird, den Christus. Wir haben sehr wohl festgestellt, dass dieser in eurer Kultur vorherrscht. Und wie wir schon gesagt haben, ob ihr intellektuell damit einverstanden seid oder nicht, so strebt ihr doch gefühlsmäßig nach diesem Rollenmodell. Wir sprechen hier über das kollektive Bewusstsein, die morphogenetische Resonanz eurer Kultur, in der ihr gefangen seid, ob ihr das erkennt oder nicht.

Nun, dieser Perfekte: So solltet ihr auch alle sein, solltet jedenfalls danach streben. Doch seht, das birgt in sich einen Widerspruch. Denn was ihr unter Perfektion versteht, nennt man ein fertiges Produkt. Seid ihr das? Ihr seid nicht fertig und werdet es auch nie sein, nicht in dieser Realitätsdimension und wahrlich auch in keiner anderen Realität. Denn sollte etwas einmal fertig sein, ist es nicht mehr. Versteht ihr das? Alles ist im Begriff zu werden, befindet sich in einem Stadium des Wachstums, der Ausdehnung. Alles, wirklich alles. Jede Zelle in eurem Körper ist berstend voll mit Kreativität, steht nie still. Da gibt es kein Molekül, das still steht – sonst wäre es nicht. Schaut den Mikrokosmos und den Makrokosmos an – steht irgendetwas in eurem Universum still? Natürlich nicht. Darum ist diese zum Abschluss gekommene Perfektion, wonach ihr so strebt, ein absoluter Unsinn. Glaubt ihr, wenn ihr erleuchtete Meister seid, dann wäre mit allem Schluss? Ich will euch sagen: Es ist nicht so! Denn die verschiedenen Dimensionen der Wirklichkeit sind unendlich. Die Energie der Ersten Ursache steht nicht still. Sie dehnt sich immerfort aus, bewegt sich, sonst wärt ihr nicht hier, und auch alles andere wäre nicht da. Versteht ihr das? Darum ist es an euch, das genauer anzusehen, zu begreifen, dass dieses Rollenmodell, das verbreitet wurde, ein nützliches Werkzeug war, euch zu versklaven. *Wir wollen hier keine Missverständnisse aufkommen lassen: Das, was ihr auf die-*

ser Ebene Religion nennt, war immer und ist immer noch ein Werkzeug zur Versklavung. Es wird benutzt, um euch in Ketten zu halten, um euch unter Kontrolle zu halten, damit ihr keine Eigenständigkeit und Entscheidungsfreiheit kennenlernt. Beantwortet das deine Frage, Geliebte?

F: Ja.

F: *Für Joshua Ben Joseph muss das ja sehr enttäuschend sein, wenn er sieht, was wir aus seinen Lehren gemacht haben.*
P'taah: Nicht wirklich, Geliebter. Der, den ihr Joshua Ben Joseph nennt, ist in Wirklichkeit jetzt ein *Ideenkonstrukt*. Was die Leute von ihm, der wirklich einmal physische Realität war, glauben, hat nichts mit seiner wirklichen Person zu tun. Er wurde zu einem Ideenkonstrukt, und dieses hat genauso seine Gültigkeit und seine Wirklichkeit. Es ist Wirklichkeit, aber es liegt an euch, an dieser Realität *nicht* teilzunehmen. Es gibt kein Verurteilen außerhalb von hier, meine Geliebten. Ob dies nun euer Hier ist, oder das ›Hier‹ von jemand anderem, hm?

Es gibt kein Gericht im Universum, es gibt auch keinen Joshua Ben Joseph in den Wolken oben, auch keinen Gott oben im Himmel, der Buch über euch führt und sagt: »Du wirst es nicht schaffen.« Es ist eure Wirklichkeit, es liegt bei euch, Tag für Tag, dass ihr genau das anzieht, was ihr noch lernen müsst. Und was ihr gelernt habt, braucht ihr nie mehr zu erleben. Fragen?

F: *Es scheint also, dass dieses Verurteilen einer größeren Harmonie im Wege steht. Wie lässt man dann dieses Verurteilen hinter sich? Es passiert ja immer wieder.*
P'taah: Meine Geliebten, lasst uns Verurteilen nicht mit Einsicht verwechseln. Versteht ihr den Unterschied? Verurteilen ist, wenn ihr sagt: »Dies ist richtig und jenes ist falsch.« – »Dies ist gut und jenes ist schlecht.« Denn in Wahrheit gibt es kein Richtig oder Falsch, kein Gut oder Schlecht – es <u>IST</u> einfach. Nun, wir haben noch etwas anderes speziell unter den ›New Age‹-Denkern bemerkt. Ihr wisst, wen ich meine, hm? Die ›New Agers‹ – wie hieß das Wort schon wieder, meine Geliebte *(P'taah wendet sich an eine Freundin von Jani King)*, das Wort, das man für die New Agers benutzt –, ›Whoofties‹[8]? Nun, wir scherzen, denn es gibt die New

---

8 Anmerkung des Übersetzers: ›Whoofties‹ sind die Mitglieder der New Age-Bewegung, die bereits in ›höheren Dimensionen‹ schweben und den ›noch nicht so Erleuchteten‹ Ratschläge erteilen, was man tun darf und was nicht.

Age-Bewegung, und natürlich hat sie ihre Gültigkeit. Es ist eine Bezeichnung für alle, die begierig an einer Ausdehnung des Bewusstseins teilnehmen wollen. Wie auch immer, wir haben bemerkt, dass viele, die zu dieser New Age-Bewegung gehören, alle Scheinheiligkeiten und Heucheleien der alten Religionen übernommen und sie einfach in ein New Age-Denken übersetzt haben. Die Heuchelei ist: »Meine Einstellung ist heiliger als deine«, was kaum mit Erweiterung des Bewusstseins zu tun hat. Wir haben viele dieser Leute sagen hören: »Dies ist falsch und jenes ist richtig; und wenn du es nicht auf diese Weise tust, bist du keiner von uns und wirst es nie schaffen«, oder: »Nun gut, der ist halt noch weit entfernt von der Erleuchtung«, oder: »Der dort ist zu kriegerisch eingestellt, der wird's nie schaffen«, hm? Nun, das ist alles in Ordnung: gut, schlecht, richtig, falsch – grundlegendes Verurteilen. Es ist nicht einfach, das, was seit Urzeiten Teil eurer Kultur war, zu überwinden. Von einem Leben zum nächsten habt ihr gut, schlecht, richtig, falsch gekannt – das ist in Ordnung so. Einsicht bedeutet, wenn ihr sagen könnt: »Dies ist eine Form, und jenes ist eine andere, und dies ist meine Wahl.«

Seht, meine Frau sagt oft: »Hm, was für ein Schweinehund!«, und die Leute sind äußerst schockiert. Wie kann jemand, der sich mit diesen wunderbaren Themen beschäftigt, so etwas sagen. Das ist nicht einmal alles, was sie so sagt. Sie kann sehr farbig werden. *(Gelächter im Publikum)* Wie auch immer, das Wort spielt keine Rolle – es ist die Absicht, die zählt. Es gibt viele, die solche New Age-Plattheiten von sich geben, während in ihren Herzen die Vorurteile toben – und das ist in Ordnung so. Es muss euch nur bewusst werden, dann werdet ihr erkennen, was Verurteilen ist.

Wisst ihr, ihr Lieben, was den Leuten passiert, die der Erleuchtung nachjagen? Sie wissen: Verurteilen ›tut man nicht‹, Verurteilen ist ›falsch‹, und so verurteilen sie das Verurteilen. Man kann nicht das Verurteilen als falsch verurteilen, das ist keine Erleuchtung. Ist das nicht albern? Das Verurteilen als falsch zu verurteilen, wirft euch auf dem direkten Weg zurück in die alten Geleise. Doch man soll sich darüber nicht lustig machen. Verurteilen hat seine Gültigkeit, weil es existiert. Das Verurteilen ist ein göttlicher Aspekt eures Wesens. Und der einzige Weg, der zu einer Veränderung führt, ist zu akzeptieren, dass ihr verurteilende Wesen seid. Wenn ihr eine Veränderung wünscht, und wenn ihr annehmen könnt, dass ihr verurteilende Wesen seid, dann bewirkt ihr diese Veränderung. Doch was ihr ablehnt, das ermächtigt ihr, das werdet ihr anziehen.

Ihr seht, das ist alles äußerst paradox, widersprüchlich. Doch es besteht kein Grund, alles so ernst zu nehmen. Ich möchte euch Folgendes sagen, meine Lieben:

Den größten Ausgleich schafft das Lachen – wenn ihr wirklich aus dem Bauch lachen könnt. Ich würde sagen, dass viele Dinge in diesem Leben, und gerade viele dieser ungemein wichtigen Angelegenheiten, äußerst komisch sind. Wenn ihr darüber lachen könnt und Freude daran findet, auch an den Widersprüchen, dann lebt ihr im Jetzt, nicht in der Vergangenheit und nicht in der Zukunft. Auf diese Weise kreiert ihr Freude.

An diesem Punkt wollen wir eine Pause machen, meine Lieben, sodass ihr eure Körper erfrischen könnt. Dann werden wir zurückkehren, und ihr mögt noch viele Fragen stellen.

(P'taah entfernt sich und kehrt nach der Pause zurück.)

P'taah: So, meine Lieben – Fragen?

F: *Wegen dem Lachen, und dass das Lachen ausgleicht. Könnt ihr auf eurer Ebene des Bewusstseins auch von Herzen kindlich und albern sein?*

P'taah: Aber natürlich. Kindlich im Sinne dieser Bedeutung: offen für Wunder sein. Seht, kindlich ist nicht kindisch, versteht ihr das?

F: *Ja.*

P'taah: Und Wunder in diesem Sinne machen alle Dinge neu. Staunen bedeutet Anerkennen – ja die Ehrfurcht, mit der ihr euer Universum betrachtet: das Erkennen des Göttlichen in allen Dingen.

F: *Wie steht's mit zynischem Witzeln?*

P'taah: Hm, weißt du, mein Lieber, das ist auch in Ordnung. Zynisch sein, über die Schwächen der Menschen lachen und dabei erkennen, dass du über dich selbst lachst, hm? Da ist nichts Falsches dabei.

F: *Aber lachst du wirklich auf eurer Ebene?*

P'taah: Aber natürlich. Sollte ich nicht lachen auf dieser Ebene? Wir hätten's nicht gerne, wenn ihr denken würdet, dass wir sehr ernst sind, dass wir nicht gerne lachen und uns necken. Das ist alles Teil der Freude. Andererseits haben wir bemerkt, dass viele bei einem gewissen Grad der Verzweiflung lachen. Und wäre es nicht zum Lachen, würdet ihr weinen müssen. Wir haben auch bemerkt, dass das Lachen von den Tränen ablenkt. Doch seht, was für ein Gefühl auch immer ihr habt: Wenn es sich stark anfühlt, heißt das, dass ihr euch im Jetzt befindet. Obschon das alles seine Gültigkeit hat, ist es natürlich unser Herzenswunsch, dass eure starken Gefühle die der Freude sind. – Fragen?

F: *Du hast von schmerzvollen Gefühlen gesprochen, die wir in uns anhäufen. Ich würde nun gerne wissen, wie man das verhindert.*

P'taah: Nun, damit wendest du dich einem Thema zu, das wir später noch ausführlicher besprechen wollen. Jetzt möchten wir Folgendes sagen: Da gibt es, wie ich schon erwähnte, in den Menschen diese Angst vor Gefühlen. Nun, wenn sich die Energie dieser Gefühle im Körper ansammelt, kann man sie sowohl ausdrücken als auch unterdrücken. Wenn die Gefühle unterdrückt werden, ist das der Grund dafür, dass der Körper mit schweren Krankheiten reagiert. Es gibt viele neue Therapien – und wenn wir neu sagen, meinen wir in jüngster Zeit, wo die Leute dazu ermutigt werden, Gefühle auszudrücken. Wo die Leute in ihrem Leben zurückgehen, um die großen Schmerzmomente nochmals zu erleben und den Schmerz auszudrücken. Und das ist sehr gut; man könnte es vergleichen mit »den Topf vom Feuer nehmen«. Wie auch immer: Ausdruck und Unterdrückung sind Polaritäten. Und dazwischen liegt deine Antwort: Sie heißt Erkennen und Annehmen. Mit Erkennen und Annehmen bewirkt man die Verwandlung von Schmerz in Freude, was man auch Transmutation nennt. Wie auch immer, wenn du etwas Geduld hast, werden wir bald ganz ausführlich darüber sprechen. Doch wegen des Manuskripts, das wir hier produzieren, gehen wir etwas langsam und der Reihe nach vor. Doch du wirst bei uns bleiben, meine Liebe und wirst nichts verpassen.

F: *Ich möchte dich noch etwas über Träume fragen. Du sagtest, zum Lachen gehörten die Fantasie und die Gefühle, und die Energie fließe dann frei durch die Chakras.*

P'taah: Genau.

F: *Wenn ich träume, erlebe ich manchmal Einzelheiten des Tages wieder, vieles, was ich tat oder gedachte zu tun oder aber noch tun sollte. All dies erlebe ich in meinen Träumen. Was ist das genau, wenn wir schlafen? Ist das unsere Fantasie oder was ist es?*

P'taah: Es ist das und noch vieles mehr. Euer Traumzustand ist eine multidimensionale Wirklichkeit. Es ist viel mehr als das Ordnen der täglichen Gegebenheiten, viel mehr als ein Ausleben eurer Vorstellungskraft. Ihr befindet euch auf vielen, vielen Ebenen, denn ihr reist auch, wenn ihr träumt. Wenn ihr schlaft, seid ihr in ein und demselben Moment auf verschiedenen Ebenen der Realität. Auf diese Weise kommt das ganze SELBST – die Seelenenergie, wenn ihr so wollt – mit anderen Teilen der Seelenenergie zusammen, die auf diesem Planeten zur selben Zeit und im selben Raum zugegen sind. Es gibt auch Reisen mit dem Super-Bewusstsein in ganz andere Bereiche. Dies können andere Planeten sein, es können aber auch andere Dimensionen der Wirklichkeit sein, die sich nach eurem Verständnis außerhalb von Raum und Zeit befinden. Und ihr müsst wissen, das ist auch Realität, das ist auch gültig. Im Traumzustand lernt ihr andere Lektionen, und sehr oft kommen diese Erfahrungen eurem Leben in dieser Realität hier zugute. Das sind allerdings Lektionen, Lehren oder Erkenntnisse außerhalb eures jetzigen Verständnisses. Darum schafft euer Bewusstsein Bilder, die ihr verstehen könnt. Nun, wir haben schon erwähnt, dass sich das Bewusstsein auf dieser Ebene an solche Bilder hält. Wir haben einige Tage vorher schon bemerkt, dass es ganz nützlich ist, wenn ihr euch ein Heft neben euren Schlafplatz legt. Wenn ihr von euren Träumen aufwacht und sie immer noch klar im Gedächtnis habt, dann macht euch Notizen. Das braucht nicht ausführlich zu sein, vielleicht ein Schlüsselwort oder ein paar Sätze, damit ihr euch erinnern könnt – und das werdet ihr dann auch. Wenn ihr das Nacht für Nacht auf diese Weise tut, wird sich ein Muster herauskristallisieren, das ihr mit eurem Bewusstsein erkennen könnt, sodass ihr bewusst versteht, was ihr auf einer unbewussten Ebene bereits wisst. Begreift ihr das? Da gibt es natürlich Dinge, die ihr im Traum erlebt und die sich wirklich jenseits eures jetzigen Bewusstseins befinden – in anderen Wirklichkeitsbereichen. Von dort aus gesehen, meine Lieben, ist dann *dieser* Bereich hier der eigentliche Traumzustand. Das ist für euch ein wunderbarer Spielplatz. Dies alles, der Traumzustand, die Träume, Fantasien, das Ausleben von Wirklichkeiten, die für euch unerreichbar scheinen, ist genauso wirklich und gültig wie diese tägliche Realität hier, die ihr bewusst erkennt. Zufrieden, meine Liebe?

F: *Ich begreife, dass wir göttlich sind, aber gibt es etwas, was uns hilft zu verstehen, wer und was wir sind?*

P'taah: Wirklich, jeder Moment ist ein Schlüssel zu diesem Verständnis. Schau, meine Liebe, es ist tatsächlich so einfach, und das ist der große Widerspruch, denn es ist in Wahrheit recht schwierig für die Menschheit. Der wahre Schlüssel ist, dass ihr erkennt, wer ihr seid, erkennt, was ihr glaubt. Eure Glaubensstruktur ist der Schlüssel. Wenn ihr herausfindet, was ihr glaubt und dann realisiert, dass vieles davon Unsinn ist und dass ihr nicht einmal gewusst habt, dass ihr dies oder jenes geglaubt habt, und wenn ihr Schichten um Schichten erkennt und wirklich jede Facette eures Wesens annehmen könnt, so werdet ihr eure eigene Göttlichkeit erfahren. *Dann werdet ihr* <u>GOTT, DER ICH BIN</u>, er-

kennen. Ich habe zwar gerade erklärt, wie einfach es eigentlich ist, aber wir verstehen, dass es für euch nicht so ist. Deshalb machen wir einen Schritt nach dem anderen und bringen ans Licht, was ihr bereits wisst, damit es sich in euch verstärkt, damit ihr zur Erkenntnis vordringt. Wenigstens wollen wir es versuchen, meine Liebe.

Meine Lieben, Erleuchtung hat nichts mit gut sein zu tun. Erleuchtung hat nur mit SEIN zu tun. *(Und P'taah wiederholt ganz sanft:)* Erleuchtung bedeutet nicht gut sein! Erleuchtung bedeutet SEIN!

F: *Meine Frage betrifft das Schlafen und Träumen. Oft wache ich ganz plötzlich auf, ohne ersichtlichen Grund. Kannst du mir das erklären?*

P'taah: Das geschieht jedem. Der Grund dafür liegt auf verschiedenen Ebenen. Es kann sein, dass einige Muskeln mit spastischen Zuckungen reagieren, wenn der Körper sich entspannt eine eher triviale Erklärung. Die andere ist, dass sich häufig die Schwingungen im Körper erhöhen, oft als ein Vorspiel, wenn das Bewusstsein seine körperliche Hülle verlassen will. Manchmal sind es die Schwingungen selbst, die den Körper aufwecken, weil das Bewusstsein weiß – aus dem einen oder anderen Grund –, dass es nicht der richtige Zeitpunkt zum Weggehen ist. Es kommt dann in den Körper zurück, und weil dies wie ein Schock wirkt, wacht man davon auf. Doch für dieses Geschehen gibt es mehr als eine Antwort, weil es sich auf verschiedenen Ebenen des Körpers abspielt, und auch wegen der Beziehung des Bewusstseins zum Körper. Ihr alle macht ständig solche Reisen außerhalb eures Körpers, obwohl ihr meist keine bewusste Erinnerung davon behaltet. Manche wenden dieses Wissen bewusst an und verlassen ihren Körper im Wachzustand, nicht im Schlaf. Doch dies ist ein Zustand, den man beinahe hypnagogisch nennen könnte. Das Stadium, kurz bevor man in den Schlaf fällt, wenn der Körper total entspannt ist, nennen einige auch Alphastadium. Manchmal, wenn ihr meditiert, fällt der Körper auch in dieses Stadium. Und in diesem Stadium verlassen die Leute oft ihre Körper.

F: *Du sagtest, dass wir unseren Schmerz leichter nehmen sollten. Das scheint für diejenigen unter uns, die mehr Glück in ihrem Leben erfahren, einfacher zu sein als für jene, die mit Tod, Krankheit und Unglück konfrontiert werden, also offensichtlich weniger Glück haben als wir. Dass wir hier Spaß haben, während diese anderen leiden, führt leicht zu Schuldgefühlen.*

P'taah: Schuld ist eine noch nicht gelernte Lektion. Und was ist Verantwortung, meine Liebe?

(Die angesprochene Frau zögert einen Moment mit ihrer Antwort. Die Situation verleitet einen der Männer dazu, durch den Raum zu gehen, um der Frau zu Hilfe zu eilen. Er flüstert: »Die Fähigkeit, auf etwas zu antworten ...«, aber P'taah schwingt sich herum und unterbricht ihn, macht zum Schein das Verhalten eines strengen Schullehrers nach.)

P'taah: Wir reden nicht mit dir, mein Lieber.

(Das Publikum bricht in Gelächter aus.)

P'taah: Wir wissen, dass du der Klassenbeste bist.

(Alle Anwesenden sind von diesem kleinen Intermezzo fröhlich gestimmt, und herzliches Gelächter macht sich breit. Um dem Mann über seine Verlegenheit hinwegzuhelfen, sagt sie ganz lieb:)

F: *Er versuchte doch nur, mir zu helfen, mich zu erinnern ...*

(Der Betroffene fühlt sich nun wie ein Schuljunge, den man soeben erwischt hat und sich entschuldigen will; er schaut P'taah an und sagt:)

F: *Es tut mir ehrlich leid.*

P'taah: Fühlst du dich schuldig?

F: *Nein!*

(Das Publikum brüllt nun vor Lachen; erst nachdem sich jedermann wieder beruhigt hat, fährt P'taah fort:)

P'taah: Verantwortung, meine lieben Kinder, Verantwortung heißt auf das antworten, was euer Herz zum Singen bringt. Verantwortung ist nicht mit Pflicht zu verwechseln. Wenn ihr wirklich tut, was eure Herzen zum Singen bringt, dann antwortet ihr auf das, was ihr seid. Dann macht ihr die Welt glücklich. Ihr seid nicht für Leben und Glück von anderen verantwortlich, sondern nur für euer eigenes Leben. Denn das Leben ist ein *Zusammenwirken aller Wesen*. Nun, da werden viele sagen: »Aber P'taah, was können wir tun, wenn unsere Wünsche mit den Wünschen derer, die wir lieben, nicht übereinstimmen?« Nun, meine Lieben, wenn ihr jemanden liebt, dann wünscht ihr ihm Glück, und wenn ihr euer <u>SELBST</u> liebt, wünscht ihr euch selber Glück. Wenn Entscheidungen aus Liebe zum Selbst getroffen werden, dann bewirken sie Harmonie, Wohlgefühl und Freude. Wenn ihr etwas nicht aus Liebe, sondern aus Verantwortung tut, dann entsteht Unwille. Glaubt ihr, das merken die Leute nicht? Es spielt keine Rolle, ob ihr dabei lächelt und schöne Worte gebraucht. Wenn Unwille wegen einer Pflicht aufkommt, merken das alle. Dann könnt ihr sagen: »Ich verstehe, was du mir wünschst, aber im tiefsten Herzen wünsche ich mir etwas anderes, nicht weil ich dich nicht liebe, denn das tue ich wirklich, aber ich muss mein Leben mit Freude leben können.« Wenn euch das jemand krummnimmt, ist das nicht eure Verantwortung. Das haben sie sich dann selbst zuzuschreiben, und was *ein anderer von euch denkt, braucht euch nicht zu kümmern.* Denn jedermann reagiert aufgrund seiner eigenen Ängste und seiner eigenen Urteile. Seht, wenn jemand stirbt, den ihr sehr liebt, dann seid ihr wirklich traurig, denn ihr wisst, dass der Kontakt auf der körperlichen Ebene abgebrochen ist. Aber ihr wisst jetzt, meine Lieben: Wenn jemand stirbt, den ihr liebt, ist das nicht das Ende, denn in Wahrheit gibt es keinen Tod. Es gehört sich so bei euch, dass ihr lange trauert. Das hat zwar in der heutigen Zeit nachgelassen, doch besteht eine große Tradition, dass man dies oder jenes nicht tut, weil man in Trauer ist. Wenn euer geliebter Verstorbener euch auch geliebt hat, würde er dann wollen, dass ihr mit einem langen Gesicht herumlauft – oder noch schlimmer, so tut, als ob ihr Trauer empfändet? In vielen eurer alten Kulturen war der Übergang von einer Realität in die andere, also der Tod, ein Grund für große Festlichkeiten. Ganz sicher sind die Trauer und die Sehnsucht, sich mit dem Verschiedenen wieder zu vereinen, ganz natürlich. Doch man muss sich immer erneut daran erinnern, dass es für die Liebe kein Ende gibt. Wenn ihr jemanden liebt, setzt sich diese Liebe bis in die Unendlichkeit fort – da gibt es keine Trennung.

F: *Ich habe ganz speziell an die Leute in den Ländern gedacht, denen es weniger gut geht. Wenn ich also denke, dass deren Tod und deren Krankheiten keine Realität haben sollen, dann gefällt mir das gar nicht.*

P'taah: Jeder wählt sich seine eigene Wirklichkeit aus; das, was er noch zu lernen wünscht. Wir verstehen, dass ihr, die ihr in dieser Dimension der Realität gefangen seid, sagt: Warum sollte sich jemand auswählen, geboren zu werden, nur um sich als Baby zu Tode zu hungern oder ohne jegliche körperliche Fähigkeiten zu bleiben, oder in Zeiten von Krieg, Verwüstung und Zerstörung geboren zu werden oder in eine Familie, wo Hass und Gewalt herrscht. Warum sollte sich jemand so etwas aussuchen? Wegen der Erfahrung. Denn wisst: Das Leben ist keine einmalige Sache. Ihr könnt versichert sein, dass, wenn ihr in eine harmonische Situation mit viel Freude und Fülle geboren werdet, ihr das genaue Gegenteil davon in anderen Leben erfahren musstet.

Wir haben es schon gesagt: Ihr wart schon einmal der Unterdrückte, wie auch der Unterdrücker. Ihr wart der Mörder, wie auch das Opfer. Ihr wart schon sozial sehr wohlgestellt, wie auch von sehr niedrigem Status. Ihr wart Mann wie Frau. Ihr wart jede Facette jedes möglichen Wesens, das je auf diesem Planeten wandelte. Und so erschafft ihr eure Wirklichkeiten wegen dieser Erfahrungen.

F: *P'taah, könntest du mir erklären, wie man am besten zum Stadium des Seins gelangt?*

P'taah: Mein Lieber, ich bin sehr glücklich, darüber zu sprechen. Ein ›human being‹ sein – nicht ein ›human doing‹, eh? *(Das Publikum lacht und P'taah bemerkt, dass er diesen Ausdruck bereits einmal gebraucht hat.)* Also mehr im Sein als im Tun leben, hm? Immer wieder in der Fülle des Jetzt leben, das ist es, was wir meinen. Nicht in eure Vergangenheit vertieft und nicht besorgt um eure Zukunft sein, weil ihr dann nicht euer jetziges Leben lebt. Was soll ich euch sagen, damit ihr ruhiger werdet, damit ihr weniger verurteilt, damit ihr weniger in Erwartungen lebt und dafür offen bleibt für das, was kommen mag? Wie man wie ein Delfin lebt? Wie ein Kind?

Nun, wir würden sagen, dass es Übung braucht. Ihr mögt euch dabei ertappen, wie ihr in die Vergangenheit vertieft seid oder euch Sorgen über eure Zukunft macht. Dann soll man sich einfach sagen: »Jetzt sind wir wieder mal soweit«, und sich fragen: »Aber was tu ich denn *jetzt*?« So wird es für euch immer einfacher, und ihr braucht euch nicht zu sorgen und euch auch nicht zu verurteilen. Ihr braucht euch nur manchmal zu ertappen. Und dann mögt ihr euch sagen: »Jetzt bin ich wieder so mit meiner Zukunft beschäftigt, ich will aber einfach nur sein.« Hilft das etwas?

F: *Ja.*

P'taah: Im Jetzt zu leben, gehört nicht zu eurer Ausbildung, denn in eurer Gesellschaft lehrt man euch von Geburt an, an eure Zukunft zu denken. Wenn ihr dann älter werdet, kommt häufig eine Bitterkeit auf, weil ihr die Lektionen nicht verstanden habt, die ihr hättet lernen sollen. Ihr klammert euch an euer Versagen. Doch wenn ihr die Lektionen gelernt, integriert und angenommen habt, könnt ihr es zu den unwichtigen Dingen ablegen. Auf diese Weise vermögt ihr sogar eure Vergangenheit zu verändern. So machtvoll seid ihr. Wir werden später darüber ausführlicher reden, wie ihr eure Vergangenheit und eure Zukunft verändern könnt. Denn das ist alles das Gleiche.

F: *Vorhin sagtest du, dass Gedanken viel mehr als nur ein Werkzeug seien. Könntest du das noch ausführen?*

P'taah: Gedanken sind die wirklichen Schöpfer eures Universums. Darum sind sie tatsächlich das Werkzeug der Manifestation. Was in eurer Wirklichkeit auch immer geschieht, es könnte nicht ohne Gedanken geschehen. Verstehst du das?

F: *Ich glaube, ja.*

P'taah: Also, wenn es Krieg gibt, könnte er nicht ausbrechen, wenn nicht jemand vorher daran gedacht hätte. Bevor sich etwas in physischer Wirklichkeit, in dreidimensionaler Realität manifestieren kann, muss es mit einem Gedanken beginnen. Physische Materie ist Bewusstsein und Bewusstsein besteht in Wirklichkeit aus Gedanken. Aber Gedanken sind ebenso eine Quelle der Kraft, und wir beziehen uns hiermit auf eine Technologie, die heute noch jenseits dessen liegt, was bekannt ist. Wir haben schon einmal gesagt, dass in einer höheren Technologie Gedanken als Antriebskraft benutzt werden – wie Benzin, wenn ihr so wollt. Eure großartigen Computer zum Beispiel werden mit Elektrizität betrieben. In der künftigen Technologie jedoch werden die Computer mit Gedanken betrieben.

F: *Das würde mein Gefühl erklären, dass an Gedanken mehr dran ist.*

P'taah: In der Tat, mein Lieber. Eure Wissenschaftler, genauer eure Physiker, verstehen jetzt langsam, dass es die Gedanken sind, die die Materie erschaffen. Und wahrhaftig ist das, was ihr seid, der Gedanke des <u>ALLES, WAS IST</u>.

Gedanken befinden sich in einem höheren Spektrum der Vibration als Licht. Versteht ihr das? Früher einmal haben eure Physiker gedacht, es gebe keine höheren Schwingungen als die des Lichts – und deshalb könne sich auch nichts schneller als Licht fortbewegen. Dem ist nicht so.

(Eine junge Dame, ganz interessiert.)

F: *Wenn Gedanken eine höhere Schwingung als Licht haben, dann sollten wir fähig sein, Dinge und auch uns selbst mittels eines einzigen, konzentrierten Gedankens zu bewegen.*

P'taah: Aber das könnt ihr tatsächlich.

F: *Warum gelingt es dann nicht, wenn wir es versuchen?*

P'taah: Weil euch das Verständnis zum klaren Denken fehlt, und *weil ihr nicht glaubt, dass ihr es könnt*. Seht meine Lieben, eure Glaubensstrukturen sind die Grundmauern eurer Wirklichkeit. Wir haben es schon oft gesagt und wir werden es sicher noch häufig sagen: Wenn ihr wünscht, durch eine solide Wand zu gehen, dann könnt ihr das auch. Aber wenn ihr glaubt, dass ihr das nicht könnt, dann gelingt es auch nicht.

(Eine Dame wünscht Klarheit betreffend eines anderen Themas.)

F: *P'taah, könntest du mir erklären, warum alle spirituellen Meister der Vergangenheit wie zum Beispiel Jesus und Buddha, aber auch Wesen wie du, männlichen Geschlechts sind?*

P'taah: Nun, warum sie alle männliche und nicht weibliche Energien sind? Es ist nicht so. In eurer Geschichte wurde die maskuline Seite überbetont und die feminine Seite vernachlässigt oder einfach verschwiegen. Das, was männlich ist, hatte furchtbare Angst vor den Frauen, denn in eurer frühgeschichtlichen Zeit waren es die Frauen, welche die Macht besaßen. Denn die Frauen sind als Schöpfer des Lebens der Göttin, eurer Erde, sehr nahe. In der herrschenden Geschichtsepoche hat sich das Maskuline, das männliche Geschlecht, immer vor ihrer Macht gefürchtet. Darum wurden die Frauen auch so furchtbar unterdrückt. Das ändert sich nun ganz bestimmt. Wesen, die auf diese Weise zu euch sprechen, so wie wir, sind in Wahrheit keine männlichen Energien. Doch ist es tatsächlich so, dass die Leute besser auf uns als männliche Erscheinung ansprechen, als wenn wir als *weibliche* Wesen in Erscheinung träten. Im menschlichen Bewusstsein ist es die männliche Energie, welche die Autorität besitzt, die über Wissen verfügt. Versteht ihr das? Und so, auf diese Weise, habt ihr eine männliche Energie hervorgerufen.

F: *Dann ist es also wegen unserem Glaubenssystem, einschließlich dem meinen, dass wir besser auf eine männliche Energie ansprechen und diese deshalb hervorrufen?*

P'taah: Meine Liebe, die Frauen wurden in einer schwachen Position gehalten, weil die Männer Angst hatten, machtlos zu werden. Deshalb haben sie Macht ausgeübt. Und sie werden es in eurer Kultur sicher nicht gerne zugeben, dass alle Kenntnis und alle Weisheit von den Frauen kommt. Doch seht, was diese Energie angeht, so ist sie nicht so männlich.

F: *Implizierst du hiermit eine androgyne Energie?*

P'taah: Meine Liebe, die Seelenenergie hat kein Geschlecht.

F: *Befindet sie sich jenseits des Geschlechts?*

P'taah: In der Tat, sie verkörpert beides. Eure Seele hat kein Geschlecht. Wirklich, ihr wart Mann und Frau in euren vielen Leben. Eure Seele verkörpert beides.

F: *Wenn wir also für jedes Leben auswählen, ob wir als Mann oder Frau kommen wollen, warum gibt es dann Homosexuelle und Lesbierinnen? Warum inkarnieren sie dann nicht gleich zu Mann oder Frau?*

P'taah: Dafür gibt es viele Gründe. Wie wir schon gesagt haben, sind die Menschen eigentlich bisexuell, um der Liebe auf der physischen Ebene einen erweiterten Ausdruck zu ermöglichen, egal zu welchem Geschlecht. Nun, wir wissen, dass diese Gedanken nicht populär sind und dass große Vorurteile gegenüber den Homosexuellen bestehen. Wie auch immer, man muss auch Folgendes bedenken: Es gibt Situationen, wo es fast ein kleines Durcheinander gibt. Wir meinen in dieser physischen Verkörperung bei den sogenannten Chromosomen. Meistens wird jemand aufgrund eines Traumas homosexuell. Wir sprechen nicht von einem sexuellen Ausdruck, wenn wir sagen, dass ihr auf der Seelenebene kein Geschlecht habt. Dort wird Homosexualität einfach nicht verurteilt. Doch die Menschen bekennen sich trotzdem zum einen oder anderen, obwohl sie doch eigentlich Liebe und Freude physisch bei beiden Geschlechtern ausdrücken könnten. *Seht, Sexualität ist nicht nur im Sinne der Fortpflanzung gemeint.* Das war nur eine weitere Methode, um die Menschheit zu versklaven. Wenn es nur zur Fortpflanzung gedacht wäre, dann würde es wahrscheinlich nicht so viel Spaß machen, hm? Doch wir verstehen, dass dies für die Menschen ein heikles Thema ist.

Meine Lieben, wir haben das Gefühl, es reicht für heute – das heißt, die Aufnahmefähigkeit hat eine Sättigung erreicht. Ich möchte wirklich mit großer Liebe und Achtung euch allen meinen Dank aussprechen. Es ist meinem Herzen wie immer eine große Freude, mit euch zu sein, und es macht mich wirklich traurig, mich von euch jetzt zu verabschieden. Wie auch immer, wir werden schon sehr bald wieder zusammenkommen, und ihr sollt auch wissen: Wenn ich auch nicht auf dieselbe Weise erscheine, so bin ich doch für euch da, wenn ihr in einem eurer stillen Momente nach mir ruft. Wirklich, meine Lieben, unser Dank gilt euch allen. Und so wünschen wir euch einen guten Abend und bitten euch: Geht fort in Liebe und in Freude, in Licht und mit Lachen, und seid gewiss, dass ich euch wirklich liebe.

(Die Zuhörer versichern ihrerseits P'taah, dass sie ihn lieben.)
P'taah: Aber das weiß ich doch!

Vierte Übermittlung

(P'taah grüßt das Publikum in seiner gewohnt lebhaften Art.)
P'taah: Ich grüße euch, ihr Lieben. Ich wünsche euch allen einen schönen Abend:
(Er hält Ausschau nach Neuzugängen und erkennt darunter Personen, die er vor vierzehn Monaten gesehen hatte.)
Nun, so sehen wir also alte Freunde wieder und neue dazu. Ihr seid alle willkommen. Ihr habt darum gebeten, dass sich die vibrierenden Schwingungen der Menschheit auf dieser Erde verstärken. Nun, wir nehmen in keiner Weise an, dass dies ein bewusster Wunsch von euch ist. Wir erkennen aber, dass der bewusste Wunsch eines jeden von euch das Trachten nach Erkenntnis ist. Wie auch immer, auf der Ebene eures Unterbewusstseins oder auch eures höheren Bewusstseins besteht der glühende Wunsch, in eine allumfassende, harmonische Schwingung mit ALLEM, WAS IST, zu gelangen, mit der ERSTEN URSACHE – dem Gott/der Göttin. Wie auch immer, wir haben schon des Öfteren gesagt, dass wir die Worte Gott/Göttin nicht so gerne gebrauchen, denn die Menschen personifizieren den Gott/die Göttin, dieses ALLES, WAS IST. Sowie ihr aber an eine Person denkt, *limitiert ihr diese Quelle*. Wenn ihr die Quelle personifiziert, dann neigt ihr stark dazu zu vergessen, dass alles auf eurem Planeten – ja das gesamte Universum – ein Spiegelbild, ein Ausdruck dieser Quelle ist. Nun, ihr besteht alle aus vibrierender Schwingung. Gedanken sind vibrierende Schwingungen, und ihr alle seid der Gedanke, wenn ihr so wollt, dieser Quelle. Ihr seid eine vibrierende Frequenz, die sehr oft nicht mit den Schwingungen eures Universums übereinstimmt. Daher kommen die Missklänge. Es ist nicht harmonisch, weil ihr vergessen habt, wer ihr seid, meine Lieben, ihr spiegelt die Schwingungen des Göttlichen nicht wider, obwohl ihr in Wahrheit natürlich *göttlich* seid.

Wir haben es schon viele Male gesagt, doch damit es ein Teil eurer Glaubensstruktur wird, können wir es nicht oft genug wiederholen: *Ihr seid die Schöpfer eurer gesamten Realität*. Es sind eure Glaubensstrukturen, euer Bewusstsein, welche die physische Realität erschaffen und natürlich auch alle anderen Realitäten. Doch dieses Mal werden wir nur über die physische Wirklichkeit sprechen. Was ihr von euch selbst glaubt, spiegelt sich in allem um euch herum wider. Alles, was ihr außerhalb eures Selbst wahrnehmt, ist eine göttliche Wiedergabe, ein Spiegelbild.

Wenn ihr also mit eurem Selbst in Harmonie lebt, offenbart sich für euch alles: alles Wissen, alles was ihr euch erträumt – wie zum Beispiel intergalaktische Reisen und das gesamte Multiversum. Wir erkennen, dass die Menschheit den glühenden Wunsch hat, die Stücke dieses Puzzles zusammenzufügen. Und jedes Mal, ihr Lieben, sagen wir euch, dass alle Antworten zu den einzelnen Puzzle-Teilchen, alle Lösungen in euch selbst stecken, nicht außerhalb. Es spielt keine Rolle, wie viele Bücher ihr lest oder welche Kapazitäten ihr auf dem Gebiet der Physik seid, denn die Antwort findet ihr nur, wenn ihr mit dem Göttlichen im Gleichklang schwingt. Auf diesem Planeten hat es schon viele Zivilisationen gegeben, sowohl während eurer Geschichtsschreibung wie auch in der vorgeschichtlichen Zeit, große Zivilisationen, die dieses Wissen besaßen und es vorgezogen haben, aus dem einen oder anderen Grund von hier zu verschwinden.

Nun, wir haben in den letzten Wochen viel über eure Glaubensstrukturen gesprochen und über das, was ihr von euch selbst glaubt, wie sich dies in eurem Leben widerspiegelt, wie ihr auf diesen Glaubensstrukturen aufbaut, wie ihr von eurer frühen Kindheit an eure Welt durch eine Linse seht und wie ihr vom Zeitpunkt eurer Geburt an, das heißt, sobald ihr euch der morphogenetischen Resonanz, dem kollektiven Bewusstsein der Menschen anschließt, euer Leben entsprechend aufbaut. Wir haben schon oft davon gesprochen, dass die Menschen mit einem gebrochenen Herzen leben, jeder Einzelne von euch. Das ist wahr, ihr Lieben: Ihr sterbt an gebrochenen Herzen. Jeder von euch lebt seit seiner Kindheit in Schmerz und Einsamkeit. Nun sagt ihr zu mir: »Das ist ja alles gut und schön, aber was kann ich dagegen tun?« Nun, heute Abend werden wir nochmals darüber reden – manche haben es bereits gehört, und für andere ist es neu – doch für euch alle ist es äußerst wichtig. Es gehört zu eurer Entwicklung: *Bevor ihr nicht das, was ihr als schmerzvoll verurteilt, annehmen könnt, werden eure Energiezentren nie frei werden, und ihr kommt an all das Wissen, das in euch angelegt ist, nicht heran.* Darum, meine Lieben, werden wir heute Abend über Transmutation sprechen. Und wir werden es wieder und wieder tun. Transmutation – man nennt es auch Alchemie. Wisst ihr, was Alchemie ist? Es bedeutet, in der molekularen Struktur eine Veränderung zu bewirken. Emotionale

Transmutation findet statt, wenn man Agonie in Ekstase verwandelt. Und was ist wohl Ekstase? Nun, *das ist das göttliche All-Eins-Sein. Da ist die Trennung aufgehoben, und das Selbst integriert sich in alles andere.* Göttliche Ekstase ist etwas ganz Wundervolles, denn die Kunst des Alchemisten besteht nicht nur darin, Agonie in Ekstase zu verwandeln, sie bewirkt auch eine molekulare Veränderung innerhalb der zellularen Struktur eures Körpers. Sie bewirkt eine Veränderung in eurem Hirn. Es verändert sich das, was ihr mit Vergangenheit bezeichnet. Es verändert sich eure Zukunft, und es verändert sich sogar das Aussehen eures Planeten. Ein wahres Wunder!

Nun, ihr Lieben, wir wollen uns klar ausdrücken: Was wir euch erzählen, ist ganz einfach. Es ist nicht etwas, was ihr zwar erreichen möchtet, aber von dem ihr denkt: »Das werde ich nie schaffen.« Es handelt sich nicht um ein ›Luftschloss‹. Es sind keine Geschichten über erleuchtete Meister, wo man sich sagen muss: »Hm, ich wünschte, das wäre ich.« Jedes einzelne Wesen auf eurer Ebene kann verstehen, wovon ich rede. Ehrlich, *es ist für euch nicht unerreichbar*. Und wir möchten keinesfalls, dass ihr euch Sorgen macht, ihr würdet es nicht verstehen. Nun, wir wollen rekapitulieren:

Seit eurer Geburt wurdet ihr abgewertet, verletzt, verwundet und verurteilt. Daraus macht ihr euch ein Bild von euch selbst und eurer Wirklichkeit. Wenn ihr dann junge Erwachsene seid, hat sich eure Glaubensstruktur über das, was und wer ihr seid, bereits geformt. Ihr alle glaubt, dass ihr nichts wert seid, dass ihr den Anforderungen nicht genügt. Was ihr den Menschen vorspielt, ist unwichtig. Davon reden wir nicht. Wir reden auch nicht von eurem großen Mut und wie ihr euch nach außen hin tapfer gebt. Wir reden von dem, was ihr wirklich seid. Dieser Gedanke des Unwertseins ist sicherlich ein allgemeiner Aspekt der Menschheit. So wie ihr euch selbst verurteilt, ist oft so schmerzhaft, dass ihr euch kaum mehr anschauen mögt. Ihr wisst eben nicht, wer ihr seid. Deshalb projiziert ihr alles Verurteilen nach außen. Wir möchten da nicht tiefer eindringen, denn wir haben schon ausführlich über das Verurteilen gesprochen und werden es sicherlich wieder tun. Wie auch immer, für dieses Manuskript sagen wir nur so viel: Wenn ihr euch als ungenügend verurteilt, wenn ihr euch als »der Liebe nicht wert« betrachtet, wenn ihr das, was ihr seid, nicht bedingungslos lieben könnt und wenn ihr nicht jede Facette eures Selbst akzeptieren könnt, so spiegelt sich das in allen Phasen eures Lebens wider. Und so werdet ihr verletzt und erlebt Schmerz. Nicht nur, weil ihr von anderen Leuten verurteilt und abgewertet werdet, was ja nur eure eigenen Werturteile und Minderwertigkeiten widerspiegelt, es schmerzt auch, weil die Energie nicht frei fließt. Wie wir schon sagten, Schmerz ist der Widerstand gegen die Gefühle. *Schmerz ist kein Gefühl – Schmerz ist Widerstand gegen Gefühle.* Das ist so, weil ihr verurteilt. Schmerz entsteht wegen dem Verurteilen, wegen dem Widerstand. Wir werden euch das in den folgenden Wochen wieder und wieder sagen. *Wenn ihr in eurem Leben eine Situation verurteilt, dann erlaubt dem Gefühl der Freude, euer Wesen zu durchdringen.* Dann gibt es keinen Widerstand, die Energiekanäle öffnen sich, und das Gefühl kann vom Solarplexus zu eurem Herzen hinauf und weiter zur Krone fließen. Es schwingt auf diese Weise durch das Universum und steht in Verbindung mit *allen* Dingen, mit *allem* Bewusstsein. Wenn ihr fürchtet, dass ihr verletzt werden könntet, wenn ihr eine Situation als gefährlich beurteilt, kommt sofort Widerstand auf, der sich wie Stahlklauen im Solarplexus anfühlt. Als Folge davon schließen sich die Energiezentren, die Energie kann dann nirgendwohin abfließen, und so entsteht Schmerz. Wenn nun eine Situation aufkommt, die ihr als schmerzhaft beurteilt, reagiert ihr normalerweise darauf so, dass ihr eine Wand aufbaut, um euch dahinter zu verstecken. Wie wir schon sagten, wird diese Wand in eurem Leben immer höher und höher, dicker und dicker, damit ihr nicht mehr verletzt werden könnt. Doch damit ändert sich überhaupt nichts, denn ihr werdet natürlich doch wieder verletzt.

Also, Transmutation – wir werden es euch in ganz einfachen Schritten aufzeigen. Der erste Schritt heißt *Verantwortung* übernehmen, denn ihr habt euch eure Realität selbst erschaffen. Es gibt keine Situation, kein Ding in eurem Leben, das ihr nicht miterschaffen habt. Darum Verantwortung: »Ich habe das getan.« Es ist nur dann einfach, wenn eine Situation Freude bereitet. Aber es ist gar nicht so einfach, wenn es im Herzen weh tut.

Schritt Nummer zwei: *Verurteilen.* Wenn ihr jemanden verurteilt, weil er etwas falsch gemacht hat und es euch betrifft, was sagt ihr dann? »Dieser Schweinehund!« Hm? Wir können euch hören! Wir hören auch unsere Frau. *Doch in dem Moment, wo ihr jemand anderem die Schuld gebt, übernehmt ihr nicht die Verantwortung.* Wenn ihr etwas in eurem Leben mitkreiert habt, das schlecht ist, dann liegt das an der Lernerfahrung. Alles, was ihr euch aussucht, sucht ihr euch wegen der Erfahrung aus, einzig wegen der Erfahrung. In jeder Situation versteckt sich eine Perle, ein Juwel, wie auch ihr Juwelen seid, meine Lieben. Immer noch nicht einfach genug? Wie kann man demjenigen dankbar sein, der einem so viel

Schmerz zugefügt hat? Trotzdem sollt ihr sagen: »Das habe ich mir mit dieser Person oder diesen Personen zusammen kreiert.« Und dann fügt ihr hinzu: »Oh mein Gott, ich bin wieder schwer am Verurteilen.« Doch das ist in Ordnung, meine Lieben, wirklich. Das Verurteilen ist eine gültige und göttliche Ausdrucksweise eures Wesens. Ihr müsst euer Werturteil annehmen, ebenso die Personen sowie euch selbst, und dann den Schmerz segnen. Denn in diesem Schmerz, der sich über Äonen eurer Zeit – von einem Leben zum anderen – angesammelt hat, steckt eine Perle der Weisheit. Er hat sich angesammelt, damit ihr diese Perle jetzt entdecken mögt. Darum müsst ihr alles annehmen und anerkennen. Führt alles zum Licht eures wirklichen Wesens. Indem ihr dies tut, lösen sich die Klauen des Schmerzes, die den Energiefluss unterbinden. Als Folge davon findet eine Transmutation statt. Es beginnt im Bauch, fließt zum Herzen und dann zur Krone. Dann werdet ihr Ekstase kennenlernen und wirkliches Eins-Sein verstehen.

Seht, ihr braucht nichts zu tun, meine Lieben, ihr könnt Transmutation nicht tun. Das ist nicht möglich, denn wenn ihr es tut, benötigt ihr dazu männliche Energie. Ihr bemüht euch dann, Transmutation aber kann man nur geschehen lassen. Geschehen lassen = akzeptieren. Sie schöpft aus dem nährenden Teil eures Wesens. Man nennt es *Aufgeben*. Für viele von euch ist das beinahe ein schmutziges Wort. Denn in eurer Kultur gilt es nicht als edel, wenn man aufgibt, sondern als feige. Ich will euch etwas sagen, meine Lieben: *Aufgeben heißt, Kräfte zusammenlegen.* Aufgeben, ihr Lieben, heißt das, was ihr seid, akzeptieren und annehmen. Und ihr seid wirklich ein Ausdruck des Göttlichen, ihr Lieben. Solange ihr nicht begreift, dass ihr göttlich seid – denn sonst wärt ihr gar nicht hier –, solange ihr nicht wirklich versteht, dass jede Facette eures Wesens, jeder Gedanke, den ihr je hattet, jede noch so hart verurteilte Tat wirklich ein Ausdruck des Göttlichen ist, solange ihr nicht versteht, dass alle Dinge in den bekannten und unbekannten Dimensionen wirklich Gedanken der Quelle sind, werdet ihr nicht erkennen, dass ihr tatsächlich Gott seid. Gott, der die Rose riecht. Das ist die Ekstase der dritten Dichte.

So, ihr Lieben, ihr habt viele Fragen. Lasst uns anfangen. Keine Fragen?

Dann kann ich ja gehen.

F: *Ist es möglich, dass du mit Janis Bewusstsein ganz besonders verbunden bist, vielleicht gar ein Teil ihres Bewusstseins bist? Können wir alle mit unserem* *höheren Bewusstsein Kontakt aufnehmen, mit ihm kommunizieren, um so auf eine bewusstere Weise mehr über uns zu lernen? Sind die außerirdischen und anderen Wesen, die in dieser Dimension immer öfter erscheinen, auch Teile der Menschheit?*

P'taah: War das alles eine Frage?
(Ein Schmunzeln liegt auf allen Gesichtern.)
F: Nein, das waren drei.
P'taah: Ganz großartig, meine Geliebte. Nun, dafür haben wir eine ganz einfache Antwort: Es gibt keine Trennung. Es gibt wirklich keine Trennung zwischen dem, was ihr für euer Bewusstsein und dem, was ihr für euer höheres Bewusstsein haltet. Es gibt natürlich Schwingungen in verschiedenen Wellenlängen. Schließlich besteht alles in eurem Universum – ja auch im Multiversum – aus schwingender Frequenz. Was nun diese Energie betrifft, die da mit euch spricht und das Bewusstsein von unserer Frau angeht: Wir haben zwar die gleiche Wellenlänge, doch könnt ihr mit meinem Wesen natürlich nicht nur über unsere Frau in Kontakt kommen. Wie du ja weißt, Geliebte, denn du hast auch schon mit mir gesprochen. Darum sagen wir euch, wie wichtig es ist, dass ihr noch bewusster erkennt, dass es keine Trennung gibt. Auch nicht von einer Person zur anderen, egal, ob ihr sie als eure Feinde oder eure Freunde betrachtet. Ehrlich, wenn ihr verstehen würdet, dass es keine Trennung gibt, gäbe es in euren Leben nur Liebende. Tatsächlich bestände die ganze Welt aus Liebenden. Dann würden wir für immer in unserem Körper hierherkommen. Denn wir lieben Liebende.
Fragen?

F: Bei einigen Leuten scheint es, als würden sie sich ein Leben lang immer wieder um die gleichen Probleme oder Lektionen im Kreise herumdrehen. Ständig wiederholt sich das gleiche unbefriedigende Thema. Da habe ich ein ganz großes Fragezeichen. Ich frage mich, was kann ich tun, um den Lernprozess abzuschließen?
P'taah: Schau, das ist eine ganz gute Frage, meine Geliebte. Wenn die Menschen im Erwachsenenalter einen Blick zurück auf ihr Leben werfen, erkennen sie tatsächlich eine Reihenfolge immer wiederkehrender Situationen. Die verschiedenen Geschehnisse mögen sich da voneinander unterscheiden, es können viele Personen oder nur eine daran beteiligt sein, doch die Gefühle sind die gleichen. Beziehungen sind von allen Lektionen die besten, denn da könnt ihr lernen, was inwendig abläuft. Ihr müsst die hervorgerufenen Gefühle betrachten, die Geschichte selbst

ist nicht wichtig. Es wäre nicht schlecht, wenn ihr euch erinnern würdet, dass ihr euch Leben für Leben die Menschen für eure Lektionen aussucht, die ihr am meisten liebt. Also, *Realität ist Gedanke, verbunden mit Gefühl*. Wir haben euch erklärt, wie ihr das Wunderbare – wir meinen damit ganz speziell jene Momente des Eins-Seins – wieder einfangen könnt. Man braucht sich an die physikalischen Aspekte wie »es war ein wunderschöner Tag, und die Sonne schien; ich war an der See, und viele Blumen blühten« nicht zu erinnern. Das ist nur eine Beilage. In Wahrheit bedeutet die Szenerie in diesem Zusammenhang nichts. Nur wenn ihr an die dabei ausgelösten Gefühle anknüpft, habt ihr den Moment wieder eingefangen. Wenn ihr eure Beziehungen überdenkt – nicht nur eine einzige –, werdet ihr feststellen, dass viele Male Dinge geschehen sind, welche die gleichen Gefühle in euch ausgelöst haben. Versteht ihr, was ich meine?

Damit habe ich dir auch gleich beantwortet, was du mit ihnen tun kannst *(mit den immer wiederkehrenden, unbefriedigenden Situationen)*. Und dann wirst du auch die äußere Realität verändern. Wir möchten euch auch Folgendes zu bedenken geben: Es ist für euch überaus wichtig zu erkennen, dass ihr alle sehr viel in den Schmerz investiert habt. Ihr habt enorm viel in Ärger, in Aggressionen investiert, weil ihr das so gut kennt. Es ist dann hilfreich, wenn ihr euch erinnert, dass alles, *was nicht Ausdruck der Liebe ist, Ausdruck der Angst ist*. Wenn ihr euch in Situationen wiederfindet, wo Angst aufkommt, die dann Ärger, Feindseligkeit und so fort zur Folge hat, müsst ihr wissen, dass ihr nur die Angst anzunehmen braucht. *Sobald ihr ein Gefühl ablehnt, ermächtigt ihr es*. Wenn ihr Feindseligkeiten und Ärger ablehnt, wenn ihr Ungeduld oder Gemeinheit ablehnt – sei dies bei euch selbst oder bei jemand anderem, der euch als Spiegel dient –, dann ermächtigt ihr das. Darum dürft ihr das nicht unterdrücken, dürft es nicht von euch weisen. Ihr müsst es annehmen, ihr Lieben. Nehmt jeden Aspekt an und erkennt, dass alles Teil eures Selbst ist. Er hat seine Gültigkeit, er ist ein Ausdruck des Göttlichen und wartet nur darauf, angenommen zu werden, damit eine Veränderung stattfinden kann. Führt ihn zum Licht dessen, was ihr seid. Indem ihr das tut, kreiert ihr immer mehr *Licht* und Harmonie.

F: *Wenn ich mich in diesen Zustand des Geschehenlassens und Annehmens begebe, kommt Furcht auf, dass mir die Situation entgleiten könnte. Es ist dann schwierig, diesen Zustand aufrechtzuerhalten.*

P'taah: Genau. Weißt du, warum das so ist? Es ist die Furcht vor Vernichtung. In eurer Kultur wird euch beigebracht, dass ihr immer die Kontrolle behalten müsst. Wenn ihr nicht selbst kontrolliert, wird es ein anderer tun, und dann werdet ihr sterben. Sogar das ist in Ordnung, wenn ihr wahrhaftig versteht, dass es keinen Tod gibt. Das ist dann gut so, Geliebter. Erlaube dir die Angst. Weißt du, es ist dir gestattet, jemandem einzugestehen: »Ich habe schreckliche Angst, denn ich fühle, dass ich die Kontrolle verliere.« Du musst wissen, Geliebter, dass Aufgeben nur ein Ausliefern an das Selbst bedeutet. Es ist dieses Gewährenlassen, das für dich Licht schafft, das Liebe hervorbringt. Verurteile dich nicht für deine Angst. Jeder hat Angst, weißt du das? Das ist in Ordnung. Seht, ihr Lieben, eigentlich ist es ziemlich amüsant, wenn ihr darüber nachdenkt. Ihr alle glaubt, dass alle anderen alle Antworten hätten, dass ihr die Einzigen seid, die es nicht wissen und den Zug verpassen werdet. Da gibt es solche, die viel gelernt haben, und andere, die so gut spirituelle Phrasen dreschen können – das ist in Ordnung. Dann erinnert euch, dass es dafür eine weise Redensart gibt, die sagt: Jede Seele steht eigentlich am Anfang. Wenn ihr versteht, was zyklische Harmonie bedeutet, erkennt ihr auch, dass es wahrhaft keinen Anfang und kein Ende gibt. Wir hören manche Leute sagen: »Das ist eine ganz alte Seele.« Nun, ihr seid alle alte Seelen, uralte.

Fragen?

F: *P'taah, ich finde, die Zeit rennt immer schneller. Ich bin kaum mehr in der Lage mitzuhalten. Ich stehe am Morgen auf, und im nächsten Moment gehe ich schon wieder schlafen. Die Zeit scheint zu fliegen.*

P'taah: Das ist ganz einfach. Halte sie an!

F: *Wie meinst du das? Einfach nicht mehr tun, was ich gerade tue?*

P'taah: Du kannst die Zeit verändern, Geliebte. Du bist ein mächtiges Wesen. Äußere den Wunsch! Du kannst sagen: »Das geht mir alles zu schnell. Ich wünsche mir mehr Zeit«, und du wirst sie haben. Du kannst dir Zeit *nehmen*. Doch ich gebe zu, Geliebte, die Zeit fließt mit Lichtgeschwindigkeit, hm? Du bist nicht die Einzige, die das empfindet. Die Zeit ist in Ordnung so, aber du vermagst sie zu verändern, wenn du möchtest.

F: *Wie?*

P'taah: Mit der *Gewissheit*, dass du dir Zeit nehmen kannst.

Sehr gut. Wir werden eine Pause machen, damit ihr euch etwas erfrischen könnt. Wenn ihr dann weitere gute Fragen für uns formuliert habt, werden wir zurückkommen. Wir möchten euch bitten, für zwei Minuten ruhig zu sein. Ich danke euch. Ihr Lieben, es ist solch eine Freude, bei euch zu sein. Sehr schön.

(Nach der Unterbrechung)
P'taah: So, meine Lieben, haben sich eure Körper erholt? Wir wollen mit Fragen fortfahren.

F: *Erhalten wir bei unserer Geburt ein Talent, eine Gabe, die uns hilft, auszuhalten und uns in unserem Leben behilflich ist?*
P'taah: Das ist eine sehr gute Frage. Vieles setzt sich aus dem Drama, dem Trauma zusammen, das mit jedem Leben neu hervorgebracht wird. Das größte Geschenk jedoch, das ihr von Geburt an mitbringt, heißt Integrität der Seele. Darin steckt der Wille, der Wunsch der Seele, sich im Leben zu entfalten, mit der Bereitschaft, alles zu erleben, was geschehen mag. Ich meine in einem göttlichen Sinne. Verstehst du? Wenn ihr nun über eure Leben nachsinnt, wenn ihr zurückblickt und an ein Leben nach dem anderen denkt, dann stellt ihr euch das immer chronologisch vor. *In Wahrheit aber verlaufen die vergangenen und die zukünftigen Leben gleichzeitig.* So gesehen habt ihr immer die größten Entwicklungsmöglichkeiten. Und dazu noch all das, was ihr in anderen Leben noch nicht erforscht habt. Versteht ihr? Falls ihr ein Interesse daran entwickelt, was in euren anderen Leben geschieht: Viele Leute wenden verschiedene Methoden – genannt Rückführungen – an, um zu erkennen, was sie in ihren anderen Leben so alles ausgeheckt haben, ja? Die meisten wissen nicht, dass sie auch ›zukünftige‹ Leben erforschen können. Denn außerhalb dieses lokalen Zeitverständnisses, also jenseits des Raum-Zeit-Kontinuums sind diese bereits im Gange. Nun empfangen viele während solcher Erkundungen Bilder, die sie vergangenen Leben zuschreiben; doch in Wirklichkeit sind diese Leben ganz und gar nicht vergangen. Sie sind das, was ihr als zukünftige Leben bezeichnen würdet. Wir wollen hier nicht die *möglichen* Leben vergessen. An dieser Stelle wird es aber kompliziert. Es gibt nicht nur vergangene und zukünftige Leben, es gibt auch noch die Dimensionen der Schwingung. Wir haben es schon erwähnt, dass ihr tatsächlich bereits erleuchtete Meister seid, dass ihr alles seid. Die Seelenenergie ist nicht auf diesen Planeten oder diese Zeit beschränkt. Dann gibt es auch noch die sogenannten möglichen Realitäten in jedem Leben. Folglich sprechen wir von einer unendlichen Anzahl Leben. Wenn ihr euch jetzt mit all diesen Leben be-

schäftigen würdet, hättet ihr gar keine Zeit mehr, euch mit diesem hier zu befassen. Und wirklich, es ist auch nicht wichtig, denn jedes Leben ist eine Geschichte für sich. Wenn ihr euch wirklich in dieses Leben hier einbringt, wenn ihr euch jedem Moment neu hingebt und jeden in seiner ganzen Fülle und seiner ganzen Vielfalt erlebt, dann habt ihr bestimmt nicht den Wunsch, mit euren Gedanken in andere Leben zu entfliehen. Ihr müsst wirklich erkennen, dass das Bedeutendste, was ihr besitzt, euer Selbst ist. In diesem <u>SELBST</u> ist nur Ehrbarkeit, dort ist die Seele integer, dort sind die Möglichkeiten, all eure Anlagen zu entfalten, unendlich.

(Der nachfolgende Dialog ist so wichtig, dass er eine zusätzliche Bemerkung rechtfertigt: Der Fragende befasst sich mit traditionellen spirituellen Lehren, die eine Personifizierung der Urquelle nach außen projizieren. Im Gegensatz dazu steht das Verständnis, dass sich diese Quelle innerhalb jeden Seins befindet. Die Quelle ist das <u>ICH BIN</u>. P'taah bringt in diesen scheinbaren Widerspruch Klarheit, indem er aufzeigt, dass der heutige Mensch eine größere Fähigkeit hat, um dieses Verständnis auszudehnen. Für die damalige Zeit betrachtet, waren die alten Lehren also genau richtig.)

F: *Geliebter P'taah, wir sind die individuelle Ausdehnung des Unendlichen, sind Teil der Urquelle; wir sind alle EINS und sollten also Gott in uns suchen. Und doch haben die großen Meister immer den Vater, den Schöpfer verehrt, der jedoch außerhalb von uns zu sein scheint. Er scheint sowohl ein geliebter Bruder wie auch das Oberhaupt zu sein. Wie zum Beispiel in dem bekannten Gebet: »Vater unser ...«. Könntest du das bitte erläutern?*

P'taah: Diese großen Meister eurer Geschichte, die für euch ja auch Rollenmodelle gewesen sind, haben immer zu dem vorherrschenden kollektiven Bewusstsein gesprochen. In der heutigen Zeit ist das kollektive Bewusstsein der Menschen am Zunehmen, befindet sich im Stadium einer wundervollen Veränderung. Heute ist die Menschheit bereit, ein größeres Ideen-Konstrukt aufzunehmen. Wenn wir euch sagen, es ist nötig, sich vorzustellen, dass die Urquelle mehr als nur eine Personifizierung darstellt, dann bedeutet das für die Menschheit so etwas wie ein Quantensprung. Denn bis heute brauchten die Menschen eurer Kultur eine Autoritätsperson, eine Vaterfigur. Es ist einfacher, wenn die Menschen an eine große Mutterfigur oder Vaterfigur denken können. Wir bezeichnen auch das große Wesen, eure Erde, als die große Göttin. Das ist für die Menschheit tatsächlich ein großartiges Konzept. Die Quelle wird dann etwas viel Gewaltigeres, als es die Vorstellung einer Autoritätsfigur ist. Verstehst du das? Wir möchten die Worte der großen Meister ganz bestimmt nicht schmälern, Geliebter. Wir schlagen bloß vor, dass du deine bewussten Gedanken ausdehnst, damit deine ›Radioantenne‹ sich einem größeren Aspekt deines Seins öffnet. Beantwortet das deine Frage?

F: *Ja, darüber muss ich nachdenken.*

P'taah: Schau, das müsstest du eigentlich nicht. Du weißt es bereits. Es ist wirklich eine Freude, dich wiederzusehen. Und wie geht es dir im weiten Outback? *(P'taah bezieht sich auf das Landesinnere von Queensland, wo der Mann seinen Beruf ausübt.)*

F: *Es könnte nicht besser gehen.*

P'taah: Das ist wirklich großartig.

(Ein anderer Zuhörer wendet sich an P'taah.)

F: *Da ich nicht wirklich weiß, was für mich das Beste wäre, was soll ich mir da wünschen? Und beeinträchtigt das Wünschen nicht das Loslassen?*

P'taah: Es ist nicht so, dass du nicht weißt, mein Lieber, du weißt nur mit deinem logischen Verstand nicht. Wenn du das Loslassen übst, wirst du mit der sogenannten Intuition in Kontakt kommen. Dein logischer Verstand war bis jetzt ein ausgezeichnetes Hilfsmittel zum Überleben. Doch schau, heute hängt das *Überleben eurer Spezies von der Intuition ab, vom nährenden Prinzip des Aufgebens, Loslassens.* Zu wissen ist nicht nötig, nur zu fühlen. *(P'taah spricht jetzt ganz liebevoll.)* Stell dir vor, du erlaubst der Liebe in dir, wirklich zu erblühen. Das wäre dann ein Sprung vorwärts zum Vertrauen hin, denn du bist wirklich großartig, Geliebter. Dein Wesen erkennt das Göttliche. Du bist etwas ganz Ehrbares, Ganzheitliches, und du steckst voller schöpferischer Freude. Dein Wesen wartet darauf zu erblühen. Glaubst du, Geliebter, dass sich die Blumen darüber sorgen, wo sich ihre Wurzeln befinden, glaubst du, sie sorgen sich, ob Regen kommt oder nicht? Sie tun es nicht. Das nennt man Ganzheit – das ist Gewissheit. Jede Zelle in deinem Körper hat diese Gewissheit, und du hast sie auch. Du erinnerst dich nur nicht mehr daran. Darum musst du deinem Wesen Vertrauen und dieser Gewissheit erlauben, sich zu offenbaren. Wir werden noch oft mit dir reden, und du wirst sehen, wie sich diese Gewissheit entfaltet. Das ist keine ›große Sache‹, du hast damit keine Schwierigkeiten, musst dich nicht abmühen. Abmühen gehört zum physischen Überlebenskampf, Loslassen und Aufgeben dagegen zum Überleben der so wunderbaren, geistigen Natur der Menschheit. Fragen?

F: *Du sprachst vom Verstehen, in dem man mit dem Göttlichen mitschwingt. Heißt das, dass wir gar nichts zu lernen brauchen und uns nur auf die Urquelle einstimmen müssen, um zu wissen?*

P'taah: Das ist wirklich die kürzeste Antwort, so viel steht fest. *(Die Zuhörer amüsieren sich.)* Ganz genau, so ist es. Das, was ihr als so dringend nötige Ausbildung für eure Kinder erachtet, wird sich mit der zyklischen Veränderung der Menschheit ebenso verändern. Die Kinder, die in den letzten Jahren zur Welt gekommen sind, bringen ein ganz anderes Wissen mit als jene, die vor ungefähr zehn Jahren, ja vielleicht noch etwas weiter zurück geboren wurden. Die Neugeborenen von heute haben das Bewusstsein der Delfine, sie kommen von den Sternen und bringen ein viel größeres inneres Wissen mit. Sie werden große Veränderungen herbeiführen, und vieles aus eurem jetzigen Ausbildungssystem benötigen sie deshalb gar nicht. Es wurde auf genetischem Wege manches in die Wege geleitet, um die Menschheit zu verändern. Alles, um dem Bewusstsein bei diesem Quantensprung zu helfen.

F: *Könntest du etwas über vererbte Krankheiten sagen, und wie sie mit Eltern und Großeltern in Verbindung stehen?*

P'taah: Die Krankheiten des Körpers sind Krankheiten der Gefühle. Wir haben schon darüber gesprochen. *Vorstellungen von Krankheiten schaffen Krankheiten.* Vererbte Krankheiten sind nicht in Stein gehauen, sie können verändert werden. Wir haben von der morphogenetischen Resonanz der Zellstruktur des Körpers gesprochen und auch von der morphogenetischen Resonanz einer Familie, einer Kultur oder eines Landes und so weiter. Wenn eine Familie glaubt, dass sich eine Krankheit vererben wird, dann vererbt sie sich auch. Das sogenannte genetische Programm einer vererbten Krankheit macht nur einen winzigen Anteil aus. Es betrifft ausschließlich die physische Ebene. Was ihr glaubt, IST. Wir haben über die Medikamente gesprochen; ihr glaubt, sie heilen euch, und sie tun es. Ihr glaubt, ihr seid die Opfer von Krankheiten, und deshalb seid ihr es auch. Was denkst du, warum es so oft vorkommt, dass eine Person innerhalb der Familie eine Krankheit hat, und das Kind bekommt sie ebenfalls?

F: *Ich dachte, das ist eine Co-Kreation. Wir suchen uns unsere Eltern aus, und wir suchen uns einen Körper aus, der unser Bewusstsein widerspiegelt. Krankheiten sind das Ergebnis unseres Bewusstseins, also schwingt unsere morphogenetische Resonanz mit den Menschen mit, welche die gleichen Symptome haben wie wir.*

P'taah: Sehr gut. Und doch kann das verändert werden. Wenn Schwächen auftreten, wenn zum Beispiel eine Person mit einer körperlichen Schwäche geboren wird, hat sie sich das ganz bestimmt so ausgesucht. Und es ist sicherlich eine Co-Kreation, wenn sich Personen in einer Familie mit einer körperlichen Schwäche zusammenfinden. Das bietet diesen Leuten eine wunderbare Möglichkeit zu lernen, dass der Körper einen nicht einschränkt.

(Eine andere Hörerin weitet das Thema auf Krankheiten bei Tieren aus:)
F: *P'taah, könntest du erklären, wie es mit Krankheiten bei Tieren ist? Gehört das zu ihrem Karma oder spiegeln sie nur unser Bewusstsein wider? Bei einer meiner Hennen zum Beispiel zeigt sich ein Katarakt in den Augen. Ich weiß nicht, wie ich mich dazu stellen soll?*

P'taah: Wenn du von den Haustieren sprichst, also jenen, denen ihr euch verbunden fühlt, etwa einer Katze, einem Hund oder einem Pferd, wo also eine starke, gefühlsmäßige Bindung besteht: Diese Geschöpfe zeigen häufig körperliche Symptome. Nicht nur, damit ihr euch in ihnen widerspiegeln könnt, sondern auch, um euch eine Idee zu vermitteln, wie das Tier seine Beziehung zu euch empfindet. Wo keine gefühlsmäßigen Bande bestehen, könnte man sagen, dass sie sich das meist für ihre eigene Erfahrung kreieren. Wie auch immer, da es sich um deine Henne handelt, meine Liebe, die Probleme mit den Augen hat, schaust du vielleicht einmal genauer hin, wie du deine Henne[9] siehst.

F: *Oh, ich verstehe.*
(Die Zuhörer sind wegen der Doppeldeutigkeit dieser Antwort entzückt, und ein anerkennendes Lachen bricht aus.)
P'taah: Sehr gut.

F: *Ich frage mich, ob Kristalle einem dazu verhelfen können, die Schwingungsebene und das Bewusstsein zu heben?*
P'taah: Kristalle in diesem Sinne sind ein Werkzeug, mehr nicht. Eure Erde ist ein Kristall. Die Menschen sind ebenfalls kristallin. Doch du meinst die Kristalle, die ihr bei euch tragt und als Kraftinstrumente gebraucht. Sie sind in der Tat ein Werkzeug und können als Verstärker benutzt werden. Sie sind auch nützlich, um Informationen zu speichern.

---

9   Anmerkung des Übersetzers: Im Englischen heißt Henne chicken. To chicken out of some place bedeutet, dass man sich vor etwas fürchtet, vor etwas davonrennt.

Aber eigentlich brauchst du keinen, um dein eigenes Bewusstsein anzuheben. Wenn es dir aber Freude macht, Kristalle zu gebrauchen, dann haben sie durchaus ihre Gültigkeit.

F: *Man kann es sich vorstellen, dass sich die Menschen ihre Erfahrungen aussuchen, doch wie ist das mit den Tieren? Suchen sich die Tiere auch ihre Erfahrungen aus? Wir sehen viele misshandelte Tiere. Wählen die sich einen Platz aus, wo sie misshandelt werden? Wie geht das vor sich?*
P'taah: Meine Liebe, alles ist eine Co-Kreation. Haustiere sind wirklich da, um die Gefühle der Menschen widerzuspiegeln. Sie geben euch die Gelegenheit zu großen Lernerfahrungen. *Wale und Delfine haben die gleiche Seelenenergie wie die Menschen.* Und das war ihre bewusste Entscheidung. Die Geschöpfe der zweiten Dichte wählen nicht bewusst aus, genauso wenig wie das die meisten Menschen bewusst tun. Sowie die Menschheit mehr und mehr Verständnis erlangt und ihr Bewusstsein ausdehnt, wird sich das Bewusstsein aller Dinge auf diesem Planeten ausdehnen. Es schwingt mit. Wenn sich die schwingenden Frequenzen erhöhen, erhöhen sie sich überall. Wenn die Menschheit dann in die vierte Dichte voranschreitet, tut das auch jedes Geschöpf und jeder Grashalm.
F: *Sagtest du die gesamte Menschheit?*
P'taah: Nun, es werden nicht wirklich alle sein.
F: *Werden es alle zur gleichen Zeit tun?*
P'taah: Diejenigen unter euch, die das wünschen.
F: *Wenn sich aber manche früher entscheiden als andere, was geschieht dann mit den Tieren? Verstehst du, was ich …?*
P'taah: Aber natürlich, ich verstehe dich genau, Geliebte.
F: *Meine Katze zum Beispiel. Es scheint, als … oh, mein …*
(Die Sprecherin hat Schwierigkeiten, ihre Gedanken auszudrücken, und P'taah schlägt freundlich vor, zuerst die Frage von jemand anderem zu beantworten. Das werde ihr Zeit geben, ihre Gedanken klarer zu formulieren.)

F: *P'taah, haben Tiere die Wahl, wo sie existieren?*
P'taah: Das haben sie. *(Nach einer kurzen Pause wendet sich P'taah noch einmal der Dame von vorhin zu.)*
Nun, was du sagen willst, ist Folgendes: Alle sorgen sich darum – hier schweifen wir etwas vom Thema ab –, was während der Veränderung von der dritten in die vierte Dichte mit denen geschieht, die nicht in die vierte Dichte vorangehen möchten, hm? Du machst dir jetzt Sor-

gen, dass einige Tiere ebenfalls nicht weitergehen wollen. Das ist in Ordnung so, Geliebte. Wirklich, es ist sehr gut – dass es dich bekümmert. *(Er hält kurz inne.)* Ich necke dich nur ein wenig, denn eigentlich handelt es sich hier um Mitgefühl.

F: *Sicher.*

P'taah: Wenn die Menschen ihre energetischen Kräfte für diese große Umwandlung zusammenfassen, dann ist es nicht ... Seht, wir finden es ziemlich schwierig, die richtigen Worte zu finden, damit es in die Schubladen eures Verständnisses passt, also einen Sinn macht. *Verschiedene Menschen werden es vorziehen, in dieser Dimension zu bleiben, und sie werden sich bestimmt auch Tiere erschaffen.* Wie auch immer, auf einer anderen Ebene des Bewusstseins werden sich *alle* Tiere ebenfalls durch Umwandlung weiterentwickeln.

F: *Könnte man sagen, dass die Seele der Tiere sich fortentwickelt, aber eine Art Hologramm zurücklässt?*

P'taah: Es ist nicht ganz so einfach. Die Seelenenergie der Tiere ist irgendwie bruchstückhaft. Wenn die Seele eines Wesens der dritten Dichte – also ein Mensch – entscheidet, dass er die Erfahrung als Tier machen möchte, dann geschieht das nicht mit dem Bewusstsein der dritten Dichte. *Menschen verwandeln sich nicht in Tiere.* Die Seelenenergie kann sich auch entscheiden, Erfahrungen als kristalline Form zu machen – als Fels, als Pflanze – versteht ihr? Auf einer bestimmten Schwingungsebene vermag die Seele in jeder Dichte Erfahrungen zu sammeln.

Ihr Lieben, ihr seht alle sehr müde aus.

(Ein Zuhörer hat noch eine Frage.)

F: *Geliebter P'taah, eine Frage noch: Das kollektive Bewusstsein der Menschen auf diesem Planeten schien vor zehn Jahren noch ziemlich destruktiv zu sein. Hat sich das verbessert? Kommen wir dem Quantensprung näher?*

P'taah: Im Sinne der zyklischen Veränderungen kommt ihr sicherlich näher. Und ihr seid bestimmt auch deshalb näher dran, weil sich in diesen zehn Jahren schon viele Leute für das Leben und die Liebe statt für Tod und Zerstörung entschieden haben. Beantwortet das deine Frage, mein Lieber?

F: *Ja.*

P'taah: Meine lieben Kinder, für heute ist es genug. Es war uns ein Vergnügen, mit euch zusammen zu sein. *(Er wendet sich an den Gastgeber dieses Treffens:)* Auch dir sei gedankt, Geliebter.

F: *Ich habe zu danken.*

P'taah *(wendet sich auch an die Gastgeberin)*: Wirklich, wir danken dir, geliebte Frau.

(Dann zu den Zuhörern:) Es macht meinem Herzen wirklich Freude, mit euch zu sein. Und indem ihr euch ausweitet und euch ehrlich wünscht zu lernen, selbst das Göttliche auszudrücken, bewirkt ihr eine Ausdehnung für die Energien in allen Galaxien. Und euer Mut erfüllt uns mit tiefer Ehrfurcht. Es ist wirklich schön, bei euch zu sein.

Guten Abend.

Fünfte Übermittlung

P'taah: Guten Abend, ihr Lieben!
(P'taah sieht jeden Einzelnen an und macht sich mit dessen Energie und dessen Geisteszustand vertraut.)

So, ihr Lieben, es freut uns wirklich, bei euch zu sein. Das Abenteuer geht weiter. Zu Beginn des heutigen Abends werden wir euch mehr über Transmutation erzählen. Es ist sehr wichtig, dass ihr genau versteht, was das ist und wie es geht. *(Er wendet sich an einen Zuhörer:)* Hast du schon Fragen, Geliebter? Gedulde dich noch eine Weile, denn ich möchte, dass du nicht nur damit *(er zeigt auf seinen Kopf)*, sondern auch damit *(er zeigt auf sein Herz)* zuhörst.

Man nennt das doch »bleib an der Leitung« – ist das richtig? Siehst du *(spaßeshalber)*, ich kenne all diese Dinge. Nun, wir wollen rekapitulieren: Transmutation – die ultimative Alchemie der Seele. Agonie in Ekstase transmutieren. Und wie macht man das? Es sind ganz einfache Schritte, ihr Lieben, so geht es: Übernehmt die Verantwortung in dem Wissen, dass sich jeder absolut seine eigene Wirklichkeit schafft. Alles innerhalb eures Universums, innerhalb eines jeden persönlichen Universums, ist eine Co-Kreation. Schritt Nummer zwei: Bringt eure Werturteile ins Gleichgewicht. Nun, wie gleicht ihr eure Werturteile aus? Ihr müsst einfach nur die Tatsache anerkennen und akzeptieren, dass ihr urteilende Wesen seid. Denn das seid ihr, und das hat seine Gültigkeit. Es ist ebenfalls ein Ausdruck des Göttlichen. Versteht ihr das? Es ist ein göttlicher Ausdruck, weil es <u>IST</u>, weil es existiert. Die Veränderung geschieht, indem ihr das annehmt, akzeptiert und anerkennt. Das schafft den Ausgleich – wenn ihr akzeptiert und sagt: »Ich bin ein wertendes Wesen; ich bewerte mich selbst, ich bewerte die Situation, ich bewerte die beteiligten Personen. Was für eine Situation es auch immer ist, ich habe sie mir geschaffen, damit ich die Lektion lernen kann, die sie beinhaltet.«

Auf diesem Wege gelangt ihr zur Harmonie. Seid gewiss, dass sich im Schmerz, den ihr ja auch so hart verurteilt, eine Perle der Weisheit verbirgt. Nun, wie wir schon sagten, es ist sehr schwierig für euch, ein

Werturteil auszugleichen, wenn ihr eigentlich am liebsten jemanden umbringen möchtet. Wir spaßen. Aber auch wieder nicht, denn sehr oft ist es doch genau das, was ihr tun möchtet. *Übernehmt die Verantwortung, gleicht die Werturteile aus und fühlt das Gefühl.* Wir möchten euch nochmals daran erinnern: *Schmerz ist kein Gefühl, Schmerz ist Widerstand gegen Gefühle.* Wenn ein Ausgleich erreicht ist, wird die Energie befreit, die durch den Widerstand im Bauch zurückgehalten wurde, und kann dann frei vom Solarplexus zum Herzen fließen. Es ist wirklich so einfach. Nicht, dass ihr etwas tun müsst, ihr müsst es nur geschehen lassen. *Indem ihr geschehen lasst, bewirkt ihr die Transmutation.* Habt ihr zu diesem Prozess irgendwelche Fragen? *(Da keiner eine Frage zu haben scheint, sagt P'taah mit einem Lächeln:)* Sehr gut, ihr seid alle Klassenbeste.

Nun, obschon diese Vorgehensweise ganz einfach ist, könnt ihr doch leicht stecken bleiben, weil ihr so eifrig versucht, dem Schmerz auszuweichen. Doch Schmerz ist nur Widerstand. Ihr müsst ihm nicht ausweichen, ihr müsst ihn umfangen, annehmen, damit ihr *fühlen* könnt. Ihr habt vergessen, wie man fühlt, ihr Lieben. Ihr habt vor allem solche Angst vor dem Sterben. Man nennt das Unverletzlichkeit. Wenn ihr Freude fühlt, wenn ihr gerade auf eine Erfahrung zusteuert, die euch mit Glück erfüllen würde, ihr aber das Vorurteil habt, dass es unerfreulich sein wird, dann kommt sofort diese Beklemmung. *Übernehmt die Verantwortung, gleicht die Werturteile aus, fühlt das Gefühl!* Das ist alles.

Die Veränderungen, die auf euren Planeten zukommen, werden geschehen, ob ihr sie nun erwartet oder nicht, ob ihr daran glaubt oder nicht. Dies alles hier, meine Lieben, tun wir nur, damit die Umstände harmonisch sein werden, damit ihr euren Lohn erntet. Wir reden von der Harmonie, die ihr alle in euch selbst finden könnt. Wenn alle Dinge in Harmonie sein werden, ist das das neue Zeitalter. Das wird geschehen. Weil sich euer gesamtes Universum auf diese Veränderung einstimmt, wirkt sich das auch auf euch belebend aus, auf euch alle, die ihr so verzweifelt um Erleuchtung kämpft. Deswegen sind wir hier. Und dieses ›wir‹ ist nicht in einem königlichen Sinne gemeint. Damit meinen wir alle Wesen, alle Seinsformen, die sichtbaren und die unsichtbaren, die dem Wesen Erde, eurem Planeten, der Göttin Erde und allen dazugehörigen Seinsformen bei diesem Übergang helfen. Wir haben früher bereits darüber gesprochen, wie wichtig es für die Erdenmenschen ist, ihre spirituelle Ganzheit zu erlangen, damit sie mit ihrem Planeten und mit den kommenden Technologien in Harmonie kommen. Und das wird alles viel schneller Früchte tragen, als die meisten von euch sich vorstellen können. Ihr werdet spirituell nicht erwachsen, wenn ihr nicht erkennt, dass ihr ganz sein könnt. Damit das kein Wunschtraum bleibt, damit ihr zu dieser Fülle, dieser Ganzheitlichkeit findet, ist es notwendig, dass ihr alle Teilstücke eures Seins zusammensucht, alle Facetten eures Wesens, die ihr so hart verurteilt, und sie in euch SELBST aufnehmt. Denkt an die schmerzhaften Situationen. Ob das nun gegenwärtiger Schmerz ist oder einer von vor langer Zeit – jedes Mal, wenn ihr Schmerzen habt, wiederholt ihr nur eine Situation. Die jeweils dazugehörige Geschichte ist nicht wichtig. Es ist unwichtig, *welche* Situation eure Seele heraufbeschwört, damit ihr euch erkennen und annehmen könnt. Darum, immer, wenn wir mit euch reden, führen wir alles auf euer Selbst zurück. Denn bis ihr euch nicht wirklich über jede Facette eures Seins freuen könnt, werdet ihr nicht ganz. Doch wenn ihr ganz seid, meine Lieben, dann seid ihr *zu Hause angekommen*.

Euer Planet kommt nach Hause. Wir wünschen uns ernsthaft, dass sich jeder Einzelne von euch mit all jenen Wesen vereinen kann, die darauf warten, euch willkommen zu heißen.

In euren Leben gibt es verschiedene Bereiche, mit denen ihr nicht in Harmonie lebt: unausgeglichene Teilstücke eurer Glaubenssysteme. Wir werden an den folgenden Abenden mit euch über eure Glaubensstrukturen reden, die ihr zwar aufrechterhaltet, von denen ihr aber nicht wirklich wisst, dass ihr sie überhaupt habt. Einige dieser Glaubenssysteme halten euch gefangen, denn sie führen immer wieder dazu, dass ihr euer Sein verurteilt. Wir würden nun vorschlagen, mit den allgemeinen Fragen anzufangen.

F: *Es geht um diese Veränderung. Heißt das, wenn wir uns selbst nicht ändern, dass wir dann bei dieser Veränderung nicht mit dabei sein werden, obschon sich unsere Erde verwandelt?*

P'taah: Nun, das haben wir schon viele Male gehört. Immer, wenn ihr von den kommenden Veränderungen sprecht, kommt eine grundlegende Angst zum Vorschein, dass ihr die Prüfung nicht besteht, dass ihr nicht genügen werdet, dass man euch zurücklassen wird. Und selbst dann, wenn ihr überzeugt seid, dass ihr selbst nicht zurückbleibt, habt ihr Angst, dass jemand zurückbleiben wird, den ihr liebt. Das ist ein verständlicher Gedanke, aber so wird es nicht sein. Man kann sagen, dass niemand zurückbleiben wird. Und es gibt eigentlich gar kein ›Zurückbleiben‹, versteht ihr das? Wir möchten euch sagen, dass ihr nichts tun müsst und dass es in diesem Prozess keine Verlierer gibt. Jeder, der diesen Übergang wünscht, wird es fühlen, wenn es so weit ist. Ja, die gesamte Erde wird mit diesen Veränderungen mitschwingen. *Wie auch immer, in der Zeit vor dieser Veränderung werdet ihr auf diesem Planeten in Situationen geraten, die euch verunsichern.* Die Menschen werden sich selbst nicht mehr trauen. Und sehr oft, wenn sie mit Angst konfrontiert werden, reagieren sie auf außergewöhnliche Weise. Krieg ist ein gutes Beispiel für Angst, nicht wahr? Wenn die Leute glauben, dass sie eine Vernichtung zu befürchten haben, wenn sie glauben, dass sie zu Tode hungern oder dass die Natur so verrückt spielt, dass sie sterben müssen, dann werden sie darauf außergewöhnlich reagieren. Darum sollt ihr wissen, dass die kommenden Veränderungen wirklich etwas ganz Wundervolles sind. Denn sie verkünden das Wunder dieses Übergangs. Wenn wir nun sagen, dass sich Politik, Wirtschaft, Technologie und alle anderen Bereiche des Lebens verändern, gibt es immer diejenigen, die das Jüngste Gericht prophezeien: »Der Jüngste Tag ist nahe«, nicht wahr? Wir möchten, dass ihr euch immer dann, wenn ihr mit einer scheinbar absoluten Katastrophe konfrontiert seid, daran erinnert, dass ihr schon wieder einen Schritt weiter gekommen seid. Beantwortet das deine Frage, Geliebte?

F: *Ja.*

F: *Mir scheint, wir können schon jetzt Tod und Verwüstung annehmen, statt an die Dinge zu denken, die da kommen werden. Wenn es dann geschieht, haben wir uns bereits durchgearbeitet, und es muss uns nicht mehr betreffen.*

P'taah: Genau. Deshalb sind wir hier, damit die Menschen beginnen können darüber nachzudenken, um zur Erkenntnis zu gelangen. Nicht bloß als eine intellektuelle Übung, sondern um zu einer inneren Gewissheit in ihrem Herzen zu finden. Verstehst du?

F: *Ja. Gerade kürzlich hatte ich im Zusammenhang mit deinen Lehren einige Gelegenheiten, das Annehmen der Polaritäten zu üben. Zum Beispiel mit Schmerz, Kopfweh und Angst vor dem Tod. Ich hatte das Gefühl, dass der Tod in Ordnung wäre – habe ihn sozusagen willkommen geheißen. Gehört das zum Prozess?*

P'taah: So etwas wie den Tod gibt es nicht. Wenn du es müde wirst, jeden Tag deines Lebens die gleiche Farbe zu tragen, dann ist es eine Freude, die Kleider zu wechseln, hm? Euren Körper könnte man als eine Art Kleidungsstück bezeichnen. Wenn du deine Kleider auszieshst, bleibst du trotzdem dasselbe wunderbare Juwel. So etwas wie den Tod gibt es wirklich nicht. Er ist lediglich ein Abenteuer des Bewusstseins. Und wenn ihr wirklich keine Angst mehr vor ihm habt, dann seid ihr einen Riesenschritt vorwärts gekommen. Denn wenn diese Angst endet, dann wisst ihr, dass es nicht mehr bloß eine intellektuelle Übung ist, sondern eine tiefe, innere Gewissheit. Der Tod ist ein natürlicher Übergang, so wie auch die Geburt ein Übergang ist: Nämlich der vom Fötus zu einem atmenden Organismus mit allem, was dazugehört. Doch das Bewusstsein nehmt ihr mit, und es geht immer weiter und weiter, selbst dann, wenn ihr das vergesst. *(P'taah dreht sich um und wendet sich an einen Zuhörer.)* Und du, Geliebter?

F: *Geliebter P'taah. Ich habe kürzlich gelesen, dass es sehr hilfreich sein kann, wenn wir den Wesen, die uns umgeben, im Geiste die Erlaubnis geben, in uns einzudringen, damit sie uns zu einem besseren Verständnis der wahren Wirklichkeit führen. Könntest du bitte deine Meinung dazu äußern und uns vielleicht zeigen, wie das geht?*

P'taah: Aber natürlich ist es hilfreich, wenn du dir diese Erlaubnis gibst. Denn andere Energien, auch deine eigene Seelenenergie, sind dir immer zugänglich. Siehst du, die Menschheit glaubt, sie wäre ganz alleine. Selbst wenn die Menschen vom vielen Lesen intellektuell wissen, dass sie von Energien, von Wesen umgeben sind, so geht es doch darum, dass dieses Wissen zur inneren Gewissheit wird. Wenn du dir also diese Erlaubnis gibst, dann brauchst du dich nur zu entspannen – bitte darum, Geliebter, und es soll dir gewährt werden! Was auch immer geschehen mag, lass es gewähren, was immer es ist. Seht, das ist auch eine ziemlich widersprüchliche Sache. Denn sehr oft sagt ihr: »Dieses verflixte Problem geht mir nicht aus dem Kopf«, und dann sagt ihr: »Oh Universum, schick mir doch die Lösung, schicke mir das Verständnis, damit ich dieses Problem lösen kann!« Und dann wartet ihr alle auf eine himmlische Stimme. Nun, sehr oft kommt die Lösung überhaupt nicht in dieser Form, und ihr hört keine himmlische Stimme. Sie kann etwas ganz Weltliches sein, etwas, das in eurem täglichen Leben vorkommt. Und wenn ihr aufmerksam seid, dann werdet ihr sagen: »Aha, das ist also die Antwort auf meine Frage.« Versteht ihr? Wenn ihr aber Erwartungen habt, wie und wann die Lösung kommen muss, schließt ihr im selben Moment viele Möglichkeiten aus. Erlaubt euch zu bitten. Worum auch immer. Seht, eure Seele ist sehr trickreich. Darum verlasst euch nicht auf »Engel mit goldenen Flügeln«. *(In genau diesem Moment durchquert die Hauskatze den Raum, und P'taah benutzt sie als Beispiel.)* Es könnte auch eure Katze erscheinen, um euch eine Lehre zu erteilen ... Nicht wahr?

F: *Du sagst, Schmerz sei kein Gefühl, und man solle sich das tiefer liegende Gefühl, das verborgen liegt, erlauben. Wenn ich also Schmerzen habe, und ich lasse dann zu, was auch immer kommen mag, fühle ich dann zuerst den Schmerz und warte dann auf irgendein Gefühl, das nachher kommt?*

P'taah: Jetzt kommen wir der Sache auf den Grund, meine Liebe, und ich danke dir für diese Frage. Denn dies kann sehr verwirrend sein, und wir möchten, dass darüber bei jedermann Klarheit herrscht. Stellt euch vor, das wäre jetzt wahr: Jemand, den ihr sehr liebt, ist gestorben. Selbst wenn ihr wisst, dass Tod eine Illusion ist, löst der Verlust der körperlichen Nähe Trauer und Schmerz aus, einen wahren Schmerz des Herzens. Dann muss man wissen, dass dieser Schmerz nicht von diesem Verlust herrührt, sondern ein Trennungsschmerz ist, der sich seit Urzeiten angesammelt hat. Ihr dürft diesen Schmerz nicht verurteilen. Ihr müsst nicht denken, dass ihr die Prüfung nicht besteht, weil ihr jetzt Schmerz fühlt. Ihr müsst den Schmerz anerkennen und wirklich wissen, dass ihr ihn selbst hervorgebracht habt. Ihr habt ihn angesammelt und wachsen lassen. Ihr müsst ihn akzeptieren, ihn anerkennen und mit dem Wissen annehmen, dass er gültig ist als Ausdruck des Göttlichen. Versteht ihr? Wenn ihr den Schmerz mit rationalem Denken unterdrückt, nach unten drückt, um ihm auszuweichen, dann kann die Transmutation nicht stattfinden. Das ist, wie wenn ihr an einem sehr heißen Tag am Meer sitzt und ins Wasser schaut. Wenn ihr nicht hineintaucht, werdet ihr nie wissen, wie es sich anfühlt, wie erfrischend es ist und wie es euch abkühlt, wie es an jedem Nervenende prickelt und euch zu intensiverem Leben erweckt. Und genauso ist es mit dem Schmerz. Wenn ihr ihn ohne Vorurteile annehmen könnt, dann erlebt ihr Ekstase, und das ist *mehr*, als an einem heißen Tag schwimmen zu gehen. Dann werdet ihr wirklich wissen, was Fühlen heißt. Versteht jedermann, wenn wir sagen, dass Schmerz Widerstand gegen die Gefühle ist? *(Die Zuhörer bestätigen das.)* Ihr seid euch also im Klaren darüber.

F: *P'taah, beim letzten Treffen, als du gingst, hast du unseren Mut bewundert. Hast du den Mut gemeint, den es braucht, um die bestehenden Glaubensstrukturen zu enthüllen, oder was meintest du genau?*

P'taah: Das war nicht so spezifisch gemeint, eigentlich eher vielschichtig. Denn seht, es braucht ziemlich viel Mut, dieses Leben auszuwählen, ja irgendein Leben in dieser Ebene der Realität. Es braucht aber auch Mut, den ihr als Individuum aufbringt, um im Vertrauen voranzugehen. Wirklich, ihr Lieben, es ist tatsächlich ein Vertrauensakt, denn ihr bekommt keine Garantie. Und wir haben gehört, dass die Menschheit gerne eine Garantie hat – oder das Geld zurück. Es erwächst alles aus eurem Wunsch, mehr zu sein. Es liegt in den harmonischen Schwingungen eurer Zeit. Sogar die Luft ist erfüllt mit Erwartungen. Und viele von euch sind erstaunt, aber sie wollen nicht näher hinsehen, weil sie Angst haben, weil das, was ihr Lieben hier tut, nicht ganz in eure normale soziale Struktur passt. Da sind viele Vorurteile vorhanden. Sogar unsere Frau sagt, wenn ihre Familie wüsste – nicht die ganze Familie – womit sie sich hier beschäftigt, kämen sie mit der Zwangsjacke. Ich bin sicher, ihr alle kennt jemanden, der euch in eine Zwangsjacke stecken würde, wenn er wüsste, womit ihr euch beschäftigt.

F: *Sollte man nicht erwarten, dass sich die Menschheit mehr und mehr dem spirituellen Fortschritt anpasst und öffnet?*
P'taah: Aber natürlich, mein Lieber, das geschieht auch. Und ihr wisst ja, dass die Menschen manchmal verzagen und dann sagen: »Wenn doch all diese Wunder so bald passieren sollen, warum ist dann überall ein solches Durcheinander? Es gibt immer noch Kriege, es gibt immer noch Hungersnöte, und Mörder gibt es auch noch und überall diese Uneinigkeit.« Aber seht, das wird sogar noch zunehmen – *und dann wird es sich ändern.*

F: *Mit anderen Worten: Hier teilt sich das Bewusstsein. Geht diese Trennung durch alles durch, oder ...*
P'taah: Es ist nicht wirklich eine Trennung des Bewusstseins. Es ist nur so, dass manche den jetzigen Zustand beibehalten möchten. Doch sie schwimmen gegen den Strom. Das wird mehr und mehr so kommen, besonders dann, wenn die Veränderungen der Erde immer offensichtlicher werden. Dann wird auch das Gefühl der Machtlosigkeit unkontrollierbar. Wenn Länder in Stücke zerfallen, wird es äußerst schwierig werden, sich an die finanziellen Strukturen und an die bürokratische Ordnung zu halten. *Das wird jedoch in diesem Land nicht so geschehen;* ihr werdet hier nicht diese Zerstörung kennenlernen wie andere Länder. Ihr habt also alle außerordentlich gut gewählt, hm? Wir sagen euch das deshalb, weil viel über die Zerstörung des Planeten geredet und damit viel Angst verbreitet wird. Nun, das hat auch etwas Gutes, meine Lieben. Unsere Frau würde hier sagen: »Es gibt ihnen einen Tritt in den Hintern.« Wir wollen es mal so ausdrücken: Wenn ihr euch selbst immer besser kennenlernt und ihr immer mehr mit dem, was geschehen wird, in Harmonie kommt – ihr müsst euch dessen nicht

einmal bewusst sein –, dann werdet ihr ganz einfach nicht anwesend sein, wenn ein Unglück passiert. Darum sagen wir: Verzichtet nicht auf eure Ferien, ändert auch euer tägliches Leben nicht, weil ein Unglück geschehen könnte. *Ihr müsst wissen, dass ihr in einem sicheren Universum lebt,* ihr erschafft es euch so. Wenn ihr das, was ihr seid, liebt und Liebe für euren Planeten ausstrahlt, wie könntet ihr dann nicht in Sicherheit sein. *Nicht in Sicherheit sein, heißt in Angst leben.* Wenn ihr in Angst lebt, was zieht ihr dann an? Verwüstung – nicht Sicherheit, nicht wahr?

F: *Was du gerade sagst, habe ich erfahren. Und doch hat ein Teil von mir immer noch Angst, fürchtet sich immer noch vor Vernichtung, fürchtet den Tod, fühlt sich minderwertig. Wenn ich auf mein Leben zurückblicke, dann sind wundervolle Dinge geschehen, und trotzdem ... Gestern habe ich mich für eine kurze Weile absolut verachtet. Dieses Gefühl ist da, also ...?*

P'taah: Geliebte, warum sollte es dir anders ergehen als allen anderen? Ich will dich nur necken.

F: *Ja, ich weiß. Ich möchte dich bitten, dich zu dieser Sache zu äußern. Wir wissen darüber Bescheid, und trotzdem ist da drinnen immer noch dieses andere ...*

P'taah: Natürlich ist es noch da. Also, eines nach dem anderen. Wie heißt die Antwort, meine Liebe? – Genau, aufgeben. Dieses Gefühl der Selbstverachtung, der Schrecken vor der Auslöschung ist ein Grundgefühl der Menschheit. Viele haben sogar noch größere Angst aufzugeben als zu sterben. So sag mir, was tatest du in diesem Moment der Selbstverachtung?

F: *Ich habe viel darüber nachgedacht. Ich habe es lange im Kopf herumgedreht, und vielleicht realisierte ich, dass es auch ein gültiger und göttlicher Aspekt meines Wesens ist, und dann verblasste es.*

P'taah: Wie außergewöhnlich, Geliebte. Es verblasste einfach, hm? Schau, auch wenn es wirklich ein momentanes Gefühl des Schreckens gewesen wäre, hättest du es transmutieren können. Offenbar, Liebes, kam dir das in dem Moment nicht in den Sinn.

F: *Ich denke, mein Kopf war ...*

P'taah: ... dir im Wege. Wir möchten euch allen vorschlagen: Wenn ihr großen Schmerz verspürt, wenn ihr durcheinander seid, wenn ihr Angst empfindet, dann gibt es eine ganz einfache Lösung: Schraubt euren Kopf ab und nehmt ihn unter den Arm. Er ist dort viel nützlicher. *(P'taah steht vor einem amüsierten Publikum.)* Denn ehrlich, ihr Lieben, seht, im Leben geht es um das Fühlen, um die Emotionen, darum, Gefühle zu kreieren. Wenn ihr den Energiekanälen erlaubt, offen zu sein, dann ist kein Kopf im Wege. Ihr fühlt nicht hier *(P'taah deutet auf den Kopf)*, ihr fühlt hier *(Er deutet auf den Solarplexus)*. Also, übernehmt Verantwortung, gleicht die Werturteile aus, nehmt euren Kopf unter den Arm, und fühlt das Gefühl. *(Lachen)* Wir werden das als neue Regel einführen, hm?

F: *Ich glaube, wir haben diese Vorstellung von Spiritualität: Solche Dinge sollten uns nicht mehr passieren. Darum fühlen wir uns immer schuldig, wenn wir Schmerzen haben. Doch mir scheint jetzt, dass ich diese Idee verwerfen kann. Wie du ja sagst: Es ist in Ordnung, wenn man weint, es ist in Ordnung, wenn man traurig ist.*

P'taah: Wenn dir Personen begegnen, die überaus spirituell sind und keinen Schmerz verspüren, die – wie heißt das wieder – scheinheilig sind, hm, dann kannst du sicher sein, dass sie eine gute Fassade haben. Es sei denn, du siehst sie tatsächlich vor deinen eigenen Augen in den Himmel steigen.

F: *Mir scheint auch, wir schätzen die Freuden in unserem Leben viel zu wenig. Wenn wir zum Beispiel mit einem Freund streiten, dann ist das ein Spiegelbild. Wir fühlen uns dann wegen dieser schlechten Projektion schuldig. Du bist aber genauso ein Spiegelbild – wir haben so viele wunderschöne Spiegelbilder, deren Wert wir nicht schätzen. Wir scheinen jene, die wir nicht schätzen, viel eher zu bemerken.*

P'taah: Genau – und du weißt natürlich auch, dass »Spiritualität etwas ganz Seriöses ist«. Und wenn du spirituell bist, dann bist du *so gut*. Ihr habt in eurem Leben täglich Myriaden von Spiegelbildern. Einige bringen euch beinahe zum Wahnsinn. Damit meinen wir vor allem eure menschlichen Spiegelbilder. Wir fragen uns sogar oft, wie es wäre, wenn ihr keine Natur hättet, die eure eigene Schönheit widerspiegelt. Denn mir scheint, dass eure menschlichen Spiegelbilder oft ziemlich trübe sind und nicht viel Spaß machen – sehr oft jedenfalls. Darum habt ihr euch vielleicht die Natur erschaffen, damit ihr darin eure eigene wirkliche Größe, eure eigene Schönheit, ja eure eigene Ehrfurcht erregende Stärke und Kraft erkennen könnt. Wir haben es schon einmal erwähnt: Spiritualität hat nichts mit gut sein zu tun. Sie hat mit <u>SEIN</u> zu tun – *human being*. Sein, in jedem Moment, wie der auch immer sein mag, mit all seiner Freude, mit all seinem Schmerz und seinen Sorgen. Ihr müsst für den Moment leben und erkennen, wie auserlesen er ist. Sogar Wut und Ärger – was auch immer es ist – bedeutet, dass ihr lebt. Ihr habt es so gewählt. Es ist ein stürmischer Weg zur Erleuchtung. Seid dankbar dafür. Es wäre euch ziemlich langweilig, wenn es nicht so wäre. Ihr seid alle süchtig danach, ihr liebt es so. Würdet ihr es nicht lieben, dann wäre es nicht so. Und das ist der wunderbare und gleichzeitig so humorvolle Widerspruch dabei.

Ihr Lieben, jetzt werden wir für eine Weile Pause machen. Darum bereitet jetzt eure Fragen vor. Wir werden gleich wieder zurück sein und freuen uns auf weitere Fragen. Sucht und verbalisiert, was euch beschäftigt und was euch wundert. Denn sowie ihr eure Fragen formuliert, wisst ihr bereits die Antwort. Genießt also eure Erfrischungen.

(Nach der Pause)
P'taah: So, ihr Lieben, habt ihr viele Fragen vorbereitet?

F: *Ist Angst ein richtiges Gefühl, oder zeigt sie nur die Abwesenheit von Gefühlen an?*
P'taah: Das ist eine sehr gute Frage. Angst ist eine Polarität. Nun, die Menschheit ist souverän, kann frei bestimmen, ist frei. Ihr könnt zwischen den Polen wählen, nämlich zwischen Angst und Liebe. Wenn euch also die Angst packt und ihr euch dabei ertappt, dann könnt ihr sagen: »Also, was möchte ich jetzt wirklich?« Nachdem ihr das untersucht habt, werdet ihr häufig herausfinden, dass die Angst in eurem Glaubenssystem gründet, dem Glauben von euch selbst und von der Wirklichkeit, *so wie sie euch erscheint*. Wenn ihr eure Glaubensstruktur ändert und eure Vorstellung von euch selbst, dann ist die Angst weg. Wie auch immer, ihr Lieben, lasst uns nicht vergessen, dass Ängste ihre Gültigkeit haben. Sie sind ein Aspekt eures Wesens. Und es ist mit ihnen wie mit allem, was nicht Liebe ist. Sie sind transmutierbar. Ihr transmutiert die Angst aber nicht, indem ihr versucht, sie zu unterdrücken und wegzustoßen, oder indem ihr versucht, sie zu ignorieren. Denn dann wertet ihr sie ab. Und wir wiederholen: Was ihr abwertet, das ermächtigt ihr in Wirklichkeit. Angst, der Gegenpol der Liebe, wie auch jedes andere Gefühl, projiziert ihr ins Universum. Darum *zieht ihr das an, was auch immer ihr fürchtet*. Es würde euch allen gut anstehen, euch eurer Gedanken bewusst zu werden. Eure Gedanken sind mächtig. Sie bestehen aus elektromagnetischer Energie. *Es sind eure Gedanken, die eure Realität erschaffen.* Eure Gedankenstrukturen sind das Ideenkonstrukt eures eigenen Universums, und

ihr, meine Lieben, seid die zentrale Sonne dieses Universums. Immer und immer wieder müsst ihr untersuchen, woran genau ihr glaubt. Wir haben es schon viele Male gesagt, dass eure Glaubensstrukturen oft wie Gefängnisse sind, wie Schachteln, die ihr mit eurem Bewusstsein bewohnt. Und jetzt ist die Zeit gekommen, die Wände dieser Schachteln niederzureißen und in ein erweitertes Bewusstsein, eine erweiterte Wahrnehmung umzuziehen. Es muss euch bewusst sein, dass ihr nur den Wunsch zu äußern braucht, zu lernen, und ihr werdet merken, dass Tag für Tag die entsprechenden Situationen auf euch zukommen, die euch lehren, die euch erkennen lassen, was ihr glaubt. Was glaubt ihr, wer ihr seid, hm? Was glaubt ihr von euch selbst? Und ihr sollt keinen Aspekt *der Glaubensstrukturen* ablehnen. Ihr müsst einfach nur annehmen und akzeptieren, dass sie euer Wesen ausmachen. So werdet ihr wachsen. So einfach, meine Lieben, so einfach ist das.

F: *Ein Wesen sagte einem meiner Freunde, Alkohol sei das Schlimmste für uns. Könntest du uns sagen, wie du das siehst?*

P'taah: Ich liebe ihn sehr. Alkohol sei das Schlimmste? Das ist wirklich ein nettes Werturteil, hm? Und wenn du das glaubst, dann ist es sicherlich so. Wie wir schon sagten, Geliebte, *wenn du ausgeglichen bist, kannst du Rattengift essen, und es wird dir nichts ausmachen.* Wir schlagen dir damit natürlich nicht vor, Rattengift zu probieren. Nun, noch einmal, lasst uns kurz über das ›dürfen‹ und ›nicht dürfen‹ sprechen: Esst kein Gemüse, das im Wasser gewachsen (hydroponisch gewachsen) ist anstatt in der Erde. Trinkt keinen Alkohol. Keine ... was war denn da noch so Wunderliches? Raucht keine Zigaretten. Ja genau, darüber haben wir mit unserer Frau geredet. Ihr Lieben, ihr könnt alles tun, was euch gefällt. Maßvoll, das wäre hier vielleicht das Schlüsselwort. Man kann auf unterschiedlichen Wegen unterwegs sein. Und wer soll darüber richten, wenn einer die Erleuchtung auf dem Grunde eines Glases, gefüllt mit dem Saft der erleuchteten Traube, findet? Wir raten euch nicht, mit irgendetwas zügellos umzugehen. Wenn ihr eine Tomatendiät einhalten würdet, könnte euch das körperlich schwächen. Wie auch immer, wir raten euch, euren Körper als eine Erweiterung eures Lichtkörpers zu betrachten, also eurer Seele. Er ist schön und wertvoll. Und wenn ihr euren Körper nicht mit Ehrerbietung und Respekt behandelt, wie könnt ihr irgendetwas anderem mit Ehrerbietung und Respekt begegnen? Und was ist, wenn ihr glaubt, dass euch irgendetwas körperlich schaden könnte? Wir hören häufig: »Das ist sehr schlecht für dich.« Dazu möchten wir

Folgendes sagen: Niemand stirbt an der Wirkung des Alkohols; niemand stirbt an der Wirkung des Tabaks. Ihr sterbt an gebrochenen Herzen. Ihr macht es euch damit nur einfach, Krankheiten zu erklären. Wenn ihr euch natürlich damit beschäftigt, eurem Körper Chemikalien einzuverleiben, die ihm keine Freude bereiten, dann wäre es weise, darüber mal nachzudenken. Wir sagen nicht, dass Alkohol das Schlimmste für euch sei. Wenn ihr in so rigiden Dogmata steckt, dann blockt ihr damit nur den Informationsfluss ab. Euer Körper will euch immer, immer mitteilen, wie es euch geht. Er ist ein Spiegel. Darum könnt ihr euer Glas Alkohol ruhig genießen. *Ich tue es auch, sehr sogar,* manchmal erheblich zum Missfallen unserer Frau. Doch wenn ihr wirklich liebt, was ihr seid, meine Geliebten, dann seid gewiss, dass er euch nichts anhaben kann. Fragen?

F: *P'taah, an meinem Arbeitsplatz erlebe ich zurzeit viel Ärger über mich selbst und über andere. Ich beobachte auch viel Ärger, und er hat seine Gültigkeit. Aber was ist Ärger? Manchmal verschwindet er einfach wieder, und ein anderes Mal komme ich lange Zeit nicht davon los.*

P'taah: Nun, was denkst du, liegt dem Ärger zugrunde?

F: *Wertung, negative Wertung?*

P'taah: Wie wäre es mit Angst? Wie mit Verletzt-Sein und Schmerz?

F: *Daran habe ich nicht gedacht.*

P'taah: Jetzt kannst du darüber nachdenken. Und du hast ganz recht, Geliebte, Ärger ist ein ganz herrlicher Gefühlsausdruck, absolut gültig, sonst gäbe es ihn nicht. Und wenn du dich gerade ärgerst, dann genieße es. Habe eine wundervolle Wut. Denn, wenn du richtig ärgerlich bist, richtig wütend, dann lebst du bestimmt im Jetzt. Ganz besonders dann, wenn du mit Dingen schmeißt. *(Gelächter)* Wir sagten schon: Es ist in Ordnung, dem Ärger Ausdruck zu verschaffen, aber dann muss man sich auch fragen: *Warum?* Wenn du das Warum kennst und dann den Schmerz spürst, dann kannst du ihn transmutieren. Übernimm die Verantwortung, löse dich von den Werturteilen und fühle das Gefühl. Ups, ich habe ganz vergessen – schraubt euren Kopf ab. *(Gelächter)* Verstehst du?

F: *Es ist wirklich eine Freude, in deiner Gegenwart zu sein. Die letzte Woche hatte ich das Gefühl, du seist die ganze Woche bei mir gewesen, habest mein Leben intensiviert und mir irgendwie neue Dimensionen eröffnet. Ich frage mich nun: War das wirklich so? Und was genau machst du?*

P'taah: Ich sehe, an allem habe ich die Schuld, hm? Das ist mir nicht neu. Ich bin stark genug, es zu ertragen. Geliebter, du eröffnest dir neue

Dimensionen deines Seins. Ist das nicht wundervoll? Aber du bist es, der das tut, nicht ich. Denn du bist der Schöpfer deiner Realität. Du kannst mich natürlich rufen, damit ich sie mit dir teilen kann. Aber du bist es, der diese Herrlichkeit kreiert, der die Harmonie erhöht. Nicht ich bin es, der dies tut. Die gesamte Menschheit ist zu einem solchen Energieaustausch fähig. Nicht nur mit mir, auch mit allen euren anderen Brüdern und Schwestern da draußen im Universum. Und wenn du die Harmonie deiner eigenen vibrierenden Frequenz erhöhst, dann wirst du von allen Menschen, die dich in dieser Dimension umgeben, wunderbare Energien anziehen. Denn schau, Geliebter, wenn sich die Frequenz erhöht, dann geschieht Folgendes: Du wirst unwiderstehlich. Ist das nicht wunderbar? Tatsächlich, und wenn du heute Abend nach Hause zurückkehrst, musst du in den Spiegel schauen und erkennen, wie wundervoll du bist und deinem Wesen dafür danken.

F: *P'taah, es gibt Tage, an denen wache ich mit der besten Absicht auf, einen ganz wundervollen Tag zu erleben. Doch alle Chancen stehen gegen mich, wie in einem Hindernislauf. Auch habe ich festgestellt, dass es speziell dann schwierig ist, wenn meine prämenstruelle Zeit naht. Dann ist es, als wären die Hindernisse unüberwindbar. Kannst du dazu etwas sagen?*

P'taah: Da kommen zwei Dinge zusammen. Das eine ist die Veränderung der Balance innerhalb eines Zyklus, und viele Frauen glauben, dass es so sein muss. Über dieses sogenannte PMS wurde viel Propaganda gemacht, hm? Weißt du, vor nicht so langer Zeit hatten die Frauen noch nicht das Gefühl, ihr Körper müsste unausgeglichen sein. Nun ist es sicherlich die Glaubensstruktur der Frauen, die tatsächlich einen echten Missklang geschaffen hat, verstehst du das? Das hat seine Gültigkeit – das ist wirklich, aber es wurde für einen bestimmten Zweck geschaffen. Nun zu den Tagen, an denen alles zu viel wird und man dir Stolpersteine zwischen die Beine wirft. Du weißt, wovon ich spreche. Dann sagst du dir einfach: »Hier ist also ein Stolperstein, das wird bestimmt ein Scheißtag.« *(Große Erheiterung im Publikum)* Dann entspanne dich und genieße es. Einen Scheißtag zu haben, ist ziemlich gültig, weißt du? *(Noch mehr Gelächter)* Wir finden, eines der wichtigen Dinge wäre, dass ihr allgemein einen gewissen Sinn für Humor entwickelt. Und wenn du über den Stolperstein lachen und dir sagen kannst: »Nun, das ist ja wieder ein Scheißtag«, dann wirst du feststellen, dass er sich verändern wird. Denn schau, *wenn du aus dem Bauch heraus lachen kannst, dann hast du dich von deinen Werturteilen gelöst.* Wenn du so lachen kannst, dann bist du nicht in der Vergangenheit und nicht in der Zukunft, dann BIST du einfach. Das nennt man die Freude des Augenblicks, das ist Fülle, dann schwingst du mit dem Universum. Deswegen pflegen wir nicht so sehr das ›Großspurige‹, den sogenannten ›heavy stuff‹. Damit seid ihr selbst schon genug beschäftigt. Deswegen sind wir nicht so seriös. Verurteile dich nicht, geliebte Frau. Wie schon gesagt, die Menschheit lebt ihr Leben, indem sie aus jeder Erfahrung lernt. Wenn du erst eine erleuchtete Göttin bist, hast du keine Scheißtage mehr. Es ist in Ordnung. – Das wird Aufgeben genannt. *(Leise und zärtlich sagt er zu der Frau:)* Ich liebe dich.

F: *P'taah, ich möchte dich etwas über Träume fragen. Ich habe meistens fantastische Träume. Kürzlich träumte ich von einem gewaltigen Erdrutsch. Und dann hörte ich in den Abendnachrichten, dass sich in China tatsächlich ein Erdrutsch ereignete. Ich frage mich nun, ob dieser lebhafte Traum aktuelle Wirklichkeit war, ob ich da tatsächlich Zeuge war oder ob ich das nur im Traum erlebt habe?*

P'taah: Dieser bestimmten Gelegenheit liegt sicher eine tatsächliche Begebenheit zugrunde. In euren Träumen träumt ihr oft von Dingen, die auf dem Planeten geschehen, aber weil es nirgends erwähnt wird, wisst ihr nichts davon, hm? Und natürlich gibt es Dinge in euren Träumen, die ihr prophetisch nennen würdet. Doch seht, was ihr nicht versteht ist, dass ihr von all den Menschen auf eurem Planeten nicht getrennt seid. Eigentlich ist in allen Dimensionen der Realität alles, was geschieht, miteinander verbunden. Erinnert euch, dass das absolut natürlich ist. Was nicht natürlich ist, ist euer Konzept der Trennung. Wir möchten hier noch einmal kurz über den Traumzustand sprechen, damit ihr euch erinnert.

Oft sind die übermittelten Informationen für euren bewussten Geist nicht akzeptierbar. Deshalb kreiert ihr Bilder, die euer Bewusstsein verstehen kann. Häufig wird das Reisen in den Träumen mit Fliegen oder mit dem Schwimmen im Meer symbolisiert – sehr oft trefft ihr Freunde. Manchmal sind es Freunde, die ihr nicht aus diesem Leben, aus der derzeitigen bewussten Realität kennt. Das ist multidimensional. Egal, wie oft wir es sagen: Die Menschen bestehen darauf, dass sie individuelle Wesen sind. Ihr seid es nicht, ihr alle nicht. Versteht doch, es gibt keine Trennung. Ihr seid mit eurem Planeten, jedem einzelnen Menschen, jedem Blatt und jeder Blume, jedem Fels und jeder Kreatur verbunden. Ihr seid alle miteinander zu einem einzigen Geflecht verwoben. Ihr seid von eurer Seele nicht getrennt. Ihr seid von der göttlichen Quelle nicht getrennt. Ihr seid von keiner Facette eures Wesens getrennt. Euer Wesen ist wirklich wunderbar. Und je mehr ihr dieses Wunder akzeptieren könnt, umso mehr erkennt euer Bewusstsein die gesamte Fülle aller multidimensionalen Aspekte eures Selbst. Solange ihr nicht erkennt, wer ihr seid, werdet ihr immer unter dieser Trennung leiden. Doch wenn ihr die Transmutation geschehen lassen könnt, wenn ihr die Ekstase des Eins-Seins mit dem gesamten Universum erlebt, wird diese Trennung allmählich kleiner. *Das kann nur durch das Akzeptieren und Annehmen sowie durch die Liebe für das* <u>SELBST</u> *geschehen*. Es findet nicht statt, wenn ihr euch aus Angst versteckt.

Ihr in eurer Erhabenheit seid ehrfurchtgebietend, seid wahrhaftig ein Teil von all diesen Juwelen eures Universums. Da gehören alle Aspekte von euch dazu, und es gibt nichts, aber auch wirklich gar nichts, was für die göttliche Quelle unakzeptabel wäre. Ihr braucht nichts zu tun – *ihr müsst nur sein, was ihr seid,* und indem ihr seid und jede Facette anerkennt und akzeptiert, kreiert ihr die Veränderung, die ihr euch so sehnlichst wünscht. Aber ihr könnt das nicht *tun* – ihr könnt das nur *sein*. Jeder von euch ist ein Teil, der sich entfaltet, jeder von euch hat sein Gesicht dem göttlichen Licht zugewandt, und jeder von euch wird das Verständnis erlangen, dass er wahrhaftig ein Ausdruck des Göttlichen ist. *Was ihr seid, ist Gott, wie er gerade den Duft einer Rose genießt.*

Wenn ihr heute Abend diesen Ort verlasst, schaut auf zum Himmel und seht die Herrlichkeit des Mondes. Seid gewiss, dass ihr ebenso zu dieser ehrfurchtgebietenden Schönheit gehört. Er weiß, wie wunderschön er ist; es ist ihm eine Wonne. Und indem auch ihr euch in eure eigene Schönheit versenkt, egal, worin ihr euch spiegelt, werdet ihr ebenso verzückt sein.

Ihr Lieben, es reicht für heute. Ich liebe euch alle von ganzem Herzen, und ich habe ein großes Herz.

(P'taah dankt der Gastgeberin und dann dem Gastgeber:) Geliebte, unser Dank. Wirklich, wir danken dir.

Der Gastgeber: Es ist mir eine Ehre.

P'taah: Und ehrlich, danke; euch allen. Es ist uns ein großes Vergnügen und eine große Ehre, hier mit euch zu sein. Ich liebe euch. Guten Abend.

Sechste Übermittlung

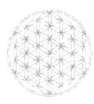

P'taah: Guten Abend, ihr Lieben.
Publikum: *Guten Abend, P'taah.*
P'taah: Wie geht's euch allen? Tatsächlich, wir können neue Freunde willkommen heißen! *(Einige neue Zuhörer sind zur Gruppe gestoßen.)* Heute Abend werden wir damit fortfahren, einige eurer Glaubensstrukturen genauer anzusehen. Wir werden zuerst ein wenig mit euch plaudern, damit ihr euer Hirn und euer Herz in Gang bringen könnt und damit ihr eure Fragen äußert, um auf diese Weise zu mehr Klarheit zu gelangen. Dann werden wir über ein Thema sprechen, das man oft als heikel betrachtet. Denn wir wenden uns der menschlichen Sexualität zu. Das ist in der Tat ›eine große Nummer‹. Wir haben früher schon ausführlich über Beziehungen zwischen zwei Personen gesprochen. Wir haben das Thema der Beziehungen zwischen Eltern und Kindern gestreift, wobei es uns auf eure eigene Kindheit besonders ankam, denn auf frühkindlichen Erfahrungen habt ihr eure Glaubensstrukturen aufgebaut, die bewirken, dass ihr eure Welt als Spiegelung dessen seht, wie ihr euch selbst betrachtet.

Nun, die Menschheit ist dem Wesen nach sexuell. In eurer Religion – wenn wir *eure* Religion sagen, meinen wir die Religion, die in eurer Kultur vorherrscht – wurde die Sexualität sehr schlechtgemacht, denn in eurem kulturellen Erbe stecken *Schuldgefühle*. Von Kindheit an, ob ihr nun religiös erzogen worden seid oder nicht. Sie stecken in der morphogenetischen Resonanz. Wir haben mit euch über ›Sünde‹ gesprochen. In eurer Kultur wächst die Menschheit mit dem Verständnis auf, dass alles, was mit Sexualität zu tun hat, etwas Niedriges sei; sündig und schmutzig.

Kurz: Sexualität ist nicht ›spirituell‹. Wenn ihr dann erwachsen werdet, eine Beziehung habt und eine Ehe gründet, ist ganz plötzlich, wie durch ein Wunder, die Sexualität okay. Oder: »Sexualität wegen der Fortpflanzung ist nichts Schönes, aber man muss es tun, wenn man Babys möchte.« – Ist das nicht seltsam?

Ihr seid von Geburt an sexuelle Wesen. Euer Körper ist ein Tempel, in dem eure Lichtenergie wohnt. Weshalb, glaubt ihr, seid ihr als sexuelle Wesen geschaffen, wenn es nicht als ein Ausdruck des Göttlichen gedacht wäre? Darum ist es nicht wichtig, wie sehr ihr intellektuell erleuchtet seid, meine Lieben. In Sachen Sexualität seid ihr emotional etwas zurückgeblieben. Nun wird es noch außergewöhnlicher: Wenn ihr in eurer Kultur ein bestimmtes Alter erreicht habt, beginnt ihr intellektuell zu verstehen, dass die sozialen Sittenvorstellungen über die Sexualität Unsinn sind und überhaupt nichts mit dem wirklichen Leben zu tun haben. Also beeilen sich alle, es auszuprobieren. Alle lesen, was sie kriegen können und haben eine fürchterliche Angst, dass sie nicht *gut genug* seien. Ihr seht, wir sind wieder beim ›Nichts-Wert-Sein‹ angelangt. Ob Frauen oder Männer, ihr begutachtet eure Anatomie und glaubt, sie wäre nicht *genug*, ihr würdet dem Standard nicht genügen, je nachdem, was in eurer Kultur gerade in Mode ist. Und dann sorgt ihr euch wegen eurer Leistung. Nun, es hat euch ja nie jemand gezeigt, wie es geht – aber ihr sollt trotzdem wissen, was zu tun ist – und wenn ihr das nicht wisst, dann wird man euch nicht akzeptieren, und ihr seid dann sicherlich der Liebe nicht wert. Da beißt ihr euch dann Stück für Stück durch, bis ihr über eine wundervolle Spiritualität zum New Age findet. Einige von euch haben das Glück, auf Kulte oder Sekten – ich sage nicht Religionen – zu stoßen, die den Standpunkt vertreten, dass es absolut in Ordnung ist, ein sexuelles Wesen zu sein. Viele werden dann sagen: »Das ist schon gut, aber ich bin darüber hinweg. Das brauche ich nicht mehr, ich beschäftige mich mit höheren Dingen als mit Sexualität.«

Dann gibt es viele Leute, die vor den Folgen warnen, wenn man sich zu stark mit seinen eigenen Lenden beschäftigt. Findet ihr das nicht ein bisschen außergewöhnlich? Hm, ich schon. Dann habt ihr jenes kleine problematische Thema, das sich Krankheit nennt. Transmutierte Sexualität – tödliche Krankheit. Nun, das reicht dann, um euch gänzlich davon abzubringen. Und dann gibt es auch noch die Ehe – für immer. Und: »Gott helfe, solltet ihr straucheln.« Ihr Lieben, seht ihr den roten Faden? Wir sprechen hier von einem Ausdruck des Herzens. Ihr wisst schon: Ein spontaner Ausdruck der Freude, ein Wunsch nach Kommunikation. Die Gewissheit, dass *ihr in einem sicheren Universum lebt*. Die Erkenntnis, dass euch niemand verurteilt – außer ihr selbst in euren eigenen Köpfen. Die Erkenntnis, dass euer Körper wirklich ein Ausdruck eures Lichtwesens ist. Und: Wenn ihr Freude erschafft in eurem verkörperten Selbst, dann schwingt sie durch die Universen. Und: Ihr lebt tatsächlich in einem sicheren Universum. Was glaubt ihr nun, was das heißt? Das heißt: *Geht weiter in Freude und genießt – mit dem Herzen.*

Nun, wir reden davon, wie es sein könnte. Wir sagen aber auch, dass die Menschheit die Sexualität seit Urzeiten als Machtinstrument benutzt hat. Die Menschen, vorwiegend in eurer Kultur, haben in den letzten Jahren die Sexualität auf sehr materialistische Weise benutzt. Ihr wisst ja, dass in euren früheren Epochen die Frauen in die Sklaverei verkauft wurden oder dass man sie für Geld verheiratete. Heute werden die Frauen nicht mehr verkauft, doch sie verkaufen sich selbst. Der männliche Teil der Menschheit benutzt seine Macht, sein Geld und seine Statussymbole, um bewundert zu werden. Und dann nimmt er sich eine Frau, die die Fantasien des sogenannten Sozial-Bewusstseins erfüllt, um damit zu zeigen, wie erfolgreich er ist. Das nennt man nicht: Geh in Freude und genieße! Dies alles spiegelt nur eure Gefühle zu eurem Selbst, euren Glauben an euer Selbst wider. Wenn ihr wirklich erkennt, dass ihr souveräne Wesen seid, dass ihr ein Ausdruck des Göttlichen seid und euch selbst frei bestimmen könnt, und wenn ihr dann auf jemanden trefft, der die gleiche Wellenlänge hat, mit dem ihr lachen könnt und Freude habt, dann kann man davon ausgehen, dass euer Körper mit eurem Herzen mitschwingt. Und das ist etwas Wundervolles. Wenn ihr den Energieaustausch, der da stattfindet, sehen könntet, wärt ihr entzückt. Wenn ihr also die Sexualität als Machtinstrument gebraucht und euer Herz nicht beteiligt ist, dann müsst ihr euch nach dem Grund fragen. Ihr Lieben, ihr seid von Geburt an bis zu eurem Übergang sexuelle Wesen. Das physische Alter und der Ausdruck eurer Sexualität spielen keine Rolle. Hiermit sprechen wir die gewaltigen Werturteile gegenüber der Homosexualität oder auch der Bisexualität an, die ganz ›normal‹ sind. Heterosexualität ist ebenso ›normal‹, aber sie ist nicht der umfassendste Ausdruck. Wir wissen, dass ihr schockiert und entsetzt seid, wenn wir so etwas sagen. Das, was das Herz bewegt, körperlich auszudrücken, das ist das Normale, das ist Ausgeglichenheit. Alles andere muss man als Werturteil bezeichnen. Haben wir Fragen?

F: *Wie geht man also mit diesen Werturteilen um, wie kommt man davon los?*
P'taah: Wie denkst du, geht das? Was tust du mit den Werturteilen?
F: *Ich weiß es nicht. Ich schaue sie mir an?*
P'taah: Genau. Zuerst muss man das Warum erkennen, hm? Man muss das Verständnis erlangen, welche Angst dem Werturteil zugrundeliegt. Und dann, Geliebter, muss man alles annehmen.

F: *Wie mache ich das dann in der Praxis?*

P'taah: Nun, möchtest du, dass wir dir ein Beispiel geben? Ich dachte nicht, dass du das wolltest. Sehr gut. Wenn also eine Situation aufkommt, in der du das Verhalten von jemand anderem beobachtest und dir sagst: »Das ist nicht richtig«, dann meinst du eigentlich, dass du entweder gerne selbst dieses ›Was-Auch-Immer‹ tun würdest, dich aber nicht traust, oder dass dir die Idee an sich schon Angst macht. Also musst du nach dem *Warum* fragen. Was für ein Glaube liegt diesem Werturteil zugrunde? Du wirst überrascht sein, wenn du ehrlich untersuchst, welche Angst in Wahrheit dahintersteckt. Männer haben große Angst davor, fälschlicherweise für homosexuell gehalten zu werden. Wir haben festgestellt, dass heute die Angst vor diesem Urteil nicht mehr so groß ist und dass die homosexuellen Männer nicht mehr solche Angst davor haben, entdeckt zu werden. Wir haben jedoch unter heterosexuellen Männern, die in jungen Jahren homosexuelle Erfahrungen gemacht und es genossen haben, jetzt aber keine Homosexualität mehr praktizieren, eine große Angst bemerkt. Sie befürchten, dass man es herausfinden könnte. Nun, was ist das? Das nennt man Angst, nicht normal zu sein, Angst, sündig zu sein, Angst, verurteilt zu werden – Schuldgefühle. Bei den Frauen dieser Kategorie ist das nicht so, denn bei ihnen wird ein körperlicher, ein nicht unbedingt offenkundiger sexueller Ausdruck, als normal erachtet – kulturell gesehen. Versteht ihr? Darum könnten wir sagen, dass die Frauen mit ihren homosexuellen Erfahrungen besser umgehen können. Sie haben nicht solche Schuldgefühle. *Und wo Schuldgefühle sind, wurde eine Lektion noch nicht gelernt.* Wir wollen darüber ein anderes Mal sprechen. *Schuldgefühle sind Lektionen, die nicht gelernt wurden.* Mit der Angst – nun, da ist es ganz einfach, nicht wahr? Transmutiert die Angst einfach. Und wie machst du das? Übernimm die Verantwortung ...

F: *... ich schraube meinen Kopf ab ...*

P'taah: Das kommt später, Geliebter – wir müssen erst die Werturteile ausgleichen, hm? Dann kannst du ›deinen Kopf abschrauben‹, und dann fühle das Gefühl. Alles, was nicht Liebe ist, ist Angst, ihr Lieben. Wir sagen es euch immer und immer wieder – *alles, was nicht ein Ausdruck der Liebe ist, ist ein Ausdruck von Angst.* Wie kann Angst transmutiert werden? Übernehmt die Verantwortung für die geschaffene Situation, und findet die Perle der Weisheit darin. Gleicht eure Werturteile aus, die ihr über euch selbst, über andere Leute und über die Situation habt. Seid gewiss, dass alles von euch ein Ausdruck des Göttlichen ist – auch die Werturteile –, und wenn ihr dies alles annehmt und zum Licht eures Seins führt, dann erfahrt ihr diese Transmutation – ihr fühlt das Gefühl. Genügt dir diese Antwort, Geliebter?

F: Ja, doch ich habe noch eine Frage.

P'taah: Oh, sehr gut.

F: *Dieses Ausgleichen der Werturteile – heißt das, ich brauche nur das betreffende Werturteil zu erkennen und es mir zu gestatten, irgendwie?*

P'taah: Genau, anerkennen – erlauben. Das bringt alles in Harmonie. Das ist Ausgleich.

F: *Also, einfach indem ich es mir erlaube?*

P'taah: Genau, auf diese Weise gleichst du aus, indem du, was du bist und wie es ist einfach akzeptierst und anerkennst. Das nennt man Verletzlichkeit, Geliebter, das nennt man sich seinem SELBST ergeben. Dieses Aufgeben, wovor ihr euch alle so fürchtet, das ist alles. Das ist die großartigste und mächtigste Eigenschaft in eurem Universum.

F: *Wenn wir also wirklich verstanden haben, was du sagst, können wir in jeder Situation bewusst einen Ausgleich schaffen, statt sie zurückzuweisen oder uns darüber zu ärgern ...*

P'taah: In der Tat. Aber, Geliebter, wenn du versuchst, dem Schmerz auszuweichen, dann geschieht es natürlich, dass du ihn anziehst. *Was du ablehnst, das widersetzt sich.* Ihr braucht keine Erfahrungen in Form von Dramen und Chaos, Missklängen und Zusammenbrüchen zu machen. Wenn ihr aber keinen Ausgleich schafft, wird genau das geschehen. Denn eure Seele ist sehr beharrlich. Sie ist ein wenig wie ich: *Wir werden alles tun, um euch nach Hause zu bringen!* Da gibt es kein Entrinnen, ihr Lieben. Und wenn nicht ich es bin, wird es jemand anderer sein.

F: *P'taah, übernehmen wir Ängste aus vergangenen Leben, oder ist es nur die Konditionierung in diesem Leben, die diese Ängste geschaffen hat?*

P'taah: Es ist ein bisschen von beidem. Wie auch immer, ich will dazu Folgendes sagen: Es wird viel versucht, um diese vergangenen Leben zu erkunden. Das ist aber wirklich nicht nötig. Denn es spielt keine Rolle, ob diese Ängste von einem Leben vor hundert Jahren oder vom letzten vergangenen Leben, oder von allen vergangenen Leben her stammen. Ihr habt sie in diesem Leben und müsst damit umgehen. Verstehst du? Darum hat die Beschäftigung mit dem, was ihr aus vorherigen Leben mitgebracht habt, wirklich keine Konsequenzen. Ihr könntet genauso gut sagen, dass ihr Ängste aus der heutigen Zeit mitbringt. Und was ist mit den zukünftigen Leben, hm? Alle Leben laufen ja gleichzeitig ab. Außerhalb dieses Raum-Zeit-Kontinuums geschieht alles zur gleichen Zeit. Ihr könnt wirklich den Verstand verlieren, wenn ihr euch so sehr in andere Leben vertieft. Darum sagen wir: Kümmert euch nicht um andere Leben. Welche Ängste ihr auch immer habt – sie werden auf euch zukommen. Wir sagen auch: Indem ihr annehmt, transmutiert ihr. Indem ihr in eurem Wesen einen Ausgleich schafft, bewirkt ihr auch eine Veränderung in allen anderen Leben. Das ist das Wunder, das dann geschieht.

Wir gönnen uns jetzt eine Pause, ihr Lieben. Es kommt nicht oft vor, dass wir euch so erstaunt sehen – was in Ordnung ist, nicht wahr? Es sei uns gegönnt, einmal zu lachen, hm? Sex ist nicht so seriös, obschon sich bei den meisten von euch in diesem Leben alles darum dreht, und obwohl er euch viel Kummer bereitet. Wir werden eine Pause machen. Ihr könnt eure Körper und euren großartigen Intellekt erfrischen und über neue Fragen nachdenken. So sei es.

(Nach der Pause)

F: *P'taah, als du vorhin ein sexuelles Zusammenkommen erwähntest, hatte ich das Gefühl, du meinst möglicherweise, dass wir dabei nicht unbedingt eine Paarung im Auge haben müssen.*

P'taah: In der Tat. Ein Ausdruck der Sexualität – man könnte es auch so ausdrücken – würde Sinnlichkeit einschließen. Sexualität ist tatsächlich viel mehr als nur Paarung.

F: *Dann ist es genauso okay, sich mit jemandem zu paaren wie es nicht zu tun?*

P'taah: Oh, aber natürlich.

F: *Dann haben wir also mit den Menschen, mit denen wir in Beziehung stehen, indem wir miteinander sprechen, uns berühren, aneinander denken und füreinander empfinden, einen sexuellen Austausch? Wenn es wichtig ist, dass man zu sich selbst eine Liebesbeziehung hat, ist es dann auch wichtig, eine sexuelle Beziehung zu sich selbst zu haben?*

P'taah: Absolut. Schau, deine Sexualität unterscheidet sich nicht von irgendeinem anderen Aspekt deines Wesens. Wenn du also keine erfüllte Beziehung zu deinem Selbst hast, wie kannst du dann eine gute sexuelle oder andere Art der Beziehung haben?

F: *P'taah, wie würde eine höhere Zivilisation, zum Beispiel die Leute von den Plejaden, verglichen mit uns Erdenmenschen mit ihrer Sexualität umgehen?*

P'taah: Nun, es ist wie mit allen anderen Aspekten. Humanoide Wesen, die sich sexuell ausdrücken, tun dies ganzheitlich, so wie sie auch ihr normales tägliches Leben auf eine ganzheitliche Weise leben. Verstehst du? Wenn ihr Menschen, ihr alle, die ganze Vielfalt eures Wesens ausdrückt, euer ganzheitliches Sein, dann spiegelt sich dies in allen Bereichen wider. Eure Sexualität ist davon nur ein kleiner Teil. Worum wir euch nun in dieser Diskussion bitten, ist Folgendes: Betrachtet eingehend die Ängste und die Werturteile, die euch davon abhalten, eure Sexualität in ihrer ganzen Fülle auszuleben. Wozu benutzt ihr die Sexualität? Als ein Machtinstrument? Zum Manipulieren? Wie sieht es mit eurer Sexualität aus? Wie sieht es mit eurer eigenen Unsicherheit aus, mit eurer Eifersucht, eurem Besitzdenken, euren Schuld- und Schamgefühlen? Wo vermisst ihr die Freude? Wie in allen anderen Bereichen kann die Sexualität eine Sache der Spontaneität, der Freude und des Lachens sein, wenn sie ehrlich aus dem Herzen kommt. Das ist es also, worum wir euch bitten: es euch genauer anzuschauen.

F: *Könntest du sexuelle Loyalität zwischen zwei Menschen, die sich selbst als eine spezielle Einheit betrachten, ein bisschen beleuchten?*
P'taah: In der Ehe oder einer der Ehe verwandten Beziehung, wo zwei Leute sich zusammengefunden und sich Treue geschworen haben, bleibt die Treue häufig wegen Schuld- und Pflichtgefühlen erhalten. Wir haben schon darüber geredet, wie Pflichten zur Last werden und wie es zu Ressentiments kommt. Also, was wir wirklich meinen, ist, dass eine Beziehung, die von Herzen kommt, auch Freude macht. Wenn die Beziehung zu einer problematischen Fessel wird und das Herz nicht mehr wirklich dabei ist, dann spiegelt sich dies in allen Bereichen wider – nicht nur in der Sexualität. Was ich aber sagen will, ist: Schaut, *wie* ihr mit eurer Sexualität umgeht. Wird sie als angenehme Ablenkung vor Langeweile benutzt? Als etwas Aufregendes, weil euer Leben sonst nicht mehr aufregend wäre? Benutzt ihr sie, weil ihr unsicher seid, wie attraktiv ihr noch wirkt? Ob ihr es noch wert seid, von jemand anderem bemerkt, geliebt und begehrt zu werden? Seht ihr, was ich meine? Dann ist sie nicht wirklich ein Ausdruck der Freude, des Herzens. Sie gründet sich auf Angst. Deshalb sagen wir: Schaut euch das *Warum*, immer das *Warum* an. Und seht, es gibt keine Einschränkung, wie viele Leute ihr lieben dürft. Erkennt ihr, wie viele Streitpunkte dem Thema Sexualität zugrundeliegen? Eine wirkliche Bindung zwischen zwei Menschen hat nichts mit Pflicht zu tun. Wenn sie wirklich ein ausgeglichenes Selbst

haben, dann gibt es keine Eifersucht. Und keine Person kann eine andere besitzen. Wenn ihr besitzergreifend seid, dann nur, weil ihr Angst habt zu verlieren, versteht ihr das? Wir wollen damit nicht andeuten, dass die Menschheit jetzt alles fallen lassen und losrennen soll, um alle möglichen sexuellen Erlebnisse, mit wem und wie auch immer zu haben. Wir bitten euch, eure sexuellen Gewohnheiten anzuschauen. Was macht euch keine Freude, wo fühlt ihr euch nicht erfüllt, weil ihr nicht erkennt, wer ihr seid. Beantwortet das irgendwie deine Frage, Geliebter?

F: *Ja, danke dir.*

P'taah: Wir finden es ein bisschen unrealistisch, wenn ihr jemandem gelobt, ihn bis zum Tode zu lieben, wenn ihr euch nicht einmal selbst lieben könnt im Leben. Was ihr alle eigentlich tut: Ihr *un*liebt euch zu Tode. Also müsst ihr eure Sexualität annehmen und sie zum Licht eures ganzheitlichen Seins führen. Wir reden hier von einem Ausgleich. Wir reden von einer *ausgeglichenen, männlich-weiblichen Energie* in euch und außerhalb von euch. Wir bitten euch, die Spiele, die ihr spielt, genauer anzusehen. Sie sind in Ordnung – wirklich, sie sind in Ordnung. Sie haben ihre Gültigkeit, weil sie existieren. Aber es ist nicht unbedingt die Art und Weise, die euch am meisten Freude bereitet.

Fragen?

F: *Wenn Schwüre ausgetauscht werden und dabei ein Gefühl des Eingeengt-Seins aufkommt – sollte das ein Zeichen sein, dass etwas nicht stimmt?*

P'taah: In der Tat. Doch meistens, Geliebte, musst du nicht außen danach suchen, was dich einengt, sondern in dir drinnen. Denn du weißt ja, *es gibt nur eine Sache, die dich einengen kann, und das bist du*. Wenn du dich in der Beziehung zu jemandem eingeschränkt fühlst, musst du die Einschränkungen in dir selbst suchen, denn es ist eine Co-Kreation. Wenn du dann eine befriedigende Lösung gefunden und klar erkannt hast, was es ist, und dich die Beziehung immer noch nicht befriedigt, dann kannst du zu ihm sagen: »Geliebter, die Zeit ist gekommen, dass wir uns trennen«, oder: »Es ist Zeit, dass du dir Gedanken machst, wie es mit uns steht.« Verstehst du? Es ausdiskutieren, miteinander kommunizieren, damit ihr Klarheit erlangt, damit ihr die Verantwortung übernehmen könnt. Mit dem Wissen, dass ihr euch diese Situation erschaffen habt. Und wenn du dir jemanden in dein Leben kreiert hast, der dich einschränkt, dann sei gewiss, dass du dir ein Spiegelbild in dein Leben geholt hast, um dir zu zeigen, wie begrenzt du bist. Du musst auch wis-

sen, dass, wenn du ausgeglichen bist, du niemanden in dein Leben ziehst, der dir eine Begrenzung widerspiegelt. Ist das klar?
F: Ja.

F: *Ich habe zurzeit keinen Partner, und ich fühle, dass meine Arbeit oder ich selbst meine weibliche und männliche Seite ausgleicht. Denn fast mein ganzes Leben hat die weibliche Seite dominiert; ich hatte nicht genug Durchsetzungsvermögen. In meiner letzten Beziehung habe ich gelernt, meine Gefühle mehr durchzusetzen. Nun meine Frage: Ich bin mit mir selbst zufrieden. Könnte dies der Grund sein, warum ich zurzeit keinen Partner habe, oder bereite ich mich nur für den Richtigen vor, der da kommen mag?*

P'taah: Meine Liebe, der Richtige, der vorbeikommen wird, bist du. Doch leben in diesen Zeiten viele Leute in keinerlei Beziehung. Das ist ganz natürlich, denn ihr seid damit beschäftigt herauszufinden, wer ihr seid. Ihr habt einfach nicht die Zeit – und das ist in Ordnung. Nun, das geschieht auf mehreren Ebenen. Da sind natürlich jene Menschen, die Angst vor einer Beziehung haben. Und jene im fortgeschrittenen Alter, die eine oder mehrere Beziehungen hatten und jetzt entschieden haben, dass die Entdeckung des Selbst – und die sogenannte New Age-Bewegung – eine ganz gute Entschuldigung ist, sich in einer Beziehung nicht mehr zu engagieren, *weil sie nicht mehr verletzt werden wollen.* Dann gibt es andere, die umherrennen und sich einen Partner suchen und keinen finden. Und erinnert euch: Je verzweifelter ihr sucht, umso weniger werdet ihr finden. Denn – tatsächlich – es ist ein Spiegelbild davon, wie es in euch drinnen aussieht. Man muss es geschehen lassen.

Nun, diese weibliche Energie bedeutet geschehen lassen. Ihr müsst auch verstehen, müsst euch einfach nur gewiss sein, dass euch das begegnen wird, was ihr benötigt. *Ohne dass ihr etwas tun müsst,* werdet ihr ein wunderbares Leben kreieren. Einfach mit der Gewissheit, dass alles, *alles,* was ihr für euer Wachstum braucht – die Freude, die Zufriedenheit und auch *jene Lektionen, die ihr euch nicht wirklich wünscht* –, dann auf euch zukommen wird, wenn die Zeit dafür reif ist.

F: *Gibt es im Universum andere Personen oder Wesen, die eine Sexualität wie wir auf diesem Planeten haben?*

P'taah: In der Tat. Viele, viele humanoide Wesen, viele. Nun, es gibt einige humanoide Wesen, die die Sexualität nicht in eurem Sinne der Fortpflanzung praktizieren. Es gibt solche, die ihre Sexualität auf eine leicht unterschiedliche Weise ausdrücken. Wir meinen damit nicht, dass sie all die Bewegungen nicht kennen, sondern nur, dass sie eine Art größeren Energieaustausch haben. Und vergesst nicht, ihr Lieben: Sexualität zwischen zwei Menschen – egal welchen Geschlechts – ist ein *Energieaustausch*. Und wie ich schon gesagt habe: Versucht euch vorzustellen, wie es aussehen würde, wenn ihr dieses Licht der Energien sehen könntet, das ihr kreiert, nicht nur in der Sexualität, auch wenn ihr euch zum Beispiel stark ärgert. Wir wollen damit sagen, dass ihr immer dann, wenn starke Gefühle beteiligt sind, ein unbeschreibliches Feuerwerk in Gang setzt.

F: *In der Aura?*

P'taah: Genau, doch wenn du an Aura denkst, Geliebter, dann denkst du an weiche Lichter um dich herum. Wir reden von großen Funken – ja gar von Raketen. Es gibt viele Rassen von Menschen, humanoiden, in anderen Teilen des Multiversums, ja es gibt sogar eine Spezies von humanoiden Wesen, die im Innern eures Planeten lebt und die ihr normalerweise nicht sehen könnt. Wir reden von der großartigen Rasse der Menschen, die die sogenannte innere Erde bewohnen. Sie leben in einem anderen Raum-Zeit-Kontinuum, einer anderen Dimension der Realität.

(Ein Hörer erkundigt sich nach der Sexualität der Menschen der inneren Erde:)

F: *Ist das sexuelle Gebaren der Menschen der inneren Erde, also ihr Verständnis der Sexualität, mit unserem vergleichbar, obwohl sie sich auf einer ätherischen Ebene befinden?*

P'taah: Hm, also, wir haben nicht gesagt, dass sie sich auf einer ätherischen Ebene befinden, Geliebter.

F: *So sag uns doch bitte, wo und was sie sind.*

P'taah: Wir haben gesagt, dass sie die Menschen der inneren Erde sind und sich ganz einfach nicht in dieser Dimension der Realität befinden. Wie auch immer, deren Dimension der Realität ist genauso nichtätherisch wie die eure. Aber sie sind sich ihres ätherischen Wesens sicherlich bewusster, als ihr es seid. Es ist eine großartige, wundervolle Zivilisation, viel älter als die Geschichte der Menschheit. Wir reden jetzt nicht von der Vorgeschichte eures Planeten, wir meinen die Geschichte eurer Zeit. Eine große Zivilisation, technologisch sehr fortgeschritten, die mit den Sternenwesen, sowohl physisch wie mental, immer in Kontakt steht. Ähnlich wie die Menschen von anderen Welten reisen sie von Galaxis zu Galaxis *innerhalb der Dimensionen*. Seht, oft, wenn ihr an Dimensionen der Realität denkt, denkt ihr in eine vertikale Richtung. Ihr

denkt von euch als die Armen, die niedere Menschheit der dritten Dichte, die Untersten vom Haufen. Ist es nicht so?
(Erheitert pflichten die Zuhörer bei.)
Genau, das nennt man *minderwertig sein*. Diese anderen harmonischen Schwingungen haben eine gültige Realität, eine physikalische Realität wie die eure. Sie hat eine andere Schwingung und seht, wenn wir eine ›höhere Schwingung‹ sagen, meinen wir das im wissenschaftlichen Sinne. Nicht, dass sie auf einer höheren Echelon[10] wären. Es gibt natürlich viele, die mehr technologische Kenntnisse besitzen. Und sie haben dieses Mehrwissen natürlich deshalb, weil sie verstehen, wie das Menschsein, wie die Universen und wie das Licht funktioniert. Das macht sie nicht größer als euch, denn in Wahrheit, ihr Lieben, gibt es keinen Rangunterschied. Alles ist göttlicher Ausdruck, es ist nur verschieden. Könntet ihr sagen, was wertvoller ist, die Orchidee oder das Gänseblümchen oder die Rose? Tatsächlich mögt ihr das eine vorziehen. Aber wenn ihr in dem Teil der Welt lebt, wo großartige Orchideen wie Unkraut wachsen, dann zieht ihr oft die Rose vor. Und wenn ihr auf dem Europäischen Kontinent wohnt, wo die Orchidee als exotisch gilt, würdet ihr sie wahrscheinlich viel spezieller finden, als die Rose, die dort häufig wächst. Jedoch ist alles, alles ein Ausdruck des Göttlichen. Die Energie der Urquelle, das <u>ALLES, WAS IST,</u> urteilt nicht. Es <u>IST</u> einfach.

F: *P'taah, gibt es einen Weg, um diese anderen Raum-Zeit-Kontinuen zu besuchen?*
P'taah: Geliebter, es gibt verschiedene Wege. Und auf eine Weise tust du das bereits schon, du erinnerst dich nur nicht bewusst daran. Nun, wir würden es so ausdrücken: Sie bewusst zu besuchen, dafür ist die Zeit noch nicht reif. Sie wird aber bald kommen. Lieber, das ist es, worüber wir mit euch sprechen. Wenn sich das Bewusstsein der Menschen ausweitet, wenn ihr mehr und mehr erkennt, wer ihr seid, wenn ihr mehr und mehr gewähren lassen könnt, wenn ihr anerkennen und annehmen könnt, wer ihr seid, dann werdet ihr wirklich die Resonanz der gesamten Menschheit verändern sowie die eures derzeitigen Planeten – und so kommt ihr in Gleichklang mit den anderen Veränderungen, den galaktischen Veränderungen, den zyklischen Veränderungen, die im Multiversum geschehen und von denen wir euch erzählt haben. Wenn

---

10 Aus dem Französischen, vom lateinischen Wort scala abgeleitet. Bedeutet so viel wie Stufe in einem hierarchischen Sinne.

diese Veränderungen eintreten, werdet ihr mit eurem Bewusstsein sowohl physisch wie auch ohne euren Körper durch die Zeit reisen. Außerhalb von dem, was ihr als Zeit und Raum versteht, werdet ihr durch Universen und Galaxien streifen.

F: *Ich fühle, dass das, was du gerade sagtest, möglich ist. Ich fühle es – in mir drin. Und doch scheint das nicht so weit entfernt.*

P'taah: In der Tat. Doch sieh, irgendwie ist es weit entfernt, weil du das nicht bewusst erlebt hast – noch nicht. Und so geht es dir wie einem Kind, das weiß, es darf das erste Mal in den Zirkus gehen. Es zählt die Tage und freut sich darauf, dass es wundervoll und aufregend wird. Doch es hat noch keine Bilder davon gesehen, nur Geschichten gehört und kann sich nicht wirklich vorstellen, wie alles verläuft. Doch wegen der Aufregung und der Erwartungen scheint es so lange zu dauern. Doch schau, Geliebter, andererseits sagst du, die Zeit ginge so schnell, dass ihr euch alle in ›Warp‹-Geschwindigkeit befindet, ihr alle. Und ihr erzählt einander mit einem Kopfschütteln: »Es ist schon außergewöhnlich, wie die Tage so schnell vergehen. Man hat zu nichts mehr Zeit.« Auf eine Weise ist es also wie mit dem Zirkus. Es ist die Sehnsucht; und ihr fragt euch, ob es je dazu kommen wird oder ob gar ein Unglück geschieht, oder das Fahrzeug nicht anspringt, ober ob der Vater ärgerlich sein wird und ihr nie dorthin gehen könnt, hm?

F: *Bringt uns diese Sehnsucht schneller dorthin?*

P'taah: Geliebter, alles kommt zur richtigen Zeit. Du kannst das, was bereits ›aufgetakelt‹ ist, wenn man so sagen will, nicht beschleunigen. Alles braucht seine Zeit. Wir dürfen aber sagen: Es ist auf dem Weg.

F: *Also gewähren lassen?*

P'taah: Genau.

(Eine Zuhörerin sucht nach genaueren Erklärungen zum Thema sexuelle Krankheiten:)

F: Zurück zur Sexualität, P'taah.

P'taah: Gerne, Geliebte.

F: *Nur damit es klarer wird: Wenn wir in Freude und aus dem Herzen handeln, dann braucht man keine Angst zu haben, eine sexuelle Krankheit ›aufzulesen‹?*

P'taah: Wir sprechen jetzt über <u>AIDS</u>, denn dies verursacht eine der größten Ängste von heute. Nun, du weißt, dass dies alles auf verschiedenen Ebenen abläuft. Natürlich, wenn du aus Freude und aus dem Herzen handelst, dann hast du eine wundervolle Resonanz. Doch man muss immer den zugrundeliegenden Glauben, den Kern der Sache, erkennen. Wenn keine Schuldgefühle vorhanden sind, keine Spur des Unwert-Seins und die Freude wirklich aus dem Herzen kommt – meine Liebe, wie kannst du dann nur ein Unwohl-Sein herbeiführen? Nun, wir haben uns darüber schon geäußert, doch wir würden gerne dazu einen weiteren Punkt erläutern: Wenn sich Kinder auf eurem Planeten diese Krankheit durch eine Bluttransfusion zugezogen haben, entweder im vorgeburtlichen Stadium oder in der frühen Kindheit, dann könntet ihr wirklich sagen: »Also dieses Kind hat keine Schuldgefühle und so weiter und so fort ...« Ihr Lieben, wir möchten euch dann daran erinnern, dass ihr Leben um Leben *wegen der Erfahrung* auf diesen Planeten kommt. Und nichts ist in Stein gemeißelt. Ihr könnt alles, gemäß eurem Glauben, ändern. Es ist äußerst wichtig, dass ihr das versteht!

(P'taah schaut eine kleine Weile auf den erleuchteten Erdglobus im Raum und bemerkt:) Das ist keine wahre Wiedergabe, weißt du das? Sie hat eine falsche Form. Eure Erde ist nicht rund wie eine Orange.

(Eine andere Dame drückt Ihre Dankbarkeit aus.)

F: *P'taah, ich möchte sagen, dass ich während dieser Treffen unter uns allen eine große Einheit gespürt habe. Ich fühle ganz stark, dass du wie eine Energiepyramide hilfst, uns auf die Dinge zu konzentrieren, die wir lernen müssen. Du hilfst uns sehr, sehr viel. Ich spüre das ganz stark, ich danke dir.*

P'taah: Geliebte, es ist mir eine Freude. Und genau so, wie du es dir vorstellst, so ist es auch. Auf eine Weise benutzt ihr diese Energie, wenn ihr so wollt, wie einen Kanal. Und wenn ihr wünscht, dann könnt ihr wirklich alle Fragen zur Klärung äußern – darum sind wir hier. Indem ihr dies unter euch oder mit dieser Energie in diesem Kurs tut, erschafft ihr etwas ganz Wundervolles.

F: *Als ich neulich einen kleinen Ausflug aufs Land machte, wusste ich nicht genau, wie du diese Welt siehst, wenn du sie nur durch die Augen eines Vermittlers betrachtest. Ich wollte nur so gerne die Schönheit dieses Landes mit dir teilen, was ich dann auch bei verschiedenen Gelegenheiten versuchte. Kannst du – kann ich etwas mit dir teilen, indem ich es so mache?*

P'taah: Aber sicher. Wir haben es schon gesagt, Geliebte, genau so ist es, indem du nach der Energie rufst. Und das weißt du doch.

F: *Betreffend Sexualität und Sinnlichkeit: Wie können wir unsere Kinder freie Gefühle lehren, während wir selbst mit unseren Begrenzungen kämpfen?*

P'taah: Vielleicht, Geliebte, sind es die Kinder, die die Eltern lehren. Man nennt es gewähren lassen. Erlaubt den Kindern, sich natürlich auszudrücken. Dann können sie euch viele Dinge lehren – nicht nur über die Sexualität. Kinder sind sehr sexuelle kleine Wesen. Sie werden euch viele wundervolle Dinge lehren, in den kommenden Jahren immer mehr und mehr. *Weil wahrhaftig viele, viele derzeitig geborene Kinder strahlende Lichter sind, gekommen, um der Menschheit bei diesem Übergang zu helfen.*

F: *P'taah. Wenn dieser Übergang stattgefunden hat, wird die Sexualität dann immer noch gleich sein oder wird sie mit diesem Wechsel fortgeschrittener werden?*

P'taah: Sie wird sich verändern – alle Dinge, alle Ausdrucksweisen werden sich verändern.

F: *Gut – und ist das dann die vierte Dimension?*

P'taah: Geliebte, es spielt keine Rolle, wie man es nennt. Wir sagen vierte Dimension, einige nennen es fünfte Dimension. Doch da ihr keine andere Dimension als diese kennt, spielt es keine Rolle, welchen Namen wir ihr geben. Wir wollen uns nicht an einem Namen aufhängen.

F: *P'taah, mir scheint, als wären gewisse Glaubensstrukturen ganz tief in unserer menschlichen Gesellschaft verwurzelt. Wenn wir sie jetzt wirklich ändern wollen, wie sollen wir das tun?*

P'taah: Geliebter, allem voran musst du sie identifizieren. Denn die Glaubensstrukturen, die euch am meisten Probleme machen, sind jene, von denen ihr nicht wisst, dass ihr sie habt. Schau, es ist ziemlich einfach, einen Glauben zu erkennen, wenn du sagst: »Ich glaube, dass in der Regierung nur Dummköpfe sind«, oder: »Ich glaube, der Himmel ist blau.« Wir reden aber von Situationen, in denen du emotional reagierst. Dann musst du genauer hinsehen und dich fragen: Was steckt hinter dieser Reaktion, was ist die zugrundeliegende Angst? Auf diese Weise entdeckst du Glaubensstrukturen, von denen du nicht wusstest, dass du sie hast und auch Glaubensstrukturen, von denen du intellektuell weißt, dass sie dir nicht helfen. Sie sind wie Gepäck, das du mit dir herumträgst. Verstehst du? Ist ein Glaube einmal erkannt, ist es ganz einfach, denn du kannst ihn kritisch betrachten und dir sagen: »Dieser Glaube, den ich mit mir herumtrage, dient mir nicht mehr.« Wenn du ihn dann *annimmst*, bewirkst du eine Veränderung. Häufig verändert die Intellektualisierung alleine nichts, aber es ist der erste Schritt dazu. Wenn du *den Glauben* erkennst, dann kannst du sagen: »Nun, es ist verrückt«, hm? Dann kommst du zur Erkenntnis, zur Akzeptanz, zum Annehmen und stellst fest: »Dieser Glaube ist schon in Ordnung, aber jetzt ist Zeit für eine Veränderung.« Und dann muss man die Veränderung ganz ruhig geschehen lassen. Es wird dich überraschen, von wie vielen Glaubensstrukturen du denkst, dass sie etwas mit der sozialen Struktur zu tun haben, obwohl das nicht der Fall ist. Sie haben etwas mit deinem Gefühl der Minderwertigkeit zu tun. Für eine Glaubensstruktur ist es ziemlich einfach, sich an eine Grundangst zu klammern, und da bleibt sie dann auch. So findet dein bewusstes Denken eine Rechtfertigung, verstehst du?

F: *Ich glaube ja. Aber ich denke, ich werde es später mithilfe des Manuskripts rekapitulieren.*

P'taah: Sehr gut. Wünscht irgendjemand, dass wir mehr darüber sprechen? Versteht ihr das alle? Sehr gut. Es kommen in deinem Leben Situationen auf, in denen du emotional reagierst, sagen wir mit Ärger. Wir reden jetzt über Sexualität. Du kommst also gerade nach Hause und findest deinen Liebsten in den Armen einer anderen. Du wirst sehr wütend, wirfst mit einer Tortenplatte, stürmst aus dem Haus, setzt dich in dein Fahrzeug und fährst zu deiner Mutter. Nun wird deine Mutter sagen: »Was für ein Bastard.« Dann erwiderst du: »Ja, aber ich tat etwas Furchtbares: Ich warf mit einer Tortenplatte, und ich habe geschrien!« Und deine Mutter wird entgegnen: »Aber meine Liebe, das ist absolut gerechtfertigt. Ich hätte ihm die Tortenplatte an den Kopf geworfen.« Also bist du beruhigt. Und dann sagen auch noch deine Freunde: »O Mann, was für ein Schwein.« Doch siehst du, Liebes, damit wollen wir ausdrücken, dass hier der Grundton Verlassenheit, Verrat heißt – was Angst bedeutet. Die Angst, nicht zu genügen, sodass dein Geliebter sich jemand anderem zuwendet. Man nennt sie Eifersucht, die Angst, nicht zu genügen. Man nennt sie besitzergreifend sein, die Angst, nichts zu besitzen. Verstehst du? Wenn also eine Reaktion in eine soziale Struktur passt, hast du oft nicht das Gefühl, du müsstest zu deinem Glauben vordringen. Wenn du die Angst sogleich transmutieren würdest, müsstest du nie mehr mit einer solchen Situation umgehen. Ihr Lieben, ihr müsst euch immer daran erinnern, *dass alles, was nicht Liebe ist, ein Ausdruck der Angst ist*, die transmutiert werden kann. Im selben Sinne ist es nicht nötig, intellektuell zu erkennen, was es ist. Es genügt zu sagen: »So fühle ich mich, oder fühle ich mich *nicht*, es schmerzt mich wahrhaftig, ich übernehme die Verantwortung, gleiche mein Werturteil aus, nehme meinen Kopf unter den Arm und fühle das Gefühl.« Doch seht, ihr seid intellektuelle Geschöpfe und wollt in eurem Universum Ordnung haben. Ihr wollt verstehen, wie dies alles funktioniert. Aber all diese Worte, die wir sprechen, könnten auf ein Minimum beschränkt werden. Wir erzählen euch nichts, was ihr nicht schon wisst, denn in Wahrheit wisst ihr das alles. Wir brauchen nur zu sagen, dass alles um euch herum ein Ausdruck des Göttlichen ist. Und wenn es euch schmerzt, fühlt das Gefühl. *(P'taah wendet sich zum Schreiber und bemerkt:)* Doch damit könnte man kein Manuskript schreiben.

(Ein Mann, der diese Treffen unregelmäßig besucht:)
F: *Könntest du dieses »fühle das Gefühl« etwas genauer erklären? Das ist mir nicht ganz klar.*
P'taah: *(im Spaß)*: Das kommt davon, weil du nicht immer herkommst, Geliebter. Doch schau, es spielt keine Rolle, wie oft wir dies alles sagen. Du hast das nur ausgesprochen, weil es vielen hier guttut, es nochmals zu hören. Die Menschheit versteht nicht viel von Gefühlen. Und Schmerz ist *kein* Gefühl, sondern Widerstand gegen das Gefühl. Wenn du Freude hast – das ist ein Gefühl. Das Werturteil ausgleichen heißt nur, das, was du bist, anzuerkennen und zu akzeptieren, dass du dein Wesen annimmst, und *das schafft automatisch den Ausgleich.* Verstehst du das? ... Nicht ganz! ... Schmerz wird durch das Verurteilen geschaffen, *doch du verurteilst das Verurteilen.* Lassen wir einmal alles andere beiseite. Wenn du etwas verurteilst, dann wird das Schmerz hervorrufen. Wir sprechen ganz spezifische Situationen deines Lebens an. Um diesen Widerstand, den Schmerz loszulassen, ist es nötig, das Werturteil zu nullifizieren.

F: *Du meinst also zu akzeptieren: Ja, ich urteile über diese Person, sie tue etwas Falsches, und es ist in Ordnung, dass ich über sie so urteile. Wie werde ich dann jemals dieses Verurteilen los?*
P'taah: Geliebter, wir wollen damit sagen, dass du davon nie loskommst, wenn du das Verurteilen als falsch betrachtest. Denn was auch immer es ist, dem du widerstehen willst, was auch immer du abwertest, was auch immer du versuchst, von dir zu stoßen, das ermächtigst du – und *das Universum, das nicht urteilt, wird das, was du ermächtigst, hervorbringen.* Der einzige Weg, um eine Veränderung herbeizuführen, ist zu sagen: »Ich wünsche eine Veränderung, ich habe erkannt, dass das Verurteilen von mir selbst, von der Situation und von den beteiligten Leuten seine Gültigkeit hat. Es ist Teil meines menschlichen Seins; und mein menschliches Sein ist göttlicher Ausdruck. Doch jetzt wünsche ich,

dass sich das ändert.« Dann muss man die Werturteile zusammenfassen und mit Liebe und Mitgefühl seinem Selbst zuführen. Auf diese Weise ist das Werturteil ausgeglichen; das bewirkt ein Loslösen der Klauen, des Widerstands, des Schmerzes. Dann sind die Energiechakras geöffnet, und so findet das Gefühl seinen Weg zum Herzen und wird zur Ekstase. Ist es klarer jetzt? Was immer es ist, was du in deinem Leben ins Reine bringen möchtest, du musst nur ein Gleichgewicht finden, neutral werden, wenn du so willst. Schau, du magst großen Schmerz empfinden, du magst diesem Schmerz mit Wut, Tränen oder Ärger Ausdruck verschaffen oder ihn auch ganz unterdrücken. Aber das Gleichgewicht erreichst du nur, wenn du deine Werturteile ausgleichst, verstehst du? Damit bewirkst du eine Veränderung.

F: *Also muss ich im Grunde nur jedermann akzeptieren, egal, auf welchem Wege er ist, ohne ihn zu verurteilen – ja, es ist jetzt klarer.*

P'taah: Die Wege von anderen Leuten gehen dich nichts an. Was irgendjemand anderer von dir denkt, geht dich nichts an. Was dich etwas angeht, bist du, dein <u>SELBST</u>. Wenn du die Liebe, das Mitgefühl, die Akzeptanz und die Anerkennung deiner eigenen Göttlichkeit erlangt hast, wie sollst du dann nicht ebenso mit anderen Menschen sein?

Wir werden noch eine Frage mehr beantworten.

F: *Im Hinblick auf das, was du gerade gesagt hast, habe ich mit diesem Ausgleichen gearbeitet. Ich möchte von dir nur wissen, ob dies das Gleiche ist wie das, was du gerade sagtest. Ich nehme diese Position ein (die Sprecherin nimmt eine meditative Position ein) und gehe in das Gefühl hinein, das gerade eine Disharmonie verursacht hat. Ich richte einfach meine Aufmerksamkeit auf die Situation, gehe in das Gefühl hinein und verändere dann das Bild mit meinen Gedanken ins Positive, so wie ich es gerne hätte.*

P'taah: Meine Liebe, das ist wirklich absolut gültig. Aber das ist keine Transmutation. Denn Transmutation kann man nicht *tun*. Du kannst es nicht *tun* – du kannst es nur *gewähren lassen*!

F: *Du meinst also, ich vergeude damit nur meine Zeit?*

P'taah: Liebes, wir sagen nicht, dass du damit deine Zeit vergeudest. Es ist wundervoll, dass du in Gedanken Bilder für ein positives Sein hervorbringen kannst. Das wird dir bestimmt viel Erleichterung verschaffen. Wir wollen damit nur sagen, *dass das Einzige, was wirklich eine Veränderung bewirkt, das Annehmen ist*. Was du abwertest, das ermächtigst du. Schau, wir wiederholen es noch einmal: Das Universum wertet nicht. Es gibt kein Gut oder Schlecht, es gibt kein Richtig oder Falsch – es <u>IST</u>

einfach. Wenn du also eine Veränderung bewirken willst, kannst du auf alle Fälle ein Gedankenbild schaffen, wie du es gerne haben möchtest. Natürlich ist es auch so, dass Gedanken Realität erschaffen. Doch wir reden hier von Grundlegendem, und Transmutation ist etwas Grundlegendes. Denn das ist das wahre Wunder. Doch du warst nicht hier, als wir über Transmutation gesprochen haben. Wir werden es jetzt nicht noch einmal diskutieren, denn es wird wirklich Zeit, dieses Treffen zu beenden. Wir werden auch in den nächsten Treffen nicht wieder davon reden, denn diese Ausführungen sind im Manuskript enthalten. Du wirst, wie auch immer, die Möglichkeit haben, davon zu hören und darüber zu reden. Wir wünschen uns nur, dass du es weißt. Aber sorge dich nicht, keiner hier weiß es wirklich. *(Gelächter)*

Aber das wird sich jetzt ändern; und ihr alle werdet es wissen. Ihr werdet es mit dem Herzen wissen, jeder Einzelne von euch, wie man die Blume erschafft, und, in der Blüte drin, das Juwel. Und das Juwel ist wahrhaftig das Wissen über eure eigene Göttlichkeit, die Gewissheit, ihr seid <u>DER GOTT, DER ICH BIN</u>. So wird es sein für euch. *(P'taah dankt jetzt dem Gastgeber.)*

Ich danke dir, Lieber.

F: *Ich danke Dir, P'taah.*

P'taah: Hm, in der Tat. *(Und zur Gastgeberin:)* Unser Dank, Geliebte. *(Zu allen anderen:)* Unser Dank, wirklich, an euch alle. Das war ziemlich fesselnd, nicht? *(Das Publikum pflichtet herzlich bei.)*

Wir haben uns gedacht, dass es das sein könnte. *(P'taah sagt nun mit größter Zärtlichkeit:)* Ich liebe euch alle so sehr.

(Eine Zuhörerin:)

F: *Wir lieben dich auch.*

P'taah *(beinahe flüsternd)*: Das weiß ich doch, geliebte Frau.

Und ihr gebt ein wunderschönes Bild ab. Ich wünsche mir wirklich, ihr könntet in diesem Moment alle sehen, wie wunderschön ihr seid. Unsere Liebe und unseren Dank an euch, ihr Lieben. Guten Abend.

SIEBTE ÜBERMITTLUNG

P'taah: Guten Abend, ihr Lieben.
Publikum: *Guten Abend, P'taah.*
P'taah: Nun, es ist ein riesiges Vergnügen, euch alle hier zu sehen, euch alle. Ihr Lieben seid in der Tat auf einer großen Reise. Seid alle willkommen an diesem Ort. *(Er wendet sich an einen neuen Teilnehmer.)* Und du, Geliebter, wie geht es dir?
F: *Sehr gut, danke.*
P'taah: Es macht uns glücklich, dass du zu diesem wundervollen Ort mit dieser heilenden Energie und dieser großartigen Güte gekommen bist. Hier findest du auch in dir selbst die Gewissheit, dass du mit dem, was du bist, sanft umgehen sollst und dass du somit den Schmerz heilst. Du brauchst nichts zu *tun*, Geliebter. Es freut uns, dass du mit deinem Körper sanft umgehst.

(P'taah bewegt sich durch die Zuhörer und wendet sich an die Tochter der Gastgeberin, eine junge Frau, die gerade von einem dreijährigen Segeltörn um die Welt zurückgekehrt ist.) Sei gegrüßt, Seefahrerin. Vom Meer kann man viele großartige Lektionen lernen, zum Beispiel, wie man mit der bewundernswerten Natur in Harmonie lebt, nicht wahr?

In der letzten Woche haben wir über die menschliche Sexualität gesprochen. Und wir wissen, dass in den Tagen dazwischen wahrlich viele von euch die Pause genutzt haben, um über die Glaubensstrukturen bezüglich eurer Sexualität nachzudenken. Ihr wisst ja, die Schuldgefühle wurden in euch hineinprogrammiert. Nicht nur seit Äonen eurer Zeit der Geschichtsschreibung, sie wurden euch auch in diesem Leben eingeflößt. Im heutigen Zeitalter der großen Möglichkeiten, der großen Freiheit, einer Zeit der Unabhängigkeit der Menschen, tragt ihr immer noch Schuldgefühle mit euch herum. Nun, viele dieser Schuldgefühle haben nichts mit Sexualität zu tun. Doch nachdem wir schon über eure Sexualität gesprochen haben, scheint es ein guter Zeitpunkt zu sein, über eure Schuldgefühle zu sprechen. Ihr wisst ja, dass Schuldgefühle in Wahrheit nur eine noch nicht gelernte Lektion sind. Bedauern ist ebenso eine noch nicht gelernte Lektion. Wir bitten euch, Folgendes zu überlegen: Wenn ihr euer Leben Revue passieren lasst, wenn ihr einen Schritt zurück macht, sodass ihr euer bisheriges Leben überblicken könnt, und wenn ihr dies mit dem intellektuellen Wissen tut, dass ihr euch auf der Seelenebene täglich Lektionen kreiert, wenn ihr wisst, dass alle Teile eures Selbst wirklich ein Ausdruck des Göttlichen sind, dass es kein Richtig oder Falsch gibt, dass alles einfach <u>IST</u>, wie könntet ihr da schuldig sein? Was müsstet ihr da bedauern? Es ist ganz einfach, nicht wahr? *Jede Situation, die in euren Leben aufkommt, jede Situation, die ihr als unharmonisch beurteilt, die euch Unglück bringt, ist da, um zu lernen.* Es gibt kein Richtig oder Falsch, ihr Lieben. Es <u>IST</u> einfach. *Wisst*, ihr seid der <u>GOTT, DER ICH BIN</u>. Ihr seid nicht die geringe Menschheit, Wesen der dritten Dichte, die um Spiritualität ringen. Ihr alle seid spirituelle Wesen, sonst wärt ihr nicht hier. Ihr seid alle, *alle*, spirituelle Wesen, die gewünscht haben, diese Dimension der Realität zu erfahren. Es ist eine mutige Wahl. Einer der Gründe, warum ihr diese Dimension der Realität gewählt habt, ist tatsächlich wegen der Intensität der Erfahrung, wegen dieser Farben, dieser Vibration. Und ihr habt jede Erfahrung in eurem Leben ausgewählt, jede Einzelne. Nun, aus dem jetzigen Zustand großen Bewusstseins, umfassender Erkenntnis und bedeutsamem Verständnisses könnt ihr auf eure Jahre zurückblicken. Und ihr mögt euch fragen: Mein Gott, wie konnte ich nur? Wie konnte ich nur so dumm sein? Wie konnte ich nur so schrecklich böse und lieblos usw., usw., sein. Wir könnten mit euch den ganzen Abend mit dem Auflisten solcher Attribute verbringen, mit denen ihr euch selbst kasteit. *Ihr Geliebten, der Grund dafür ist, dass ihr es so wolltet,* dass ihr es wegen der zu lernenden Lektion so ausgesucht habt. So einfach ist das. Also ehrlich, warum solltet ihr euch schuldig fühlen? Schuldig, weil ihr jemanden verletzt habt? Aber dieser Jemand war daran beteiligt, hat die Situation mitkreiert. Und du, Geliebter, *(P'taah schaut einen Zuhörer an.)* Wie geht es dir auf deinem Schuld-Trip?

F: *(muss lachen): Es geht mir gut.*
P'taah: Wirklich?
F: *Viele Werturteile.*
P'taah: Hm, sehr gut. *(Dann mimt er den Empörten:)* Aber doch keine Werturteile, mein Lieber! Solch ein spirituelles Wesen wie dein Selbst mit Werturteilen? Um Himmels willen!

Doch, Geliebter, jeder war daran mit fünfzig Prozent beteiligt, damit er selbst lernen kann. Und wer seid ihr, dass ihr jemanden wegen seinen eigenen Lernprozessen verurteilen könnt, ob es sich nun um euer Kind, euren Liebsten, eure Eltern oder auch nur um eine beiläufige Bekanntschaft handelt. Nun, wir waren auch mit Leuten zusammen, die sich für den plötzlichen Tod eines anderen verantwortlich fühlten, wie zum Beispiel bei einem Unfall mit einem eurer Fahrzeuge. Oder es war ein Ableben, das durch eine Krankheit des physischen Körpers verursacht wurde. *Eine solche Sache wie einen Zufall gibt es nicht.* Wenn also jemand eines eurer raffinierten Fahrzeuge fährt, einen Unfall hat und damit den Tod einer Kreatur verursacht, sei dies nun ein Mensch oder ein Tier, dann müsst ihr wissen – wirklich –, das wurde so *ausgewählt*. Also, wo bleibt hier die Schuld? Wie könnt ihr das bedauern? Ihr wärt nicht da, wo ihr euch jetzt befindet, wenn ihr nicht alle anderen Situationen in eurem Leben kreiert hättet. Wir erkennen auch, dass die meisten von euch nicht unbedingt so glücklich darüber sind, wo sie im Moment stehen. Wie auch immer: Würdet ihr es wirklich irgendwie anders wollen? Ich will euch sagen, dass ihr das nicht wollt, denn dann wäre es anders. Wir bitten euch, das nächste Mal, wenn ihr euch bei einer ernsthaften Attacke von Schuldgefühlen oder einer ernsthaften Attacke von Bedauern erwischt, an folgende Worte zu erinnern: *Ihr habt es so ausgewählt, und es gibt nichts, was falsch wäre. Es* <u>IST</u> *einfach.* Nun, haben wir dazu Fragen?

F: *P'taah, bitte erkläre, wie dieser Fifty-fifty-Mechanismus funktioniert. Zum Beispiel, wenn man sich die Situation eines Unfalls aussucht.*

P'taah: Wir sehen, du wünschst den Mechanismus der Co-Kreation zu verstehen. Ist das wirklich so schwierig? Wenn du etwas Freudiges co-kreierst, dann ist es nicht schwer zu verstehen, hm? Wie du siehst, ist es nur dein Werturteil, das einen Unterschied macht, ob es sich um einen schrecklichen oder einen vortrefflichen Umstand handelt. Es handelt sich immer um eine Lektion.

Nun wollen wir mit euch noch einmal über eure Macht sprechen. Eure physische Realität, die Realität dieser Dichte, wurde wirklich mit euren Glaubensstrukturen geschaffen. Im Geiste sendet ihr Gedanken, entsprechend euren Glaubensstrukturen aus. Der Gedanke, verbunden mit einem Gefühl, setzt sich ins Universum fort. Und seht, ihr Lieben, das Universum kennt keine Wertung. Ob ihr euch nun etwas wünscht, das ihr wundervoll findet oder etwas, das ihr als unharmonisch oder schlecht verurteilt – das Universum bewertet nicht. Es ordnet sich einfach so um, dass es zu eurem Glauben passt. Da ist also eine Person, die fährt ein Fahrzeug und glaubt vielleicht, sie wäre jemand, der anderen Schaden zufügt. Das glaubt sie nicht bewusst, hm? Und, wie ihr wisst, sind manche der mächtigsten Glaubensstrukturen jene, die euch nicht bewusst sind. Es kann auch der Wunsch sein, für etwas in der Vergangenheit zu büßen, der Wunsch nach Bestrafung für einen verursachten Schaden oder sonst etwas. Das sind alles Hypothesen, ihr Lieben. Und da ist eine andere Person, die, aus welchen Gründen auch immer, ebenfalls Bestrafung wünscht, hm? Unter diesen Umständen werden sich die zwei treffen. Und das nennt man dann Unfall. Doch auf diese Weise kreiert sich jeder das Gewünschte. Verstehst du nun, wie das vor sich geht? Genauso funktioniert es, wenn zwei Leute sich treffen und sich unerwartet verlieben. Und dann sagen sie: »Ist das nicht ungewöhnlich, ich habe das gar nicht gesucht.« Genau dort, um die Ecke im Supermarkt, haben die zwei sich in die Augen gesehen, und es war Liebe. Könnte es nicht so geschehen? Auf diese Weise haben diese zwei co-kreiert, aus welchen Gründen auch immer. Und sie werden es so lange tun, wie sie zusammenbleiben, um sich gegenseitig das zu widerspiegeln, was sie als unharmonisch verurteilen und was sie wundervoll finden. So, dass beide voneinander lernen können. Beantwortet das deine Frage, Geliebter?

F: *Ja, das tut es. Aber es führt zu einer weiteren Frage.*

P'taah: Natürlich.

F: *Du hast gerade gesagt, dass das Verbinden von Gedanken mit Gefühlen die fundamentale Kraft ist ...*

P'taah: Das ist die Antriebskraft.

F: *Okay. Ich kann mir also, mit viel Gefühl verbunden einen Lottogewinn vorstellen?*

P'taah: Genau.

F: *Und doch scheint mir das ziemlich illusorisch. Warum geschieht es dann nicht?*

P'taah: Weil du im Grunde glaubst, dass du ihn nicht verdienst.

F: *Ich glaube das nicht.*

P'taah: Glaubst du nicht, Geliebter? Weil es für dich sinnvollere Methoden gibt, zu einem Verständnis der Fülle zu gelangen.

F: Ja, das macht Sinn.

P'taah: Genau. Es ist wirklich ganz einfach. Schau, oft, wenn wir mit den Leuten über dieses Kreieren ihrer eigenen Realität reden, fragen sie: »Wo ist denn mein Überfluss?« Darüber haben wir auch schon geredet.

Was haltet ihr wirklich von Geld? Hier würden wir euch Folgendes raten: Egal, von welcher Situation in euren Leben ihr glaubt, dass sie nicht harmonisch sei – nehmt ein Papier und macht eine Liste. Auf einer Seite schreibt ihr all die Dinge auf, die ihr in dieser Situation gut findet. Auf der anderen Seite listet ihr das auf, was ihr nicht so gut findet. Das ist positiv/negativ. Ihr werdet sehr überrascht sein. Ihr könnt diese Methode auch anwenden, um herauszufinden, was ihr wirklich von euch selbst glaubt. In diesem Sinne könnt ihr all das aufschreiben, was ihr an anderen verabscheut. Ihr könnt dabei ganz persönlich vorgehen: Schreibt auf, was ihr an eurer Mutter, eurem Liebhaber oder eurem Nachbarn nicht mögt. Wenn ihr dann diese Liste aufgestellt habt, untersucht sie sorgfältig. Denn all das, was ihr an anderen nicht mögt, sind Dinge, die ihr an euch selbst verabscheut. Ihr Lieben, wir sagen es noch einmal: Weil alles außerhalb von euch einzig ein Spiegel, ein Spiegelbild eures Selbst ist. Auf diese Weise könnt ihr wirklich zum Verständnis gelangen, was für mächtige Meister ihr alle seid.

F: *Wenn ich also jemanden da draußen sehe, der etwas tut, was ich nicht mag, heißt das nicht, dass ich das selbst auch tue. Aber wenn ich es täte, würde ich es an mir nicht akzeptieren.*

P'taah: Genau. Nun, wir wollen euch auch dies noch vorschlagen: Wenn ihr außerhalb jemanden seht, den ihr als ganz grausam verurteilt, jemanden etwa, der ein Tier schlägt – würde das nicht einen gewaltigen Zorn in eurer Brust entfachen? So wäre es in der Tat! Ihr würdet dann sagen: »Das ist kein Spiegelbild meines Selbst, denn ich habe noch nie ein Tier geschlagen. Im Gegenteil, ich liebe Tiere und würde so etwas nie tun.« Wie auch immer, *wir bitten euch, einmal die Grausamkeit zu untersuchen, die ihr gegen euch selbst richtet.* Verstehst du, was ich meine?

F: *Ja.*

P'taah: Fragen?

F: *P'taah: Ich glaube, ich verstehe deine Antwort zur letzten Frage nicht. Wenn jemand grausam zu Tieren ist, wie kannst du das mit Sich-Selbst-Schlagen in Verbindung bringen?*

P'taah: Meine Liebe, es ist eigentlich die *Grausamkeit*, egal, ob jemand nun ein Kind oder die Großmutter oder den Hund schlägt. Das, was er zur Schau stellt, ist Angst. Und die zu suchende Angst zeigt sich hier in etwas, was ihr als Grausamkeit verurteilt. Nun, wir erinnern uns – nicht wahr –, wie das mit den Co-Kreationen und den zu lernenden Lektionen geht. Ihr müsst in Wirklichkeit das ansehen, was ihr als Grausamkeit verurteilt. Wenn ihr dann keine Begebenheit in eurem Leben finden könnt, wo ihr zu jemand anderem grausam wart – was uns sehr überraschen würde –, dann geht es sicherlich darum, zu erkennen, dass ihr grausam zu euch selbst seid. Denn ihr seid grausam zu euch selbst, ihr alle. Versteht ihr? Und ihr müsst auch wissen, dass sich diese Dinge auf verschiedenen Ebenen abspielen. Womit ihr im Moment beschäftigt seid, könnte man als das ›Schälen der Zwiebel‹ bezeichnen: Es offenbart sich mehr und mehr, wer ihr seid. Euch so annehmen, wie ihr seid, den <u>GOTT, DER ICH BIN</u>, mit all seinen Facetten anerkennen! *Indem ihr euch annehmt und anerkennt,* schafft ihr auch die Veränderung, die ihr euch alle so sehnlichst wünscht. Ihr verändert nichts, wenn ihr versucht, euch vor dem, was ihr seid, zu verstecken. Ihr bewirkt keine Veränderung, indem ihr gewisse Teile eures Wesens abwertet, ob ihr nun die Aspekte abwertet, die sich für euch in anderen Personen widerspiegeln, oder die Aspekte, die ihr als eure eigenen erkennt. Ihr müsst wissen: *Was auch immer ihr abwertet, das ermächtigt ihr.* Das nennt man das *universelle* <u>ICH BIN</u>. Wenn ihr also die Angst schlechtmacht, den Schmerz schlechtmacht, dann bringt ihr genau das hervor. Das Universum urteilt nicht, ihr Lieben. *Was auch immer ihr von eurem Wesen ins Universum schickt, fällt auf euch zurück.* Wir erinnern daran, dass Gedanken nicht in euren Köpfen eingeschlossen bleiben. Tatsächlich kommen sie irgendwie nicht einmal aus euren Köpfen. Darum werdet ihr auch nichts vermissen, wenn ihr euren Kopf abschraubt und unter den Arm nehmt. *(Die Zuhörer reagieren amüsiert.)*

F: *Wie bringt man denn seine Angst in Ordnung?*
P'taah: Du erkennst sie an, weil sie ist.
F: *Du anerkennst, dass du Angst vor diesem Umstand hast?*
P'taah: Genau, und du musst akzeptieren, dass der Teil, der Angst hat, ein gültiger und göttlicher Aspekt deines Wesens ist. Auf diese Weise kannst du die Angst dann annehmen, sie in das, *was* du bist, integrieren. Damit ist die Veränderung geschaffen. Wenn ihr es so macht und die Angst erkennt, wenn sie aufkommt, braucht ihr sie nicht in der physischen Realität zu erleben. Wenn ihr die Angst aber abwertet, wenn ihr sie von euch weist, sie unterdrückt oder euch vor ihr versteckt, dann ladet ihr sie mit so viel Energie auf, dass ihr *genau das* dann anziehen werdet.

F: *P'taah, dann wäre es vielleicht ein guter Weg aus dieser Misere, wenn man einen Schritt zur Seite tritt und sich selbst wie ein Zuschauer beobachtet, von der Situation losgelöst. Ist das der Weg …?*

P'taah: In der Tat, das ist *ein* Weg. Wir haben in diesem Sinne über euren Ärger gesprochen. Wir haben gesagt: Macht euren Ärger nicht schlecht – stattdessen genießt ihn. Wenn ihr dann die ganze Freude eures Wutanfalls und des zur Schau gestellten Ärgers erfahren habt, dann müsst ihr euch fragen: »Wo steckt die Angst?« Ihr müsst die Angst identifizieren. Und dann dürft ihr nicht sagen: »Mein Gott, das ist so schlimm, das müssen wir ablegen, unterdrücken usw.« Ihr müsst euch sagen: »In der Tat, das ist, was ich bin – ich bin ängstlich.« Anerkennt das, und habt ein bisschen Mitgefühl. Akzeptiert, dass jede Facette eures Seins ihre Gültigkeit hat und göttlich ist, sonst wäre sie nicht. Dann ist es verbunden mit einem Aufgeben, einem Annehmen, und damit schafft ihr die Veränderung, ein Erblühen und ein Entfalten.

F: *Das ist wundervoll.*

P'taah: In der Tat, das ist wundervoll. Aber, ihr Lieben, das seid ihr auch.

F: *P'taah, wegen der Co-Kreationen. Kreieren wir, während wir durch dieses Leben gehen, oder tun wir das, bevor wir auf diesen Planeten kommen?*

P'taah: Nun, das ist vielschichtig, Geliebte. Bevor du geboren bist, wählst du den – wie wir sagen würden – ›groben Spielplan‹ aus, das heißt deine Eltern und deine Geschwister. Oft kreierst du auch ein Zusammenkommen mit anderen, die dir in vielen früheren Leben ans Herz gewachsen sind. Du wählst deine kulturelle Umgebung aus und so weiter, verstehst du? Das kann eine grobe Auswahl davon sein, was im Leben auf dich zukommen wird, von Lektionen zum Lernen und von Freuden zum Erleben im Lichte dessen, was du in anderen Leben erfahren hast. Es wäre schrecklich langweilig, wenn du in jedem Leben genau das Gleiche tun würdest. So hättest du keine Vielfalt, hm? Also legst du den Spielplan fest, und dann kommst du in die physische Realität des Lebens. Da kreierst du dir von einer Situation zur nächsten, wie du sie ausspielen möchtest. Lasst euch auch das noch sagen, ihr Lieben: Wenn ihr zur Gewissheit gelangt und euch so entfaltet, dass ihr den Schmerz und die Qualen in eurem Leben transmutieren könnt, *dann hat das Auswirkungen auf alle Leben,* nicht nur auf dieses hier. Auf diese Weise schreibt ihr eure eigene Geschichte von diesem Leben neu, und ihr verändert eure sogenannte Vergangenheit.

F: *Ist es möglich, dass man den Sinn eines bestimmten Lebens erkennen kann? Und hätte das überhaupt irgendeinen Wert?*
P'taah: Nun, Geliebter, der Sinn eures Lebens sollte euch allen – jetzt – ziemlich klar sein. Es ist ein gemeinsamer Sinn, da ihr euch selbst in dieses Leben, in diese Zeit der Geschichte eures Planeten und der Menschheit kreiert habt. Also könnte man sagen, dass *der Sinn dieses jetzigen Lebens darin besteht, Gott-Sein zu realisieren.*
F: *Es wird aber jede Person mit speziellen Lektionen konfrontiert.*
P'taah: In der Tat. Du triffst auf sie, Tag für Tag.

F: *Ist es mir möglich vorauszuschauen und zu sehen, was ich noch lernen muss. Als Hilfe, um zu wissen, wohin ich gehen soll? Nein, das habe ich ja bereits selbst beantwortet!*
P'taah: In der Tat. Und nach dieser Bemerkung, ihr Lieben, wollen wir eine Pause machen. Damit ihr erleuchteten Meister eure Körper erfrischen könnt. – Es ist wirklich schön, lächelnde Gesichter zu sehen, nicht wahr? Man sagt: Lebt auf und habt Spaß! Sehr gut, ihr Lieben. Wir bitten euch für zwei Minuten ruhig zu sein.

(Nach der Pause)
P'taah: Also, ihr Lieben, wir wollen fortfahren. Fragen?

F: *P'taah, wie können wir uns mit den Teilen von uns wieder verbinden, von denen wir uns in der Vergangenheit wegen der Werturteile getrennt haben?*
P'taah: Mach dir nicht zu viele Sorgen, meine Liebe. Denn, wenn du mehr und mehr in diese Beschleunigung der Ereignisse hineingerätst – nicht nur in jene des Bewusstseins der Menschheit, auch in die der Erde selbst –, wirst du Situationen anziehen, die alle Werturteile und alle Ängste zum Vorschein bringen. Dann kannst du, Mal für Mal, alles, was dir im Leben Angst und Schmerz bereitet, ansehen und deine Werturteile ausgleichen. Ihr Lieben, ihr müsst nichts tun, ihr müsst nur *sein* und eure Seele und eure Glaubensstrukturen gewähren lassen. Sie werden Tag für Tag die Dinge hervorbringen, die ihr lernen müsst, die ihr ausgleichen müsst, womit ihr Harmonie erschafft. Es ist nicht so, dass ihr umherrennen sollt, um Dinge zu tun, damit es besser wird, hm? Und ihr Lieben, ihr müsst euch auch daran erinnern, dass ihr, indem ihr es euch *besser* wünscht, das abwertet, was ihr jetzt seid, denn das ist bereits perfekt. Jeder Moment ist perfekt. Diese Perfektion ist, wie wir schon gesagt haben, kein fertiges Produkt, etwas, was ihr erst mit der Erleuch-

tung erreicht, hm? Was ihr in genau diesem Moment seid, in eurer eigenen Göttlichkeit, das *ist* Perfektion. Wie könnte es anders sein, denn ihr seid tatsächlich ein Ausdruck des Göttlichen in all seinen Myriaden von Facetten.

F: *Ich höre, was du sagst. Ich muss darüber erst nachdenken.*
P'taah: Du musst es erst beurteilen, hm? *(Lachen)*
F: *Heißt das, dass man sich eigentlich um rein gar nichts bemühen muss?*
P'taah: Oh, genau das heißt es.
F: Dann ist das eigentlich ein Missverständnis. Ich denke, wir sind so stark darauf programmiert, dass wir nicht perfekt sind. Auch wenn du uns sagst, dass wir es sind, sind wir doch stark darauf programmiert, dass wir besser werden müssen!
P'taah: In der Tat. Tu einfach nichts!
F: *Einfach leben, nur leben? Nicht einmal darüber nachdenken, besser zu sein? Ist das in Ordnung so? Denn ich mache mir Sorgen ... Doch wir sollten uns nicht sorgen, uns nicht so viel überlegen, wie wir besser sein könnten.*
P'taah: Genau, geliebte Frau.
F: *Das ist nicht leicht.*
(Anerkennendes Lachen)

Schau, Geliebte, es ist alles so einfach: *Es gibt nichts zu tun.* Was ihr in diesem Moment seid, wird göttlicher Ausdruck genannt. Es geht um das <u>SEIN</u>, das menschliche Sein. *Sein, in jedem Moment mit der Gewissheit, dass du, wenn du die Fülle des Moments lebst, ohne dich zu bemühen, ohne zu beurteilen, ob er besser sein könnte, dass du dann den Auftrag des göttlichen Geistes auf deinem Planeten erfüllst. Wenn du wirklich im Jetzt lebst, dann urteilst du nicht, denn du vergleichst dann nicht mit gestern, und du sorgst dich nicht um morgen. Alles, was du je warst, und alles, was du jemals sein wirst, ist Teil dieses* <u>ALLES, WAS IST</u>. *Ihr seid so damit beschäftigt, euch wegen der kommenden Veränderungen zu sorgen, all die Puzzleteile zusammenzufügen, zu suchen und das, was war, zu verändern. Ihr sorgt euch um Reichtum, sorgt euch um eure Beziehungen oder deren Fehlen. Doch ehrlich: Hört auf zu tun, beginnt zu* <u>SEIN</u> *und wisst: Ihr seid der Gedanke von diesem* <u>ALLES, WAS IST</u>. Und kein Teil von euch wird von irgendjemandem verurteilt. Es gibt wirklich kein erhabenes Rollenmodell, mit dem ihr euch vergleichen müsstet. Nichts, wovor ihr euch fürchten müsst, *nichts*, weswegen ihr euch zu schämen braucht. *(Ganz sanft:)* Sei gewiss, du hast nach bestem Wissen immer das Beste getan. *Du musst nichts tun.* Jeder von euch ist ein Juwel. Jeder von euch muss mit Ehrfurcht betrachtet werden, so, wie ihr auch die Sterne am Firmament betrachten würdet.

Jeder Einzelne ist verschieden, und jeder Einzelne ist atemberaubend schön. Es gibt nichts zu *tun*. Wir haben natürlich Verständnis für euren Wunsch nach Veränderung. Doch die Veränderung kommt mit dem Annehmen, mit dem Akzeptieren. Somit erlangt ihr allmählich die innere Gewissheit, dass ihr der Gedanke von Gott/der Göttin, dem ALLES, WAS IST, seid. Ihr müsst euch nicht um Spiritualität bemühen, nicht darum, besser zu sein. Ihr seid alle schon perfekt – in eurer Erhabenheit wahrhaftig ehrfurchtgebietend.

F: *P'taah, willst du damit sagen, dass wir das Leben mehr auf uns zukommen lassen sollen, als es genau zu planen?*

P'taah: Schau, wenn du deine rigiden Pläne machst, wie es zu sein hat, und im Geiste bereits den Zeitpunkt festlegst, wann es stattfinden soll, was denkst du, was dann geschieht?

F: *Wir halten es fest.*

P'taah: Du schließt damit all die Myriaden von Möglichkeiten, die du haben kannst, aus, die wahrscheinlichen Wirklichkeiten, die Kombinationen. Was du damit tust, ist, deine Kreativität einschränken. Nun, du musst nur sagen: »Das ist es, was ich von Gott/der Göttin meines Wesens wünsche – das möchte ich erschaffen.« Du sendest dies ins Universum aus und vergisst es, mit der *Gewissheit, dass das geschehen wird*, was du dir wünschst. In dem Moment, wo du entscheidest, *wie* und *wann* es geschehen soll, beschneidest du deine Kreativität. Verstehst du? Natürlich ist es in Ordnung zu planen und sich zu sagen: »Ich möchte dieses und jenes tun.« Doch man darf nicht engstirnig sein. Man muss den Kreativitätsfluss gewähren lassen. Es wird dir alles von deiner eigenen Göttlichkeit zufließen, wirklich.

F: *P'taah, dazu ein paar Fragen. Ich habe das Gefühl, dass ich mich manchmal im Kreise drehe. Denn ich weiß nicht genau, von welchen Grundmechanismen wir hier reden. Könntest du einige Punkte genauer ausführen ...?*

P'taah: Gerne, Geliebter. Lass dir erst den Grundmechanismus erklären: *Du bist Gott,* du bist ein Ausdruck des Göttlichen, ein Gedanke des ALLES, WAS IST. Wie wir auch schon sagten: Du bist Gott, der die Rose riecht. Ich meine damit, dass du das ALLES, WAS IST, bist, wie es sich in dieser Dimension der Realität, in dieser wundervollen Wirklichkeit, ausdrückt. Das könnte man den ›Grundmechanismus‹ nennen, darum geht es. Und wenn du das wirklich *weißt*, weißt du auch alles andere. Aber fahre fort, Geliebter.

F: Könntest du in Begriffen, die für uns verständlich sind, erklären, was Raum und Energie ist?

P'taah: Nein. Schau, Geliebter, wenn wir zu dir über Energie sprechen, verstehst du es nicht wirklich. Denn *alles*, worüber ich bis jetzt sprach, *ist* Energie. Aber du verstehst, dass alles Energie *ist*.

Darum sagen wir dir, dass die Energiequelle, in welcher Form sie sich auch immer manifestiert, einfach die Quelle ist, das <u>ALLES, WAS IST</u>, das Unfassbare, mein Lieber. Wir können dir keine Definition von Gott geben. Wir können es nur so erklären, dass du einfach in den Spiegel schauen musst. Was den Raum angeht, so wie ihr es versteht: Wir könnten sagen, dass der Raum eine mathematische Gleichung sei, wenn du es wissenschaftlich erklärt haben möchtest. Doch schau, du willst gar nicht wirklich wissen, was Raum ist, du möchtest wissen, *wie* das alles entstanden ist.

F: Richtig.

P'taah: Ich glaube nicht, dass ich dir irgendeine Definition geben könnte, die verständlicher ist, als das, was du darüber gelesen hast. Du fragst: »Wie ist die Galaxis entstanden?« Nicht wahr?

F: Und woher alles gekommen ist.

P'taah: Genau. Doch das haben wir dir bereits erklärt, Geliebter. In Wahrheit ist die mathematische Gleichung nur ein Plan dessen, was bereits existiert. Es ist der Menschheit keine mathematische Gleichung bekannt, welche die Unendlichkeit als reinen Gedanken beschreibt. Denn schau, der reine Gedanke ist die Quelle, ist Gott/die Göttin des <u>ALLES, WAS IST</u>.

F: Weil es jenseits unseres Verständnisses liegt …

P'taah: In der Tat. Auf eine Weise könnte man sagen, dass das unpersönliche Gott-Sein für alle unverständlich ist, außer durch Reflexion. Und jetzt spreche ich von Wesen, die im Vergleich zu dieser Dimension der Realität weit, weit fortgeschrittener sind. Man könnte sagen, dass man die göttliche Quelle mit den Gefühlen erkennen kann. Das, was Liebe ist, das Nicht-Vorhanden-Sein eines Getrennt-Seins, *das* ist das Erkennen von Gott.

F: Könntest du auch noch erklären, wie sich Materie aus Energie formt.

P'taah: Nun, schau, es ist das Bewusstsein, das Materie kreiert. Das ist – in Begriffen, die für uns verständlich sind – das fehlende Glied in eurer Quanten-Physik.

F: Also ist Materie in einem Moment da und im nächsten nicht.

P'taah: Genau. Materie ist nur eine Schwingung.

F: *Wie beziehe ich das auf die Gedanken, wenn diese auch Energie sind.*

P'taah: Aber natürlich sind sie das. Man könnte sagen, dass Gedanken eine höhere Frequenz als das Licht haben.

F: *Dann ist alles Bewusstsein, was eine niedrigere Schwingung als Licht hat?*

P'taah: Alles, was eine höhere Frequenz als Licht hat. Schau, es ist ein Missverständnis, mit dem eure Wissenschaftler seit geraumer Zeit leben, dass nichts schneller sei als Lichtgeschwindigkeit. Das trifft nicht zu. Und wenn eure Wissenschaftler erfahren, wie man durch die Galaxien reisen kann, werden sie verstehen, dass man, um im Hyperraum[11] zu reisen, viel, viel schneller als die Lichtgeschwindigkeit sein muss, sodass man sich in Sekunden von einem Punkt der Galaxis zum anderen bewegt. Gedanken brauchen keine Zeit, um irgendwohin zu gelangen – *Gedanken sind nicht innerhalb der Zeit;* Gedanken belegen keinen Raum.

F: *Sie befinden sich also überhaupt nicht in einem Zeit-Kontinuum?*

P'taah: Genau. Gedanken existieren nicht innerhalb des Raum-Zeit-Kontinuums.

F: *Gedanken sind reine Energie.*

P'taah: Genau, doch schau, Geliebter. Wenn auch all diese wissenschaftlichen Fragen für die Menschheit äußerst faszinierend sind, ihr werdet die wahren Antworten erst finden, wenn ihr wisst, wer ihr seid.

F: *Könntest du in diesem Falle die Seelenenergie oder die Energie der Seele etwas ausführlicher erklären? Und wie sie mit der Lebensform verbunden ist?*

P'taah: Sie IST die Lebensform. Deine Seele ist von dir nicht abgetrennt. Ohne Seele gibt es dich nicht. Und du bist auch sonst von keinem *anderen* Wesen abgetrennt, ob es nun sichtbar oder unsichtbar ist. Du bist mit *allen Bereichen, allen Dimensionen verbunden*. Und, Geliebter, es besteht auch keine Trennung zwischen dir und der göttlichen Quelle. Wenn die ganze Menschheit dies erkennt, dann werdet ihr auch *alle* Antworten kennen.

Nun, die Technologie, die eure Wissenschaftler zurzeit noch nicht erkannt haben, das ist wahrhaftig die Kraft der Gedanken. Das, was man entdeckt und was allgemein gebräuchlich sein wird auf diesem Planeten – wie auch auf anderen Planeten –, ist die kristalline Technologie.

---

11 Hyperraum ist ein imaginärer Raum jenseits des dreidimensionalen Raum-Zeit-Kontinuums, also im herkömmlichen Sinne des Wortes kein Raum.

Die Antriebskraft, das Benzin, wenn ihr so wollt, dieser Technologie *ist* der Gedanke. Wir haben in diesen Wochen bereits darüber gesprochen. Wenn nötig, können wir das später noch einmal ausführen. Aber es ist zu diesem Zeitpunkt von geringer Bedeutung. Es zeigt euch, wie wichtig es für euch ist, dass ihr *tatsächlich* wisst, wer ihr seid und euch akzeptiert und anerkennt, damit ihr diese Veränderung bewirken könnt, damit ihr Liebe schafft, wo vorher Angst war. Die kristalline Energie wirkt in der Tat als gewaltiger Verstärker und Bewahrer von Energie. Wenn die vorherrschende Emotion auf diesem Planeten Angst ist, und wenn die Angst sich mit dieser Technologie verbindet, dann wird sie um ein Vielfaches verstärkt; sie verbreitet sich und bewirkt ein riesiges Chaos. Wenn das vorherrschende Gefühl aber Liebe ist, mein Lieber, dann wird mit der Anwendung dieser Technologie die Liebe um ein Vielfaches verstärkt und schafft somit überall Harmonie und Licht, in allen Galaxien. Verstehst du das? Darum ist es zurzeit so wichtig, dass die Menschheit zu einer wahren Grunderkenntnis gelangt. Der Mechanismus dieser Dinge, Geliebter, heißt GOTT, DER ICH BIN. Kein Getrennt-Sein. Zu wissen, dass alles, alles, was existiert – sichtbar und auch unsichtbar – der Atem ist, der Gedanke der Quelle. Das verstehen wir unter Grundwissen.

F: *P'taah, wie ich sehe, werden wir alle den GOTT, DER ICH BIN, erkennen. Wenn wir diesen Zustand erreichen, nachdem diese Veränderung stattgefunden hat, brauchen wir dann überhaupt noch irgendeine Technologie? Sind wir dann nicht fähig, zu kommen und zu gehen, wie wir wollen?*

P'taah: Sicher, Geliebte, und doch: Ihr werdet immer noch in einem materiellen Universum leben, hm? Sicher, das, was eure eigene kreative Macht angeht, nämlich zu kommen und zu gehen, wie ihr wollt, wird außergewöhnlich sein, so wie das auch bei anderen Menschenrassen innerhalb eures Sternensystems der Fall ist. Doch werdet ihr nicht plötzlich zu Engeln, sondern behaltet noch einen physischen Körper, wenn er auch ein wenig anders ist als dieser jetzt, nämlich weniger dicht. Ihr werdet immer noch auf eurer Erde leben und dort Wunder vollbringen. Ihr werdet in euren physischen Körpern und mit physikalischen Ausrüstungen von einer Galaxis zur anderen reisen. Nun du kannst dann entscheiden, ob du mit deinem Bewusstsein ohne deinen Körper reisen willst. Tatsächlich tust du das jetzt schon – manche von euch willentlich und manche im Schlaf. Darüber haben wir gesprochen, als wir über das Träumen redeten. Es ist also eine Sache der Wahl, aber ihr werdet die Möglichkeit haben auszuwählen, verstehst du?

F: *P'taah. Gehört dieser weniger dichte Körper immer noch zu einer Welt der Polaritäten? Ich wollte dich auch fragen, ob die Welt, von der du kommst, eine Welt der Polaritäten ist.*

P'taah: Wenn du an Polarität denkst, dann denkst du in Wirklichkeit an positiv/negativ, an gut und schlecht. Doch schau, positiv/negativ ist nicht notwendigerweise gut und schlecht. Es beschreibt lediglich eine Stufe eines Universums. Schau, Geliebte, wenn du Polarität sagst, dann wertest du. Wenn du aber ein *Wissenschaftler* wärst und du zum Beispiel einem Elektroingenieur zuhörtest der von positiv/negativ spräche, dann würdest du das nicht auf diese Art werten.

F: *Ja, darüber muss ich nachdenken.*

F: *Wenn diese Zeit der Veränderung Auswirkungen auf uns alle hat, wird das auch auf dich Auswirkungen haben?*

P'taah: Es wird Auswirkungen auf alle Galaxien haben, Geliebter. Diese Veränderungen sind nicht nur an diesen Planeten gebunden. Auch die Sternensysteme werden sich neu ausrichten. Es ist nur, weil der Gedanke für euch ungewohnt ist, dass es noch anderes gibt außer euch und eurem Planeten. Und diese bevorstehende neue Ausrichtung dürfte im Hinblick auf die Geschichte der Galaxien wichtig sein. Nun, solche Energien wie ich, die überall auf eurem Planeten zu euch sprechen, um euch bei diesen bevorstehenden Veränderungen zu unterstützen, tun das, weil es uns kümmert, weil es zum Wohle für viele Welten geschieht, wenn euer Übergang in großer Schönheit, mit Freude, in Liebe und ohne Angst vonstattengeht. Es macht uns allein schon große Freude, hier bei euch zu sein. Diese Unterstützung geschieht auf vielen Ebenen. Außerhalb dieses Raum-Zeit-Kontinuums wird dies alles auf andere Weise betrachtet, sozusagen mit Überblick, mit einem Vorauswissen, wie und was geschehen kann. Damit will man eure Souveränität nicht beschneiden, denn ihr alle könnt wirklich wählen. Doch wir wiederholen noch einmal: Ihr seid es gewöhnt, euren Planeten als solide Masse zu betrachten, und so seht ihr auch euch selbst, obwohl das alles doch keineswegs solide ist. Es gibt genügend Platz für Millionen und Abermillionen von Schöpfungen innerhalb desselben Raumes. Es gibt nicht nur eine Erde.

F: *Wir haben die Vorstellung, dass die Zeit für uns alle das Gleiche ist. Ich denke aber, dass sie für jeden von uns verschieden ist. Das hat mit den Glaubensvorstellungen zu tun, die wir haben. Die verändern die Zeit so, dass wir eigentlich überhaupt nicht in der gleichen Zeit leben.*

P'taah: Das trifft zu. Aber es ist ziemlich subtil. Du kreierst dir auf eine Art tatsächlich dein eigenes Netzwerk. Denn schau, Geliebte, du bist die zentrale Sonne deines Universums, und deine Realität unterscheidet sich von jeder anderen. Es sind verschiedene Richtlinien in der morphogenetischen Resonanz der gesamten Menschheit festgelegt. Das ist sozusagen eine unbewusste Abmachung, wie es sein soll. Aber innerhalb dieses abgemachten, weiten Spektrums der Realität schafft sich jeder Einzelne von euch seine eigene Variation. Und natürlich ist es anders, wenn du irgendetwas erfährst, als wenn ein anderer dasselbe erfährt.

F: *Also kann eine Erfahrung, die ich heute mache, Erinnerungen aus der Kindheit auslösen, sodass ich diese Begebenheit wieder erlebe und erfahre. Oder ich kann auch eine Begebenheit aus der Zukunft erleben, indem ich sie ins Heute projiziere. Das ist beinahe, wie wenn ich in eine andere Zeitzone befördert würde.*

P'taah: Genau. Das meinen wir auch, wenn wir sagen, dass Gedanken keinen Raum und keine Zeit benötigen. In deinen Gedanken kannst du in der Kindheit sein. Du kannst auch einen Gedanken auf das projizieren, was du als alter Mensch erfährst ...

F: *Sagen wir einmal, dass mir jemand begegnet und ich habe ein Gefühl der Angst. Was ich da erlebe, könnte eigentlich in Verbindung mit meiner Kindheit stehen und indem ich es ablehne, halte ich es ...*

P'taah: Lass deinen Kopf aus dem Spiegel, Geliebte. Du weißt es doch genau. Du hast das seit Monaten hinter dir. Welche Ängste du auch immer aus deiner Kindheit mitbringst, du wirst sie dir wieder und wieder neu erschaffen, bis du sie ausgeglichen hast, *bis du die Angst in Liebe transmutiert hast.* Es spielt keine Rolle, was geschieht, es spielt keine Rolle, ob deine Gedanken zurück oder vorwärts wandern oder in diese oder jene Richtung gehen. Du kreierst dir eine Situation, damit du das Gefühl fühlen kannst. Und wenn es ein Angstgefühl ist, dann kannst du diese Angst in Liebe transmutieren und somit deine Realität verändern.

F: *Das geschieht auch so – bis zu einem gewissen Grad.*
P'taah: Aber sicher, Geliebte.
Wir werden noch eine Frage beantworten, und dann ist es genug für heute.

F: *P'taah, ich möchte nur etwas bestätigt wissen: Was du uns erklärst, liegt manchmal etwas jenseits unseres intellektuellen Verstandes. Wenn wir dann* unser erweitertes Bewusstsein bitten, das zu erfahren – wenn wir bewusst darum bitten, werden wir es dann erfahren …?

P'taah: Aber natürlich wirst du das, Geliebte, und ich will dir Folgendes sagen: Du wirst es erfahren, ob du nun darum bittest oder *nicht*. Wie auch immer, du kannst auch darum bitten, dass es nicht auf so traumatische Weise auf dich zukommt. Du brauchst keine großen Dramen, um zu lernen, nicht wahr?! Du kannst dir dein Lernen mit Lachen kreieren. *(P'taah streichelt sanft über die Haare der Fragerin und küsst sie liebevoll auf die Stirn.)*

So, ihr geliebten Juwelen, hm. *(P'taah wird auf einen Zuhörer aufmerksam, dem etwas schwer auf dem Herzen liegt:)* Geliebter, du kannst mit uns in diesen Tagen sprechen, wann immer du willst. *(Dann wendet er sich einer Dame zu:)* Du auch, Geliebte.

F: *Ich danke dir.*

P'taah: Du brauchst mir nicht zu danken – es ist *mir* eine Ehre, hm?

F: *Hast du all die Gefühle, die wir auch haben? Wie zum Beispiel Ungeduld oder vielleicht Ärger, oder so was Ähnliches, weil wir so langsam sind?*

P'taah: Scheint es so, als hätte ich das, Geliebte? *(Die Zuhörer schmunzeln.)*

F: *Nein.*

P'taah: Wirkt es so, als wäre ich furchtbar ungeduldig und ärgerlich mit euch allen? Was meint dein Herz dazu?

F: *Es sagt nein. Doch manchmal komme ich mir dumm vor, zu fragen. Für einen Menschen wäre das frustrierend, weil die Frage bereits gestellt wurde.*

P'taah: Liebste, du darfst *alles* fragen, wann immer du willst. Und ich möchte das zu allen sagen: Es gibt keine Frage, die ihr stellen könntet, die wir für zu trivial halten würden und die keine Antwort verdient hätte. Schaut, wir halten euch nicht für dumm, nur weil ihr nicht alles wisst. Wir halten euch nicht für ungezogene Schulkinder, nur weil ihr die Lektion noch nicht gelernt habt. Ehrlich, mit all dem stillen wir den Hunger eures Intellekts. Und *wir werden alles tun, damit ihr den Gott, der ihr seid, erkennt.* Das tun wir, weil wir euch lieben. Wenn ihr aufhört, euch selbst zu verurteilen, werdet ihr wahrhaftig verstehen, *wie* wir euch lieben. *(P'taah fügt mit größter Zärtlichkeit hinzu – berührt damit alle Herzen:)* Ich wünsche mir für euch alle, dass ihr euch selbst so liebt, wie ich euch liebe.

(Zu den Gastgebern:) Unser Dank, ihr Lieben.

So, ihr Lieben, wir wünschen euch einen schönen, guten Abend und freuen uns schon, euch die nächste Woche wieder begrüßen zu können. Geht in Liebe, in Licht und mit Spaß. *Seid* ihr selbst in jedem Moment. Glückliche Reise, ihr Lieben. Guten Abend.

F: *Guten Abend.*

Achte Übermittlung

P'taah: Guten Abend, ihr Lieben.
F: *Guten Abend, P'taah.*
P'taah: So, seid ihr hier mit lebendigen Herzen, der Computer aufgestartet, hm?
(Er wendet sich an einen neuen Teilnehmer:) Willkommen, Lieber. Wie geht es dir? Gefällt es dir?
F: *Sehr.*
P'taah *(wendet sich nun an ein Paar, das hier in den Ferien weilt)*: Und wie geht es euch Ferienmachern? Ist es abenteuerlich?
F: *Ja.*
P'taah: Aber sicher. *(Dreht sich zu einem Mann, der eine weite Reise gemacht hat, um hier teilzunehmen:)* Du bist eingeschlafen, Geliebter, hm?
F: *Ja.*
P'taah: Nun, das ist in Ordnung. Schau, wenn du schläfst, sind dir deine Gedanken nicht im Wege. So nimmst du das Wissen ohne das Hindernis des Intellekts auf. Wie auch immer, Geliebter, das, was du gerne hervorbringen möchtest, nämlich bewusste Kommunikation – wenn dein Körper nicht Zeuge ist – kann durchaus so geschehen. Du weißt, wenn du irgendetwas in deinem Leben manifestieren möchtest, und wenn du intellektuell weißt, dass dir die nötige Kraft innewohnt, dann sagst du: »Gut, jetzt wollen wir das einmal testen.« Und dann wünschst du es. Doch in dem Moment, wo du den geringsten Zweifel hegst, hast du die ganze Arbeit zunichte gemacht. ›Wissen‹ enthält keinerlei Zweifel. Da wo Zweifel sind, ist kein *Wissen* – denk darüber nach.

Lasst uns jetzt über eure Körper sprechen und über Gesundheit. Seht, wenn ihr in diesem Raum sitzt, mit vor Aufregung klopfenden Herzen, dann schwingt jede Zelle mit dieser Erregung mit. Jede Zelle besitzt ihr eigenes Bewusstsein, ihre eigenständige Integrität, ihren eigenen freudigen und kreativen Antrieb. Krankheit ist in diesem Sinne nicht etwas, was einem zuläuft wie ein streunender Hund. *Die Krankheiten des Körpers sind tatsächlich ein Spiegelbild der Krankheiten in euren Herzen.* Wenn man das nun intellektuell weiß, und der Körper funktioniert dennoch nicht richtig in seiner ganzen Harmonie, und wenn ihr dann sagt: »Ich weiß doch wirklich, dass eine Krankheit des Körpers eine Krankheit des Herzens ist«, dann bemerkt doch bitte, wie fasziniert ihr von Krankheiten seid. Wir bitten euch, spürt einmal die Faszination, mit der ihr eure Körper betrachtet. Immer, immer wünscht ihr, dass sie besser wären. Was ist das also, ihr Lieben? Der Wunsch, dass der Körper besser funktionieren würde, besser aussähe, dicker oder dünner wäre, nicht so alt erschiene, sich in besserer Form befände. Und so, wie ihr ihn verurteilt, so kreiert ihr wirklich genau das, was ihr gerne loswerden möchtet. Nun, wir sprechen sehr oft über euer intellektuelles Wissen und das, was die innere Gewissheit ist. Euer Körper weiß, wer ihr seid, er ist ein Spiegelbild dessen, was ihr seid. Und was ihr abwertet, ihr Lieben, das ermächtigt ihr ganz bestimmt. Das, was euch fasziniert, das zieht ihr an. Wisst ihr, dass ihr von Körpern, die nicht harmonisch funktionieren, ganz fasziniert seid? Ihr investiert viel in Krankheiten, so, wie ihr auch viel in Schmerz investiert. Wir meinen hier emotionalen Schmerz. Das tut ihr auch dann, wenn ihr euch gegen Krankheiten schützt, weil ihr daran glaubt, dass ihr nicht in einem sicheren Universum lebt, dass ihr euch anstecken könntet und dass dies dann euer Leben beenden könnte. Doch seht, ihr Lieben, eure Leben sind endlich, oder nicht? Im Sinne einer physischen Verkörperung jedenfalls tragt ihr euren Körper nicht während Hunderten von Jahren mit euch herum. Darum müsst ihr wirklich die Faszination erkennen, die ihr gegenüber den Teilen von euch empfindet, die nicht so funktionieren, wie ihr glaubt, dass sie es sollten. Ihr kommt vielleicht zur weisen Erkenntnis, wie es überhaupt angefangen hat, woran ihr geglaubt habt und welcher gefühlsmäßige Zustand die Krankheit kreiert hat. Wenn sie dann immer noch andauert, kann es nützlich sein, wenn ihr bedenkt, wie fasziniert ihr davon seid.

Die Medizin, eure Pillen und Arzneien, haben natürlich ihre Gültigkeit. Sie helfen nur, weil ihr glaubt, dass sie es tun. Eure speziellen Diäten helfen nur, weil ihr glaubt, dass sie es tun. Und diejenigen, die ihr Ärzte nennt, fördern sicherlich diesen Glauben an Krankheiten. Wir wollen damit nicht sagen: Geht nicht zum Arzt. Es ist schon sinnvoll, dass ihr geht, denn in der morphogenetischen Resonanz der Menschheit steckt der Glaube, dass ein Doktor euch besser fühlen lässt. Darum muss man natürlich zu ihm gehen, wenn man das wünscht. Doch es würde euch gut anstehen, die innere Geschichte anzusehen. Und die innere Geschichte seid *ihr selbst* – immer, immer. Alles, ihr Lieben, wirklich *alles* fällt auf euch zurück. Denn jeder Einzelne ist die zentrale Sonne seines Universums. Jeder Einzelne ist ein souveränes Wesen und kann frei bestimmen, *wenn er das möchte.* Erkennt, wie fasziniert ihr von euren Körpern seid, ihr Lieben. Schaut, wie oft eure Körper spontane Freude ausdrücken. Schaut auch, wie oft ihr diesen Ausdruck spontaner Freude eures Körpers unterdrückt. Die obligatorischen Turnübungen, das obligatorische Überspannen und Stressen des Körpers, um ihn zu stärken, bringt euch allen nicht viele Vorteile. Wenn ihr jedoch diese Turnübungen, wie die auch immer aussehen mögen, mit Freude macht, dann sind sie auch wundervoll. Euer Körper ist ein Ausdruck des Göttlichen. Wie er auch aussieht, ihr Lieben, er ist tatsächlich wundervoll. Wenn ihr wünscht, euren Körper zu verändern, so könnt ihr das tun. Doch es ist wie bei jedem anderen Aspekt eures Seins: Ihr könnt ihn *nur* verändern, indem ihr ihn annehmt, *nicht* indem ihr ihn ablehnt oder euch für ihn schämt.

Nun denn, haben wir Fragen?

F: *Du sagtest, wir würden viel in kranke Körper investieren. Woher kommt das, und wie geht das?*

P'taah: Nun, da gibt es so viele Szenarios, Geliebter, wie es Leute gibt. Wir wollen eine Hypothese aufstellen: Einige Leute halten tatsächlich an ihrer Krankheit fest, weil sie Angst davor haben, sich in der sogenannten normalen Welt zurechtzufinden. Eine andere Person mag an der Krankheit festhalten, weil sie sich so die liebevolle Zuwendung verschafft, der sie auf andere Weise, so denkt sie jedenfalls, nicht wert wäre. Beantwortet das deine Frage? Es gibt viele Szenarios, Lieber, ich bin sicher, du kannst dir selbst auch einige ausdenken.

F: *Ich arbeite mit Leuten, die sich großen körperlichen Herausforderungen stellen müssen. Ich sehe, dass ich meinerseits vielleicht von ihren Behinderungen fasziniert bin. Und doch scheinen viele von ihnen besser ihren ›Mann‹ zu stehen als die meisten Nicht-Behinderten.*

P'taah: Nun, Geliebter, das ist natürlich etwas anderes mit Menschen, die mit einer Behinderung geboren wurden. Es handelt sich bestimmt um große Lektionen, die man lernen muss. Es ist auch eine Co-Kreation.

Jetzt sprechen wir über diejenigen Lieben, mit denen du viel Zeit verbringst, jene, die eine Missbildung des Hirns haben. Lasst uns erst einmal ganz klar sein: Die sogenannten Krankheiten haben absolut ihre Gültigkeit. Wir sprechen darüber, wie ihr eure Körper verurteilt, weil sie nicht hundertprozentig funktionieren. Jene Leute, die in dieser Inkarnation für sich selbst scheinbar unmögliche Behinderungen geschaffen haben, jene, die mit diesen körperlichen Behinderungen geboren werden, *haben das so ausgesucht*. Diese Lektionen wurden auch von den Menschen mitkreiert, die mit ihnen in Kontakt stehen. Seht, ihr Lieben, ihr vergesst oft, dass dieses Leben nur ein Teilstück, eine Erfahrung unter Tausenden ist. Jedes Mal, wenn ihr eine physische Form annehmt – mit diesen kreativen Ausdrucksmöglichkeiten der dritten Dichte –, tut ihr dies wegen neuen Erfahrungen. Wie denkt ihr, ist es für die Leute, deren körperliche Form völlig funktionsunfähig ist, die umhergetragen werden müssen und deren Gesundheit ständig überwacht werden muss? Es gibt viele Leute, die denken, dass diese Körper ausgelöscht werden sollten. »Wozu nützen sie denn?« Mein Lieber, ich will dich damit nicht verletzen, denn du weißt, dass es so ist, und wir wissen, wie es dein Herz schwermacht.

(Der Mann beginnt zu weinen. Er wird vom Mitgefühl für die soeben angesprochenen Menschen, für die er sorgt, überwältigt.)

Was wir sagen wollen, ist Folgendes: In diesen Körpern, so hilflos und unfähig sie sind, wohnt die Seele wegen der Erfahrung und wegen der großen Erfahrung der Leute, die mit ihnen in Kontakt kommen. Ihr Lieben, jede Kreatur, jeder Mensch, jede Pflanze und jede Blume, jeder Vogel, jedes Ding auf diesem wunderschönen Planeten ist wahrhaftig heilig, denn alles, alles ist ein Ausdruck des Göttlichen. Seht – wir sprechen zu euch, meinen aber eigentlich die gesamte Menschheit –, weil ihr Gott, der ihr seid, nicht wirklich erkennt, weil es euch oft schwerfällt, die Gottheit *in allen* Dingen zu erkennen. Weil ihr das, was ihr seid, nicht wirklich liebt, ehrt ihr es auch nicht wahrhaftig. Es fällt euch oft schwer, allen Dingen auf eurem Planeten, sogar dem Planeten selbst, mit Liebe und Ehrerbietung zu begegnen. Doch wenn ihr aufblüht und die Erkenntnis erlangt, dass ihr Gott seid, wird die vibrierende Frequenz eures Seins ausstrahlen und alle Dinge berühren. Auf diese Weise bewirkt ihr auch die Veränderung. In diesem Sinne schreitet die Menschheit voran und bereitet den Weg für die kommenden Änderungen. Seht ihr, es ist so einfach – liebt, was ihr seid. *Ihr müsst gar nichts tun.* Ihr müsst euren Körper nicht verurteilen, müsst von Dysfunktionen nicht fasziniert sein. Seid aber fasziniert von einem momentanen Ausdruck der Freude. Das ist alles. *Sein*, in eurer eigenen Gottheit.
Fragen?

F: *Ich habe mich im Annehmen, Urteile ausgleichen und dem Gefühle fühlen geübt. Wenn man damit die Energie gelöst hat und sie aufsteigen kann, hat man dann auch die Krankheit überwunden, die entstanden ist, weil man zu Anfang das Gefühl nicht gelebt hat?*

P'taah: Aber natürlich, Geliebte. Das ist das Wunder der Transmutation.

F: *Also funktioniert das alles so.*

P'taah: Es funktioniert so, Geliebte. Das, was wir sind, funktioniert ausgezeichnet. Welche Überraschung, hm? Du hast es erfasst, hm? Aber natürlich funktioniert das. Wie könnte es nicht, wenn das Herz offen ist, Geliebte, wenn jede Zelle deines Körpers freudig mitschwingt?

F: *Das ist wundervoll.*

P'taah: In der Tat. So sollte es sein, sonst würden wir dir eine schlechte Note geben.

F: *Es stellt sich die ultimative Frage: Warum das alles? Warum braucht es überhaupt irgendetwas am Anfang?*

P'taah: Jedes Mal, wenn du eine Frage stellst, beruht sie auf der Grundfrage: Wie nehme ich Gott wahr? Das, was du bist, ist eine Definition Gottes.

F: *Ich glaube, weil wir es im Gesamten nicht erfassen können, dass da etwas Größeres ist.*

P'taah: Das ist okay. Es muss ja etwas geben, sonst wärst du nicht hier, hm?

F: *Das ist wahr.*

P'taah: Genau. Wir können dich da nicht austricksen. In dieser Logik steckt kein Fehler. Kein Fehler im Intellekt, hm? Doch schau, ehrlich, diese ganze Übung, genannt »das Leben, das Universum und alles«, ist keine Übung in Logik, es ist eine Übung des Herzens.

F: *Der Gefühle.*

P'taah: Aber sicher, Geliebter. Es geht um Gefühle. Und wenn du dir ehrlich erlaubst zu fühlen, ohne zu verurteilen, wirst du Gott erkennen. Denn in diesem Augenblick spürst du keine Trennung. Dann verstehst du auch, dass die Antwort nichts mit Logik zu tun hat, sondern mit deinem Herzen.

F: *Darüber muss ich nachdenken.*

P'taah: Genau. Es ist wundervoll, dass du hier bist und die Fragen äußerst, die du mit deinem Herzen beantworten kannst. Und das wirst du auch, Geliebter, das wirst du auch. Wir denken, dass es äußerst klug von dir war, dich hierher zu bemühen. Das nennt man eine große Kreation.

F: Letztes Mal wurde gesagt, dass nichts zu trivial wäre, gefragt …
P'taah: Genau. Hast du eine gute triviale Frage?
F: Ja. Gerade bevor ich gehen wollte, sah ich eine Kakerlake auf dem Rücken liegen.
(Gelächter)
P'taah: Hast du sie vergiftet? Hat sie deshalb auf dem Rücken gelegen?
F: Ich habe etwas Gift ausgelegt. Was soll ich, wie mache ich …?
P'taah: Hättest du ihr auf den Kopf treten sollen, um sie aus ihrem Elend zu erlösen?
F: Ich habe sie mit dem Gefühl liegen lassen, dass ich kein Recht habe, ihre Zukunft zu bestimmen. Aber dann, wenn ich Gift auslege, habe ich über ihre Zukunft bereits eine Entscheidung getroffen.
P'taah: Genau, du hast deine Frage beantwortet, hm? Du weißt, wenn du zu dem, was man Kakerlake nennt, ein ausgeglichenes Verhältnis hättest, könntest du sie bitten zu gehen und sie würde gehen.
F: Darum habe ich sie bereits gebeten. Ich habe den Kakerlaken im Haus gesagt, dass ich an ihnen keine Freude habe.
(Verständnisvolles Lachen bei den Zuhörern)
P'taah: Sind sie gegangen? Nicht mal für einen Augenblick? *(Mehr Lachen)* Du musst dich klarer ausdrücken, Geliebter.
F: Vielleicht bin ich zu unklar. Sollte ich mich nicht sogar an ihnen erfreuen und sie bitten zu bleiben?
P'taah: Du kannst immer wählen. Doch schau, je mehr es dich fasziniert, dass die Kakerlaken zu dir kommen, umso mehr werden sie kommen. Es ist gestattet, wegen ihnen Gift auszulegen. Aber es ist wirklich nicht die beste Lösung. Das ist kein Werturteil, Geliebter. Wenn du jemandem, der dieser Verrücktheit ›New Age‹ fernsteht, erzählst, dass du die Kakerlaken nicht vergiftest, dass du sie bloß bittest zu gehen, dann wäre es durchaus möglich, dass sie dich in einer solchen Jacke ohne Ärmel wegführten.

Doch schau, welche Kreaturen auch immer deinen Garten aufessen, dein Heim bevölkern, dein Essen verzehren und dich um deinen Verstand bringen – du musst nicht auf eine sogenannte Vernichtung bedacht sein. Du kannst deine ungebetenen Gäste tatsächlich mit allem Respekt und aller Achtung bitten zu gehen. Manchmal ist es wie mit deinen eigenen Gästen, wenn sie nicht gehen wollen. Doch wenn du dich unmissverständlich ausdrückst, werden sie dich verlassen.

F: *Das ist ein ziemlicher Teufelskreis. Denn wenn ich wünsche, dass sie gehen mögen, verurteile ich sie als nicht erwünscht.*

P'taah: Verwechsle Verurteilen nicht mit Unterscheiden. Wenn du sagst, du würdest es vorziehen, wenn sie nicht hier wären, heißt das nicht, dass du sie als schlecht oder falsch verurteilst. Das ist eine Frage des Geschmacks, nicht des Urteils. Da wurde viel durcheinandergebracht. Es gibt Leute, die denken, dass sie falsch handeln, weil sie verurteilen. Sie können keinen Gedanken haben, ohne zu glauben, dass sie am Verurteilen sind. Wir reden aber nicht von Wischi-Waschi-Dummheit, ihr Lieben, wir reden von Scharfsinn. Was wünscht ihr euch, was wünscht ihr für euren Planeten? Nicht verurteilend aber sicherlich mit Achtung und Respekt, mit Liebe und natürlich auch mit Weisheit. Das stimmt immer, mit Weisheit. Verstehst du?

F: *Ja.*

F: *P'taah, ich habe heute erfahren, dass während meiner Abwesenheit in mein Haus eingebrochen wurde. Weil ich nicht dort bin, kann ich nicht sagen, ob mir etwas gestohlen worden ist, aber ich frage mich jetzt – was soll ich daraus lernen? Das ist mir bisher noch nie passiert. Ich frage mich nur, ob ich bei anderen eingedrungen bin, weil dies bei mir geschehen ist.*

P'taah: Es ist nicht so, dass du bei anderen eindringst, Geliebte. Und du bist nicht allein beteiligt.

F: *Es schaut jemand nach dem Haus. Ich weiß nicht, ob sie Angst hat, dafür verantwortlich zu sein.*

P'taah: Dem ist so. Nun, das ist auch für dich eine Lehre, um darüber nachzudenken, dass doch immer der Gedanke in deinem Kopf steckt, jemand könnte in dein Haus kommen und du solltest es irgendwie schützen, oder nicht?

F: *Nicht so sehr. Ich habe keine starken Türen. Oft gehe ich sogar aus und lasse die Hintertür offen.*

P'taah: Hm? Was tust du dann, damit trotz der offenen Türen niemand einbricht?

F: *Ich mache ein Reiki-Zeichen[12] über meinem Haus. Das habe ich dieses Mal nicht getan, bevor ich ging.*

---

12 Reiki, Schutzzeichen oder andere Zeichen, die ihren Ursprung im Buddhismus haben und über einen Japaner in den Westen gelangten. Reiki kann vom Charakter her mit der schamanistischen Medizin der Indianer verglichen werden.

P'taah: Wie außergewöhnlich, Geliebte. Hm?

F: *Dann meinst du also, dass ich besser auf einen solchen Versuch zu schützen verzichte, nur darauf vertraue, dass ...*

P'taah: Meine Liebe. Wir sagen nicht, dass du irgendetwas sollst oder nicht sollst. Wir raten nur: Erkenne, warum du Dinge tust und was du von ihnen glaubst. Welcher Glaube liegt deinen Aktionen zugrunde, hm?

Nun werden wir eine Pause machen, damit ihr eure Körper erfrischen könnt. Ihr könnt euch für nachher wunderbare, verzwickte Fragen ausdenken.

(P'taah kommt nach der Pause zurück.)

P'taah: Euer Körper, ihr Lieben, dieser Ausdruck eures Wesens ist sehr empfänglich für die kindliche Spontaneität und Freude, wenn ihr von einem Moment zum nächsten existiert. Was und wer ihr jetzt seid, sind Menschen, die in Schmerz leben, die sich nach Liebe sehnen und sich Ganzheit wünschen. Nun, wenn ihr in euch wahrhaftig ganz seid, wenn ihr also wirkliche Liebe für das, was ihr seid, erfahrt, dann erkennt ihr auch, dass es kein getrenntes Sein gibt. Dann wird auch alles andere folgen. Aber immer, immer ist es darauf zurückzuführen, dass ihr liebt, was ihr seid, es akzeptiert, es anerkennt. Ihr seid mit göttlichem Recht hier. Eine gute Gesundheit, ein Leben in Fülle, in Freude, in Liebe – es steht euch nach *göttlichem Recht* zu. Das habt ihr *alles* verdient. Warum? Weil ihr tatsächlich göttlich seid. Es gibt nichts im ganzen Universum, das ihr nicht haben dürft. Da gibt es jedoch ein Aber; und das Aber heißt: *Damit ihr alle diese wundervollen Dinge erhaltet, die ihr euch wünscht, müsst ihr wissen, wer ihr seid und jede Facette davon lieben.* Habt ihr bemerkt, dass ein sogenannter ›roter Faden‹ durch all diese großartigen Reden führt? *(Lachen)* Vibrierende gute Gesundheit ist euer Recht, wenn ihr glaubt, dass es das ist. Das, was nicht vibrierende gute Gesundheit ist, hat ebenfalls seine Gültigkeit und ist ein göttlicher Aspekt dessen, was ihr seid. Wie alles andere auch. Fragen?

F: *P'taah, zurück zur Diskussion, die wir vorhin wegen der Kakerlaken hatten: Da gibt es Insekten, die dein Blut saugen, dich beißen und dich vergiften. Da gibt es Pflanzen, die stechen, nach dir greifen und schneiden. Was hat das mit Unterscheidungsfähigkeit zu tun? Und dann gibt es noch die March-flies.*[13]

---

13 March-fly: eine zu bestimmter Jahreszeit vorkommende Fliege, die sticht. Kommt vor allem in bestimmten Gebieten von North Queensland vor.

(Diese Bemerkung löst ein verständnisvolles Lachen aus.) All das andere Zeugs macht mir nicht wirklich etwas aus, aber die March-flies machen mir zu schaffen.

P'taah: Wie auch unserer Frau. *(Lachen)* Nun, Geliebte. Besser, du liebst sie.

F: *Würde es etwas nützen, wenn ich ihnen einen Brief schreibe?*

(Brüllendes Lachen, weil Jani King genau das mit einer Ratte tat, die in ihrem Haus lebte – und die Ratte räumte das Haus.)

P'taah *(humorvoll)*: Nun, es hat mit der Ratte funktioniert, warum sollte es nicht mit den *March-flies* gelingen? Man kann auch Folgendes in Betracht ziehen. Geliebte, sie können ja auf deinem Körper sitzen und du ignorierst die Wirkung eines Bisses. Das ist das Gleiche wie vorher mit dem Rattengift, nicht wahr?

Wenn ihr glaubt, dass euch irgendetwas beißen wird, verletzen, zerkratzen oder vergiften, dann wird das auch geschehen. Das ist kein Zufall. Da gibt es Leute, die sagen: »Nun, was ist, wenn man gar nicht weiß, dass etwas giftig ist oder dass es beißt etc.« Nun damit verhält es sich wie mit allem anderen. Das ist eine noch zu lernende Lektion. Dazu kommen Lektionen über deine Haltung und Glaubensvorstellung gegenüber Tieren, Pflanzen und so weiter, Lektionen über die Reaktionen des Körpers und seinem emotionalen Zustand, nicht wahr? Wie alles andere – alles ist multidimensional, hm? Auf einer Ebene sind alle Antworten ganz einfach. Aber auch das geht immer weiter und weiter wie alles andere, hm?

(P'taah geht zu einer Dame hin und küsst sie auf die Augenbraue.)

P'taah: Geliebte, du brauchst dir keine Sorgen zu machen, dass du von dem, was ich bin, abhängig wirst. Wenn wir merken, dass du abhängig wirst, werden wir dich wegschicken. Ist das ein guter Vorschlag?

F: *Ein sehr guter Vorschlag.*

P'taah: Und verurteile nicht, wie du deine Lektionen lernst. Verurteile nicht, was du kreierst. Segne alles, was du erschaffen hast, hm? Ich bin ein fürchterlicher Lauscher. Doch wie auch immer, Liebe, normalerweise warte ich, bis ich eingeladen werde.

F: *Das wurdest du.*

P'taah: Das weiß ich doch. Hin und wieder schneie ich herein, wenn ich nicht eingeladen bin, und manchmal bittet man mich zu gehen. *(Die Zuhörer lachen leise, wissend, dass P'taah sich auf Jani King bezieht.)* Hm? Tatsächlich.

(Noch einmal der Mann, der sich speziell wegen der Kakerlaken sorgt:)
F: *P'taah, auf die Gefahr hin, dass es abgedroschen wirkt: Wenn ich weiß, wer ich wirklich bin, mich selbst liebe und dann die Kakerlaken bitte zu gehen, gehen sie dann?*
P'taah: In der Tat.
F: *Wenn ich nicht weiß, wer ich wirklich bin, mich selbst nicht liebe und dann die Kakerlaken bitte zu gehen, gehen sie dann nicht?*
P'taah: Du musst dazu nicht unbedingt absolut ausgeglichen sein. Aber du musst dir natürlich gewiss sein, dass sie, wenn du sie bittest zu gehen, es auch tun.
F: *Okay, da scheint aber noch etwas dahinter zu sein. Ich glaube, wenn ich die Kakerlaken bitte zu gehen, dass sie dann gehen. Ich glaube das, aber es gelingt doch nicht. Da ist irgendein Faktor der fehlt. Muss ich erst lernen, mich selbst zu lieben, und dann geschehen all diese Dinge?*
P'taah: Lieber, wenn du liebst, wer du bist, dann wirst du auch die Kakerlaken lieben.
F: *Und von diesem Standpunkt aus kann man sie dann auch bitten zu gehen, und dann gehen sie?*
P'taah: Nun, du kannst damit auch wundervoll experimentieren: Du führst dein Bewusstsein in das Bewusstsein der Kakerlake. Es ist wie mit den Pflanzen und Bäumen in eurem Garten. Wenn du eins wirst mit dem Bewusstsein, wenn du dich verbindest mit dem Geist der Flora und der Fauna, und wenn du die Pflanzen segnest und ermutigst, dann werden sie gedeihen. Und wenn du die Kakerlake segnest und ihr sagst, dass du nicht den Wunsch hast, deine Wohnung mit ihr zu teilen, dann wird sie gehen.
F: *Das muss also nicht nur vom Kopf kommen. Das muss man auch fühlen?*
P'taah: Genau, Geliebter. So kreierst du die Wirklichkeit.
F: *Dann muss ich das also von meinem Kopf in mein Herz bringen.*
P'taah: Genau.
F: *Nun, mir scheint, damit habe ich ein großes Problem.*
P'taah *(humorvoll)*: Nein. *(Lachen)*
F: *Doch. Irgendwelche Hinweise dazu, bitte?*
P'taah: Lieber, wir haben dir dazu schon seit geraumer Zeit Hinweise gegeben.
F: *In der Tat.*
P'taah: Lieber, wir kommen immer, immer auf das Gleiche zurück, hm? – Ich liebe dich – Du musst *nichts* tun. Du hast hier eine wundervolle Übung im *Sein*, und es ist wundervoll, dass du im Hause bist. Und

in diesem Sinne, wie wir dir schon gesagt haben, sei lieb mit dem, was du bist. Erlaube dir zu sein. Und du weißt, wenn du das tust, dann blühst du auf. Ist es nicht so?

F: *Ja, und das ist schwieriger, als es sich anhört.*

P'taah: <u>NEIN.</u> *(Lachen)*

F: *Doch.*

P'taah: Du erstaunst mich. Alle anderen haben's beim ersten Mal begriffen. *(Brüllendes Gelächter. P'taah fügt ganz freundlich hinzu:)* Wir haben es dir gesagt: Es ist alles in die Wege geleitet. Du bist hier, um eine großartige Entdeckung zu machen. So sei es. Beantwortet das deine Frage betreffend der Kakerlaken, Geliebter? Sehr gut.

F: *Ich sehe zwei Seiten in mir. Die eine ist von den Krankheitsmustern ganz fasziniert. Sei das nun bei mir oder bei anderen. Die andere Seite von mir ist von Herzen froh, wenn ich fühle oder sehe, wie ich oder andere den Druck oder die einengenden Muster auflösen. Das fasziniert mich, und ich frage mich, welche von beiden die richtige Haltung ist?*

P'taah: Das nennt man einen Widerspruch, nicht wahr? Wenn deine Faszination betreffend Ganzheit mehr und mehr wächst, so wirst du Ganzheit mehr und mehr in dir widerspiegeln und auch mehr und mehr nach außen ausstrahlen. Verstehst du? Gesundheit ist keine Sache des Willens. Es ist ein Seinszustand, eine Sache des Herzens. Und schau, es ist in Ordnung, fasziniert zu sein, was das Heilen betrifft. Und es macht sicherlich auch große Freude, damit fortzufahren, eine Heilung in diesem Sinne zu erleichtern. Wir meinen auch nicht, dass du damit aufhören sollst. Du musst dir selbst nur überlegen, welches Muster die Krankheit geschaffen hat.

F *(Eine ganz junge Frau): P'taah, ich würde gerne wissen, wie man Angst auflöst. Muss ich mich dann in diese Situation bringen und die Angst fühlen. Würde das irgendwie helfen, oder ziehe ich damit nur an, was ich fürchte. Ich finde, dass ...*

P'taah: Was denkst du, Geliebte?

F: *Ich denke, dass ich mich nicht wirklich in diese Situation bringen sollte.*

P'taah: Welche Situation? Die Angst zu fühlen?

F: *Die Angst zu fühlen, es aber nicht zu tun.*

P'taah: Das Tun ist nur eine Folge des Fühlens.

F: *Das heißt, ich kann es fühlen und auflösen, ohne dass ich es tun muss?*

P'taah: Fühle und nimm das Gefühl an.

F: *Annehmen?*
P'taah: Du kannst keine Angst tun, du fühlst sie. Nun, lass es uns ganz klar ausdrücken. Du sprichst davon, vor einer Situation Angst zu haben.
F: *Ja.*
P'taah: Und du sagst: »Sollte man die Situation heraufbeschwören, um die Angst zu fühlen?«
F: *Ja. Damit man die Angst auflösen kann.*
P'taah: Also, wir wollen, dass dies hier ganz klar ist: Du kannst keine Angst *tun*. Angst fühlst du. Es ist nicht nötig, dass du die Situation kreierst. Wenn du, ohne zu verurteilen, die Angst annimmst und anerkennst, dann brauchst du die gefürchtete Situation nicht heraufzubeschwören, um die Angst zu transmutieren. Eigentlich könnte man sagen, dass dies für euch ein sehr harmonischer Weg ist. Ihr müsst nicht notwendigerweise all die Dramen in der physischen Wirklichkeit erschaffen. Ihr könnt das Gefühl davon annehmen und so die Angst in Liebe verwandeln. Nicht indem ihr irgendetwas tut, sondern nur, indem ihr dem Gefühl erlaubt zu sein, ohne Werturteil, indem ihr es annehmt und anerkennt. Mit dem Wissen, dass in dieser Angst eine Perle steckt.
F: *Nur zur Bestätigung. Wenn ich vor etwas Angst habe, und ich habe das Gefühl, dass ich keine Angst haben sollte, dann unterdrücke ich die Angst.*
P'taah: Genau.
F: *Wenn ich also vor etwas Angst habe, dann muss ich erst anerkennen, dass es in Ordnung ist, Angst zu haben. Wir haben diese Vorstellung, dass wir keine Angst haben sollten.*
P'taah: Genau. Aber du musst das Gefühl der Angst spüren.
F: *Also haben wir eigentlich etwas angezogen, damit wir die Angst annehmen, und nicht, damit wir sie abweisen.*
P'taah: Geliebte, es gibt in eurem Universum nur zwei Ausdrucksformen: Liebe und Angst. Beide haben ihre Gültigkeit.
F: *Wir müssen beide annehmen.*
P'taah: Genau.

F: *Sagen wir einmal, wir haben Angst vor Schlangen. Sollte ich mir dann vorstellen, dass ich Schlangen liebe? Du sagst zwar: »Wir wollen uns klar ausdrücken«, doch vielleicht will ich es nicht hören, oder so ... Kannst du meinem Herzen einen Hinweis geben?*
P'taah: Sehr gut.

F: *Lass es uns anhand der Schlangen erläutern, zum Beispiel.*
P'taah: Genau. Du hast also Angst vor Schlangen. Wir sprechen wieder hypothetisch. Reden wir über etwas, was für dich auch wirklich störend wäre. Wir könnten uns, sagen wir mal, einen pathologischen Terror vorstellen – machen wir es richtig dramatisch. Hier haben wir jetzt einen intellektuellen Zugang. Du sagst: »Ich habe eine pathologische Angst vor Schlangen.« Und dann machst du all deine Therapien, um den Grund dafür zu erkennen. Und die Leute machen das auch so mit ihren Ängsten, um welche es sich auch immer handelt. Das ist auch gut so. Das Warum herauszufinden – das ist Intellekt. Theoretisch könnte man sagen: Wenn du eine pathologische Angst vor Schlangen hast, dann wirst du – und nichts ist sicherer als das – genau das anziehen, was diese Angst zum Ausdruck bringt. Doch es muss nicht so sein. Natürlich muss man die Angst als einen gültigen Ausdruck verstehen. Du musst einfach im Kopf behalten, dass du genau das ermächtigst und anziehst, was du abwertest. Verstehst du das? Also muss man sich diese Angst vor Schlangen vergegenwärtigen, sich das schlimmstmögliche Szenario vorstellen. Man könnte vielleicht sagen: Du liegst nachts im Bett, greifst nach deinem Buch, und zwischen den Seiten liegt eine Schlange. Wenn du dir jetzt diese Szene vorstellst, dann kreierst du in dir das Gefühl der Angst. Und dann transmutierst du die Angst in Ekstase. Und wie sind dafür die Regeln, Geliebter? Übernimm die Verantwortung – gleiche deine Werturteile aus. In diesem Fall zunächst das Urteil über dich selbst, weil du so schwach bist und dich vor Schlangen fürchtest, und das Werturteil, das du über Schlangen hast. Dann schraubst du deinen Kopf ab, nimmst ihn unter den Arm und fühlst das Gefühl.
F: *Das Gefühl des schlimmstmöglichen Ausgangs?*
P'taah: Genau.
F: *Ich stelle mir vor, was passiert, und schreie oder was ...?*
P'taah: Dann würdest du dem Gefühl Ausdruck verleihen. Das ist nicht einmal nötig. Es geht um das Fühlen, nicht um dessen Unterdrückung und nicht um dessen Ausdruck. Es ist der neutrale Platz dazwischen. Gefühle sind eigentlich eine neutrale Energie, nur die Werturteile machen sie zu etwas Gutem oder Schlechtem. Und wenn du dann das Gefühl ohne Werturteile fühlst, dann kann die Energie – eben das Gefühl – sich fortbewegen. Auf diese Weise brauchst du das Drama in der materiellen Realität nicht anzuziehen.
F: *Am Gefühl festhalten, bis es zu Licht wird?*
P'taah: Genau. Das nennt man ›es ins Licht aufnehmen‹.

F: *Also daran festhalten, bis man zum Zustand »Warum kümmert mich dieses Gefühl überhaupt« gelangt. Meinst du das?*

P'taah: Hm, du wirst wissen, wann du damit aufhören musst.

(Gelächter)

F: *Ich werd's bestimmt versuchen.*

P'taah: Ich will dir etwas sagen: Wenn du vor etwas Angst hast, dann kannst du dir auch eine sanfte Erfahrung wünschen. Natürlich nur, falls die Vorstellung allein den Zweck nicht erfüllen sollte. Aber du musst nichts *tun*, du musst nur *zulassen*. Darum geht es in eurer Welt: ZULASSEN. Das nennt man weibliche Energie. Das muss man nicht *tun*, denn das wäre männliche Energie, nämlich die, mit der die Menschheit seit eurer Geschichtsschreibung lebt. Die männliche Energie soll nicht schlechtgemacht werden. Es muss nur die weibliche Energie hervorgebracht werden, damit ein Gleichgewicht entsteht. Man könnte auch sagen, dass Intellekt und Gefühl einen positiv-negativen Zustand darstellen. Das ist nichts Schlechtes. Es ist nicht das eine falsch und das andere richtig; beides ist gleichwertig. Es ist eine neutrale Polarität, und nur die Werturteile stören das Gleichgewicht. Also muss man es zulassen, muss die Transmutation der Angst zulassen, die Angst an sich zulassen. Sie annehmen, nicht unterdrücken. Sie braucht nicht unbedingt ausgedrückt zu werden. Nur zulassen und sie ins Licht eures Wesens aufnehmen. Siehst du jetzt klarer?

F: *Ich sehe, du kannst mir dafür nie ein klares Rezept geben. Das ist nicht wie Kuchenbacken. Da fehlt eine Erkenntnis. Man kann nicht nur der »physikalischen Anleitung« folgen. Es muss echtes Verstehen sein, und das muss wachsen.*

P'taah: In der Tat, Geliebter. Schau, es gibt ein ganz einfaches Rezept: Wisse, wer du bist, und *wisse, du bist Gott*. Alles andere ist wirklich nur eine Folge davon. Denn wenn du tatsächlich liebst, was du bist, dann liebst du auch wirklich alle Dinge. *Wenn du weißt, dass du* GOTT, ICH BIN, *bist, dann ist alles außerhalb von dir ein Spiegelbild dieser Göttlichkeit.*

F: *Was macht man, wenn einem das Ego immer versucht zu zeigen, wie unperfekt man ist oder einen auf die schlechten Seiten hinweist?*

P'taah: Aber, mein Lieber, du musst wissen: Jedes Teilstück deines Wesens ist ein Ausdruck des GOTTES, *der du bist*. Jede, wirklich jede Facette dessen, was du bist, ist ein Ausdruck des Göttlichen. Sonst würde es nicht *sein*, Geliebter. Es gibt kein Richtig oder Falsch. Es IST einfach.

F: *Ich habe eine vorgefasste Meinung von Perfektion. Da liegt das ganze Problem.*

P'taah: Geliebter, du bist perfekt.

F: *Auch mit meinen ›was auch immer‹? Damit bin ich genauso perfekt, wie Jesus war?*

P'taah: Geliebter, du *bist* perfekt.

F: *Mein Ego ist perfekt, alles ist perfekt?*

P'taah: Schau, Lieber, es liegt an der menschlichen Definition von ›perfekt‹. Wie wir schon gesagt haben, ist eure Definition ein fertiges Produkt: fertig und unverdorben. Doch schau, es gibt nichts im Universum, das fertig wäre. Andernfalls würde es nicht *sein*. Nicht einmal Gott.

F: *Jetzt habe ich es absolut perfekt verstanden. Wie behalte ich das jetzt? Schreibe ich es mir auf die Augenlider, wenn ich es nicht sehe?*

P'taah: Ich werde es dir auf die Augenlider tätowieren. Ehrlich, Geliebter, wir werden es dir ins Herz tätowieren. *(Und ganz sanft:)* Es ist alles in Ordnung.

F: *Ich machte kürzlich die Erfahrung, dass meine Freunde mich ihrer Liebe versicherten und mir diese Liebe auch zeigten. Ich fand es schwieriger, Liebe anzunehmen als zu geben. Allerdings nicht so schlimm wie voriges Jahr. Es ist etwas anderes, offen zu sein, anzunehmen und zu akzeptieren, als zu geben.*

P'taah: Nun, Geliebte, hier haben wir ein perfektes Beispiel für männliche/weibliche Energie. Verstehst du jetzt?

F: *Ja, jetzt schon.*

P'taah: Es kann sein, dass du so einen wundervollen Tanz in deinem Universum kreierst, um zum Verständnis zu gelangen, dass du *alles* bist, männlich *und* weiblich. Das Geben der Liebe ist das, was ihr männliche Energie nennen würdet, das Erhalten ist weibliche Energie. Den meisten von euch fällt es leichter zu geben als anzunehmen.

F: *P'taah, du beziehst dich manchmal auf uns als Lichtwesen.*

P'taah: Das seid ihr auch. Ihr werdet immer heller und heller.

F: *Ist da sonst noch was dran?*

P'taah: Wie viel mehr möchtest du denn?

F: *Ich weiß es nicht. Darum frage ich.*

P'taah: Das nennt man eine multidimensionale Frage. Denn unter anderen dimensionalen Aspekten seid ihr sicherlich Lichtwesen. Wir möchten daran erinnern, dass wir nicht von einer höheren Stufe reden, wenn wir von ›höherer Frequenz‹ sprechen. Wir meinen keine Hierarchie, wir meinen das technisch-wissenschaftlich, wenn ihr so wollt. Wenn das Universum und eure Welt in die vierte Dichte voranschreitet, in eine höhere Frequenz eintritt, dann wird die physikalische Dichte abnehmen. Das, was weniger dicht ist, also eine höhere Frequenz hat, wird immer heller und heller. So wird also mit dem Übergang der Erde in diese höhere Frequenz jedes Atom und Molekül eine geringere Dichte bekommen, und dadurch wird Licht im Innern erzeugt. Das gilt nicht nur für die Menschen, das gilt auch für die Flora und Fauna auf eurem gesamten Planeten. Wenn die Veränderungen mit dieser höheren Frequenz mitschwingen, wird alles leichter und leuchtender. Beantwortet das deine Frage, Geliebter?

F: *Bis zu einem gewissen Grade, aber nicht ganz.*

P'taah: Gut. Wir sprechen von euren multidimensionalen Aspekten, wenn wir sagen: »Ihr seid jetzt Lichtwesen.« Denn ihr seid alle Dinge auf einmal. Wie auch die Vergangenheit, die Gegenwart und die Zukunft in eurem Sinne nur in diesem Raum-Zeit-Kontinuum existieren und außerhalb davon alles zur selben Zeit stattfindet, so ist es auch mit den Teilen des Selbst, die ihr Frequenzen nennen würdet. Sie befinden sich außerhalb des Raum-Zeit-Kontinuums, wie ihr es bezeichnet, aber auch, wenn ihr so wollt, in einer anderen Richtung. Ihr dehnt euch jedoch in alle Richtungen aus. Ihr seid alle Richtungen gleichzeitig, so wie ihr auch an allen Zeitebenen teilnehmt. Doch jetzt werden wir total technisch.

F: *Ich liebe das.*

P'taah: Hm. Ich weiß. Du bist also mit deiner Vergangenheit, deiner Gegenwart und deiner Zukunft beschäftigt. Du hast auch mit den Aspekten deiner multidimensionalen Frequenz zu tun, sowie mit leichteren und helleren Frequenzen. Du bist auch mit den sogenannten möglichen Wirklichkeiten, mit möglichen ›Selbsts‹ hier und in anderen Raum-Zeit-Kontinuen beschäftigt. Das heißt, dass du sehr beschäftigt bist. Es heißt auch, dass du dich eigentlich nicht zu sehr um all die anderen Aspekte zu sorgen brauchst. Du musst nur wissen, dass du *bist*. Und wenn du intellektuell deine Multidimensionalität verstehst, wirst du immer mehr zur Erkenntnis gelangen, dass du von nichts getrennt bist.

F: *P'taah, scheinbar gibt es keine Trennung. Okay. Mehr oder weniger kann ich diesen Gedanken auch verfolgen. Aber wie auch immer, in unserer Körperlichkeit, hier und jetzt in dieser dritten Dichte scheinen wir doch alle voneinander getrennt zu sein. Ich schaue all diese Freunde an, und wir sind voneinander getrennt. Dieses All-Eins-Sein zu verstehen, ist so schwierig.*

P'taah: Geliebter, du bereitest dich eben für diesen Übergang vor, und du wirst Momente haben, in denen du dieses All-Eins-Sein wahrhaftig fühlen wirst.

F: *Ich freue mich schon darauf.*

P'taah: In der Tat, ich weiß, ich weiß. *(Ganz sanft:)* So sei es.

F: P'taah, im Anschluss an dieses Thema: Ich wachte einmal auf und erinnerte mich, woher ich komme. Ich hatte das Gefühl, dass ich mir bewusst war, gerade von einem Ort gekommen zu sein, wo es weder Raum noch Zeit gab. Ich kann es mit Worten gar nicht erklären. Ich hatte einfach dieses Gefühl, und ich kann mich daran erinnern.

P'taah: Das ist tatsächlich gültig, Geliebte. Denn die unfassbare, große Weite, woher du kommst, befindet sich jenseits von Raum und Zeit, im Strudel, genannt ICH BIN, genannt GOTT. Und dahin kehrst du auch zurück. Und doch seid ihr natürlich alle bereits dort – das ist das Paradox.

F: P'taah, ich möchte das noch etwas klarer: Energie ist also alles, was es gibt?

P'taah: In der Tat.

F: *Alles ist also eine Umwandlung von Energie in eine bestimmte Frequenz.*

P'taah: In jede mögliche Frequenz.

F: *Sogar wir selbst?*

P'taah: In der Tat.

F: *Woher kommt dann die Identität und das Gefühl und überhaupt alles andere, was wir empfinden?*

P'taah: Das ist einfach eine Energie, die IST. Zurzeit unmessbar und unermesslich. Schau, Geliebter, es gibt viele, viele Formen von Energie, die euren Physikern noch gänzlich unbekannt sind. Man könnte sagen, dass Gott Energie ist. Alles ist Energie.

F: *Meine Seele ist Energie?*

P'taah: Ja, Geliebter.

F: *Die Seele ist also das Gefäß für die Energie – und der Geist ist Energie.*

P'taah: Genau.

F: *Unterschiedliche Frequenzen?*

P'taah: Alles ist Energie.

F: *Was ist der Geist? Eine besondere Energie?*

P'taah: In der Tat. Alles ist eine besondere Energie, denn alles kommt von Gott, dem ALLES, WAS IST, der Quelle. Darum gibt es in Wahrheit keine Trennung. Die gibt es nur, weil ihr für alles Namen braucht, weil ihr jedes Ding in seine eigene kleine Schachtel stecken wollt.

F: *Das ist es also, worum es in der dritten Dichte überhaupt geht?*
P'taah: Was soll das, Geliebter. Hast du eine Frage, oder machen wir eine Dissertation?
F: *Wir machen eine Dissertation.*
P'taah: Gut, dann mach mal.
F: *Ich denke, es wäre vielleicht nützlicher, wenn ich etwas frage, worauf mir die Antwort besonders viel bedeutet. Es betrifft meine Träume. Ich bin dabei immer eingeschlossen und versuche aus dem Gefängnis herauszukommen.*
P'taah: Wie außergewöhnlich, Geliebter. *(Glucksendes Lachen)*
F: *Und immer schaffe ich es nicht ganz. Ich erkenne einen gewissen Zusammenhang mit einem Gefühl des ›Opfers‹, aber ich kann in meinem täglichen Leben nicht erkennen, wo der Ursprung dafür liegt. Es kann mit nichts anderem zu tun haben als mit der Trennung des Selbst vom SELBST.*
P'taah: Möchtest du eine multidimensionale Antwort, Geliebter?
F: *Ja, ja.*
P'taah: Du willst also tatsächlich, ich soll dir glauben, dass es in deinem täglichen Leben nichts gibt, wo du dich als Gefangener fühlst und versuchst auszubrechen? Geliebter! *(Der Mann, der die Frage gestellt hat, muss lachen.)* Das genügt wohl.
F: *Ja. Ich habe wohl zu große Angst vor der Antwort.*
P'taah: Du kennst die Antwort ganz genau. Du bist ein Gefangener deines Körpers und wünschst, daraus auszubrechen. Du bist von vielen Dingen gefangen und möchtest gerne frei werden, Geliebter. Wir schlagen vor, du akzeptierst schleunigst das ›Gefangen-Sein‹.

F: *P'taah, das ist eigentlich eine Frage von jemand anderem. Aber sie hatte zu große Angst zu fragen: Alles läuft wie geschmiert, und plötzlich – bumm! – verunglückt man mit dem Auto. Könntest du sagen, wie das scheinbar aus heiterem Himmel passieren kann.*
P'taah: Eine wunderbare Co-Kreation, hm? Gerade wenn du denkst, du seist sicher. Gerade wenn du denkst, du hättest alles im Griff, oder gerade, wenn du denkst, du wüsstest jetzt alles. Was auch immer im Leben geschieht, ihr habt eine wundervolle Art, euch Situationen zu kreieren, wo ihr euch fragen müsst: »Oh, oh, wofür habe ich das nun wieder getan?« Und ehrlich, das gilt für euch alle: Was ihr in eurem täglichen Leben tut, ist bloß das Kreieren von Situationen, damit ihr euch das Gefühl anschauen könnt. Damit ihr euch anschauen könnt, was ihr

manifestiert, um euch selbst zu zeigen, dass sich innerhalb der Weite jedes einzelnen Schichten um Schichten von Glaubensstrukturen samt gefühlsmäßigen Reaktionen befinden. Jeder von euch hat Fragen zu einem bestimmten Bereich seines Lebens, und ganz speziell fragt ihr euch bei Unfällen: »Was soll das bedeuten?« Es gab unter euch diese Woche mehr als nur einen Unfall. Dann müsst ihr euch fragen: »Wie fühlt es sich an? Was kreiere ich mit diesem Unfall?« Es gibt keine Zufälle – das wisst ihr alle. Ihr lernt so, Schicht um Schicht euer Verständnis herauszuschälen, um zur Erkenntnis zu gelangen. Ihr Lieben, vergesst nicht, dass dieses Lernen keine so ernsthafte Sache ist. Ihr braucht euch keine furchtbaren Umstände zu schaffen, ihr könnt es mit leichtem Herzen angehen. Einen nicht so ernsten ›Unfall‹ zu haben, ist einem, der die Gesundheit extrem gefährdet, vorzuziehen. Verstehst du, was ich meine? Das Leben ist nicht als ernsthafte Übung gedacht. Nun, wenn ihr es gerne ernst haben wollt, ist mir das auch recht. Ernsthaftigkeit hat absolut ihre Gültigkeit, ihr Lieben.

F: *P'taah, ein ganz anderes Thema: Die Antarktis – hat sie heute für diesen Planeten eine spezielle Bedeutung?*

P'taah: Beide Pole haben eine bestimmte Bedeutung für euren Planeten. Wir würden das aber lieber auf einem anderen Treffen besprechen, Geliebter.

F: *Damit bin ich gerne einverstanden.*

P'taah: Ist das gut so? Denn es genügt eigentlich für heute Abend. Wenn wir mehr über die kommenden Veränderungen und so weiter erzählen, werden wir darauf zurückkommen.

F: *Danke schön.*

P'taah: Gut. Und nun ist es Zeit, weiterzuziehen. Das bedeutet nicht wirklich ›Adieu‹. Wir freuen uns schon erwartungsvoll auf das nächste Treffen mit euch.

Ihr müsst wissen, dass alles Gott ist und dass auch ihr Gott seid. Nur darum geht es. *(Zu einem der Männer im Publikum:)* Du warst heute Abend sehr still, Geliebter. Das ist in Ordnung. Du bist dennoch spürbar anwesend. Wir sehen uns wieder.

(Zur Gastgeberin:) Noch einmal unser Dank, geliebte Frau. *(Zum Gastgeber, der das Aufnahmegerät bedient:)* Ich danke dir, unentwegter Techniker. Unser echter Dank, ihr Lieben. Wie ihr wisst, ist es immer eine Freude, bei euch zu weilen. Und wir freuen uns wirklich sehr, bald wieder bei euch zu sein. Segnet, was ihr selbst seid, denn ihr seid tatsäch-

lich ein Spiegelbild der Strahlen, die das Licht über das Multiversum aussenden. Wir schauen in der Tat mit Ehrfurcht auf eure Brillanz, und bald schon werdet ihr erkennen, dass ihr tatsächlich GOTT, ICH BIN, *seid*. Wir bitten euch nur, euch noch etwas in Geduld zu üben. Ich liebe euch alle. Wahrhaftig. Guten Abend.

Neunte Übermittlung

P'taah: Guten Abend, ihr Lieben.
Publikum: *Guten Abend, P'taah.*
P'taah: Wie geht es euch heute Abend?
(Das Publikum antwortet entsprechend.)
P'taah: Also, da sind viele neue Gesichter. Wahrhaftig, es ist an der Zeit, das Bewusstsein der Menschheit dieses Planeten zu beleben. *(Weil etwa zwanzig neue Teilnehmer zum heutigen Treffen gestoßen sind, sieht P'taah eine gewisse Notwendigkeit für ›Basisarbeit‹ und rekapituliert erst mal kurz:)* Nun, die letzten Tage haben wir mit euch über die vibrierende Frequenz gesprochen, die ihr ja alle seid. Wir haben mit euch über höhere Schwingungen gesprochen und haben euch gesagt, dass eine höhere Schwingung nichts mit einer höheren Einstufung zu tun hat. Sie hat auch nichts mit Hierarchie zu tun. Nun, eure soziale Struktur, das heißt eure Regierungen auf dieser Welt, eure Gesellschaft und eure sozialökonomische Struktur sind in der Tat immer hierarchisch. Das nimmt in eurer Gesellschaft die verschiedensten Formen an. Da gibt es die Hierarchie der Ausbildung und der Wirtschaft. Dann sind da die großen Machtspiele jener, die die wichtigen Positionen in eurer Regierung innehaben, jener, die eigentlich euer tägliches Leben mit ihren Gesetzen prägen. Dann diejenigen unter euch, die bei der sogenannten New Age-Bewegung dabei sind; da gibt es auch eine Hierarchie. Ihr Lieben, ihr alle stellt euch in euren Herzen vor, ihr wärt nicht so fortgeschritten wie mancher andere, und ihr wüsstet nicht so viel. Doch was das Gebiet der Spiritualität angeht, da gibt es keine Hierarchie.

Da sind einige, die jemanden wie mich als Guru, als Propheten sehen, ob sie nun in menschlicher Form erscheinen oder, wie ich, ein sogenanntes menschliches Telefon benutzen. Und sehr häufig besteht dann die Tendenz zu einer Art Anbetung. Doch seht, ihr Lieben, ich bin wie ihr, denn wir sind alle ein Ausdruck des <u>ALLES, WAS IST</u>. Da gibt es keine Ränge. Es kann sein, dass ihr das Gefühl habt, jemand wie ich, der euer Lehrer ist, sollte auf ein Podest gestellt werden. Das soll nicht sein, und ich will euch Folgendes sagen: Ihr seid eine großartige Lernerfahrung für mich. Was wir nämlich zusammentun, ihr und ich, ist Energie austauschen. Es ist natürlich wahr, dass es viele wie mich gibt, die herkommen, um bei einer Ausdehnung des Bewusstseins zu helfen. Doch, ihr Lieben, ihr seid nicht nur Bewusstsein, ihr seid wahrhaftig großartige, spirituelle Wesen. Ihr habt euch in dieser Dimension der Realität und als morphogenetische Resonanz, das heißt als kollektives Bewusstsein, einen Zustand des Vergessens ausgesucht – das ist alles. Dieser Körper und dieses Wesen hier, zu dieser Zeit, ist wirklich nur eine Facette eurer wahren Größe. Wir haben Verständnis, dass ihr euch verloren habt, dass ihr nicht wisst, was ihr tun sollt und wie ihr es überhaupt tun sollt. Und wir sagen es immer wieder: Ihr braucht nichts zu tun, denn was ihr heute lernen müsst, ist, ein menschliches Wesen zu SEIN. *Sein,* in jedem Moment des Jetzt, in seiner gesamten Fülle. So werdet ihr wirklich das, was euch in Ketten hielt, wegwerfen können und euch eine brillante Zukunft aus jedem jetzigen Moment erschaffen. In diesem Sinne gibt es keine Hierarchie. Ihr seid heute hier, um eure tatsächliche Macht und eure Souveränität zu erkennen, damit ihr nie mehr von jemand anderem für euer emotionales Wohlbefinden und eure Lernerfahrungen abhängig sein werdet. Denn die Kenntnis über alle Universen steckt in der Brust jedes Einzelnen von euch. Ihr seht, ihr Lieben, wir kommen immer wieder auf die gleiche Sache zurück. Wenn ihr euer eigenes Wissen erkennt, wenn ihr zu erblühen beginnt und verstanden habt, dass ihr, wenn ihr das, was ihr seid, liebt und ehrt, damit auch das Göttliche liebt und ehrt. Wenn ihr es so macht, wird aus eurem Selbst ein Licht der Liebe ausstrahlen, jener göttliche Funke, der alles verändern und durch die Universen schwingen wird. Wir sagten schon, dass eine der grundlegenden menschlichen Situationen die Angst ist, minderwertig zu sein. Darüber kann jeder Einzelne von euch nachdenken. Denn wenn ihr glaubt, ihr seid es nicht wert, dann zieht ihr genau diese Erfahrung in euer tägliches Leben. Erkennt das, denn ihr habt wirklich alles verdient. Einfach, weil ihr *existiert,* weil außerhalb von Gott, dem ALLES, WAS IST, nichts existiert. Wie kann es da eine Hierarchie geben, wenn doch alles vom Atem Gottes durchdrungen ist?

Ihr seid wertvoll, weil ihr *seid.* Es gibt nichts Höheres als das, was ihr seid. Wenn wir von höheren vibrierenden Schwingungen reden, meinen wir das technologisch gesehen – das ist alles. Ihr könnt euch dann statt dem ›höher‹ eine weiterreichende Antenne vorstellen, die Kenntnisse und Energien von allen Galaxien, tatsächlich vom ›ALLEM, WAS IST‹ aufnimmt. Diese Antennen reichen immer weiter und weiter. Somit weitet sich das Wissen immer mehr aus. Versteht ihr das? Das kann mit einer Spirale verglichen werden. Das nennt man Energie. Und in dieser Spirale ist der <u>VORTEX</u> angelegt; und der <u>VORTEX</u> ist das <u>ALLES, WAS IST</u>. Es ist wirklich ganz einfach.

Nun gut. Heute Abend werden wir mit den Fragen früher beginnen, denn es sind so viele Freunde hier. Wir ermuntern euch auszusprechen, was euch auf dem Herzen liegt. Es gibt nichts, was zu trivial wäre. Wenn die erforderliche Antwort auf einer anderen Linie als der Richtung des heutigen Abends liegt *(wegen einer Kontinuität des Buches)*, werden wir ein anderes Mal darauf zurückkommen. Es braucht keiner das Gefühl zu haben, er würde ausgelassen. Denn wenn ihr eine Antwort wünscht, werden wir es so einrichten, dass ihr sie erhaltet. Nun, Geliebter, hast du eine Frage?

F: *Ich habe für einen Freund von uns einige Fragen. Ich möchte nur schnell meine Brille suchen, bitte. Du hast mich unvorbereitet überrascht.*

P'taah *(sehr belustigt)*: Nein.

F: *Doch. Also, die erste ist: Du hast uns erzählt, dass unsere Körper dafür geschaffen sind, Hunderte von Jahren zu leben. Ich glaube, das würde mir gefallen. Was muss ich tun, um so lange zu leben?*

P'taah: Nun, dazu braucht es natürlich einmal die Erkenntnis, dass das, was ihr Tod nennt, eine Illusion ist, dass es für nichts ein Ende geben kann. Nur weil ihr eure Körper ablegt, heißt das nicht, dass ihr euer Bewusstsein ebenfalls ablegt. Doch es ist wie mit allen Dingen. Diese Frage ist vielschichtig. Der Körper wurde so erschaffen, dass er viele Hundert Jahr leben kann. In vorgeschichtlicher Zeit war das auch so. Es gibt in euren geschichtlichen Aufzeichnungen Menschen, die eine solch lange Zeit gelebt und sich reproduziert haben. Es gibt Menschen, also humanoide Wesen in anderen Welten, die auch bis zu eintausend Jahre leben. Nun wollen wir darüber sprechen, was ihr von euren Körpern glaubt: Also, ihr glaubt, dass nach etwa siebzig Jahren alles vorbei sei. Ihr bewundert jene unter euch, deren Körper hundert Jahre alt werden oder etwas darüber, vielleicht so um die hundertzwanzig herum. Es gibt viele Leute, die seit Generationen in abgelegenen Dörfern und Gegenden leben, und weil sie von der Kommunikation abgeschnitten sind, wissen sie nicht, dass ihre Körper eigentlich nicht so alt werden ›sollten‹. Jene, die auf diesem Planeten unter ›ganz normalen‹ Umständen leben, also in Städten, glauben nicht nur, dass ihre Körper nicht viel älter als achtzig und ein paar Jährchen werden können, sie leben auch unter außergewöhnlichem Stress. Ihr wisst nicht, wie man mit dem, was ihr seid, liebevoll umgeht. Und ihr erschafft euch Krankheiten des Körpers, weil ihr nicht wisst, wie man transmutiert – also Schmerz in Ekstase verwandelt. Auf diese Weise macht ihr es euch ziemlich schwer, die Möglichkeiten des Körpers voll auszuschöpfen. Euer Körper ist absolut integer. Und so, wie ihr über euch und euren Körper denkt, so ist es auch. Wenn du viele Jahre länger leben möchtest, als allgemein für ›normal‹ gehalten wird, dann musst du deine Glaubensstrukturen über deinen Körper und die Wirklichkeit betrachten. Du musst erkennen, dass du dich vom kollektiven Bewusstsein abtrennen und vorwärtsschreiten kannst. Man muss auch das annehmen, was ihr Tod nennt. Wenn ihr am Leben bleiben wollt, weil ihr Angst vor dem Sterben habt, was denkt ihr, was geschieht, ihr Lieben?

F: *Die zweite Frage, P'taah: Hat der australische Kontinent ein besonderes Bewusstsein oder eine besondere Energie? Wenn ja, wie sieht die aus, und aus welchem Grund ist sie so?*

P'taah: Gut. Nun, natürlich hat er eine besondere Energie. Wir haben schon über die morphogenetische Resonanz gesprochen. Wir werden es kurz rekapitulieren. Jedes Atom und Molekül besitzt ein kollektives Bewusstsein. Es ist Energie, die sich bewusst wahrnimmt. Das verbindet gleichartige Atome und Moleküle. Wenn zum Beispiel in eurem Körper die Atome und Moleküle sich zu einer Zelle verbinden, dann hat diese Zelle ihre eigene Schwingung und schwingt mit jeder anderen Zelle mit. Die Zellen verbinden sich zu einem körperlichen Organ, das andere Organe erkennen und sich an andere Organe erinnern kann. Wenn dann die Zellen und Organe zu einem menschlichen Körper werden, schwingt der Körper mit jedem anderen menschlichen Körper mit. Genauso ist es auch mit den unsichtbaren Energien. Wenn du in eine Familie geboren wirst, hat diese eine Schwingung, ein morphogenetisches oder auch kollektives Bewusstsein, eine Frequenz. Die Familie lebt in einem Dorf oder einer kleinen oder größeren Stadt. Und das Kollektiv des Dorfes oder der Stadt hat ebenfalls *seine* Schwingung, sein ›erkennendes‹ Bewusstsein. Auch Religionen haben ihr eigenes Bewusstsein. Verstehst du? Also hat auch Australien so wie jedes Land tatsächlich eine eigene, einzigartige Schwingung. Nun verbindet sich natürlich jede kollektive Schwingung mit der sogenannten Schwingung, die sich Menschheit nennt. Eure Erde, eure große Göttin hat ihr eigenes ›Wesen‹ *(Bewusstsein)*. Alles, was auf der Erde wächst, jedes Mineral, jeder Stein, jeder Baum und jede Blume lebt in einer symbiotischen Schwingung mit der Göttin.

Nun, dieses Land hier hat wirklich einen wundervollen Geist – einen sehr alten natürlich. Die Leute aus diesem Land, die vor den Europäern hier lebten, hatten eine wundervolle Beziehung zur Göttin. Tatsächlich unterhielten sie Beziehungen zu den Sternen und deren Bewohnern. Diese Schwingung ist immer noch da. Wisst ihr, dass es für euch viel einfacher ist, die Beziehung zwischen den Menschen und der Erde zu erkennen, als es für viele, viele andere Leute ist. Warum denkt ihr, kommen Leute in dieses Land, die nicht hier geboren wurden, also aus anderen Weltgegenden stammen? Das ist, weil in ihren Herzen eine Sehnsucht nach diesem Wissen lebt. Die größere Seele von euch, der größere Teil von euch, das Wissen in euch hat euch hierher gebracht, entweder geplant oder aus eurer Sicht ›zufällig‹, damit ihr diese Sehnsucht stillen könnt. Diesem Land wird in der kommenden Zeit des Übergangs der Erde eine große Rolle zukommen. Diejenigen von euch, die in dieser[14] Gegend des Landes wohnen, sind wirklich sehr clever. Denn hier findet sich eine weiche und liebevolle Energie. Hier könnte man manchmal beinahe glauben, man befinde sich in dem großartigen Wald vor der Zeit von Atlantis. Es ist ein sehr liebevoller Ort, ein Ort mit großen Heilkräften. Es gibt viele Sternenwesen, die hierherkommen und schon immer hergekommen sind. Wir gratulieren euch, ihr Lieben. *(P'taah sieht den Mann an, der die Frage gestellt hatte:)* Hast du auch eine Frage für dich selbst, Geliebter?

F: *Ja, das habe ich. Obschon ich die Worte viele Male höre, habe ich Mühe, mit meinen Gefühlen in Kontakt zu kommen, mit dem ›fühle das Gefühl‹.*

P'taah *(im Spaß)*: Ich bin sicher, dass keiner hier weiß, wovon du sprichst. So geht es nicht nur dir, Geliebter, so geht es hier allen anderen. Denn die Menschheit wurde darauf programmiert, *nicht zu* fühlen. Weil ihr denkt, »wenn ich fühle, dann sterbe ich.« Das ist also nichts Unbekanntes. Möchtest du denn ein Rezept, Geliebter?

F: *Ja.*

P'taah *(bezieht sich auf einen bestimmten Herrn, der ein Rezept wünschte, wie man mit den Kakerlaken und den Schlangen umgehen soll und bemerkt)*: Unser geliebter Rezeptmann ist heute Abend nicht hier – er mag auch so gerne Rezepte, hm? Also, wie fühlst du das Gefühl? Schau, Gelieb-

---

14 Die Region, auf die er sich hier bezieht, ist der tropische Norden von Queensland, Australien. Die angesprochene Gegend befindet sich um Cairns und die Atherton-Hochebene.

ter, einer der ersten Schritte dahin muss sein, mit dem *Versuchen aufzuhören*. Kommt dir das bekannt vor? Doch wir verstehen, dass du große Schwierigkeiten mit dem ›Nichtstun‹ und dem *Sein* hast. Das ist eine erschreckende Situation, wenn man nichts tun kann, hm? *(Spaßeshalber:)* Keiner hier findet das normal, hm? Nun gut, wir werden dir ein Rezept geben, Geliebter, wie du zu diesem stillen Ort gelangst. Ich glaube, du hast uns schon erzählt, dass man dir gesagt hat, du sollst dich unter einen Baum setzen?

F: *Ja.*

P'taah: Nun denn, tu es. Jeden Tag. Das muss nicht unbedingt ein Baum sein, Geliebter. Es kann auch das Meer sein. Es ist für euch alle sehr wichtig, dass ihr euch Zeit für euer SELBST nehmt. Wir meinen damit nicht, dass ihr nun meditieren sollt. Es gibt so viele Leute, die sagen: »Aber das ist doch so langweilig, P'taah.« Dann entgegen wir: »Wenn es langweilig ist, dann tut es nicht.« Wir möchten, dass ihr tut, was euer Herz zum Jubeln bringt, dass ihr Freude habt und lachen könnt. Es heißt aber nicht, dass ihr euch vernachlässigen sollt. *(Er wendet sich noch einmal diesem Herrn zu:)* Du musst dir mindestens jeden Tag eine Stunde Zeit nehmen. Du brauchst dich nicht hinzusetzen und mit dem Denken aufzuhören. Wir bitten dich, dass du dich auf ein Blatt oder ein kleines Tier oder eine Muschel konzentrierst. Wir bitten dich, sie dir anzuschauen *(und ganz sanft)*, bis du Gott entdeckst. Und wenn du dann wirklich weißt, dass du dich selbst anschaust, wird das ein Gefühl mit einschließen, das du annehmen kannst. Wenn du die guten Gefühle annehmen kannst, wird es leichter für dich sein, die schlechten ebenfalls anzunehmen. Gefühle sind einfach nur Energie, sie sind weder gut noch schlecht. Nur euer Urteil macht sie dazu. *(Wissend, dass sich der Mann am nächsten Tag auf eine lange Reise begibt, fügt P'taah hinzu:)* Du gehst nun weg, doch du kannst immer wieder zurückkehren. Du hast immer die Wahl, Geliebter, und es gibt keine falschen Entscheidungen. Es gibt keine falsche Wahl, es IST einfach. Verstehst du? Wir freuen uns heute schon, dich wiederzusehen. *(P'taah's Stimme wird ganz sanft und drückt eine große Zärtlichkeit aus:)* Ich liebe dich.

F: *P'taah, du hast mit uns über die Angst gesprochen. Beim letzten Treffen hast du das Wort Zweifel gebraucht. Ist das dasselbe wie Angst?*

P'taah: Das ist es. Doch oft hat Zweifel gar nicht viel mit Angst zu tun. Wir haben das erwähnt, als wir über das Manifestieren geredet haben. Du wünschst dir etwas, und du äußerst dazu einfach den Wunsch verbunden mit dem Wissen, mit dem Gefühl, mit der Gewissheit, dass er sich im selben Moment bereits erfüllt hat. Es sei denn, du zweifelst. Hier ist Zweifel keine Angst. Es ist vielmehr eine Unsicherheit betreffend eurer eigenen Fähigkeit. Das muss nicht unbedingt Angst sein. Wir wollen es mal so ausdrücken: Du weißt, dass du jeden Tag Dinge manifestierst, die du dir wünschst. Wenn du Disharmonie in dein Leben bringst, dann musst du den Glauben ansehen, den du von dir selbst, der Welt und den anderen Leuten hast. Wir schlagen vor, dass du in Gedanken kurze Notizen von den Dingen machst, die du mit deinem alltäglichen Denken hervorbringst. Wenn du dir dann sagst: »Meine Güte, es wäre so schön, wenn ...« Indem du dies also denkst, im Gefühl schwelgst, wie die Situation dann sein wird, und das so aussendest, dann geschieht es auch so. Dann äußerst du: »Ich habe vor einer Weile lediglich gesagt, dass ich mir dies wünsche, und hier ist es – welch ein Glück«, oder: »Was für ein Zufall.« Nun, das ist weder Glück noch Zufall. Du hast es erschaffen, ohne zu begreifen, was du tust. Falls du es in deinem wundervollen Kopf immer dann notierst, wenn du in solche Situationen gerätst, dann wirst du ein Gefühl dafür bekommen, wie es funktioniert. Dann kannst du deine eigene Realität so manipulieren, wie du willst. Denn wenn du verstehst, wie es geht, wirst du es *ohne irgendeinen Zweifel* tun. Zweifel ist nur der Glaube an eure Unfähigkeit, eure Realität zu manipulieren. Das ist nicht unbedingt Angst, aber kann es oft auch sein. Verstehst du? Hat das deine Frage beantwortet?

F: *Ja, das hat es. Danke dir.*

F: *Ich wüsste gerne, wie man physische und emotionale Energie erzeugt.*

P'taah: Nun, du weißt, Geliebter, dass Energie nicht beschränkt ist. Tatsächlich steht sie euch endlos zur Verfügung. Es ist ein wenig wie mit der Liebe. Hier geht es wiederum um eure Glaubensvorstellung von Energie, von eurer eigenen Schöpferkraft, eurem Glauben an Überfluss. Wir haben es schon einmal erwähnt, dass es für euch gut wäre, wenn ihr eine Liste von all den Dingen aufstellen würdet, die ihr euch wünscht. Ihr könnt für jeden Wunsch eine Seite nehmen, in der Mitte eine Linie ziehen, eure positiven Glaubensvorstellungen auf die eine Seite und die negativen auf die andere schreiben. Ihr werdet herausfinden, dass vieles, was ihr als negativ beurteilt, Dinge sind, von denen ihr nicht einmal wusstet, dass ihr sie glaubt. Wenn ihr dann die Glaubensstruktur anschaut, müsst ihr sie nicht abwerten, ihr müsst nur verstehen, dass sie euch nicht länger dient. Dann könnt ihr überprüfen, was ihr intellektuell wisst, und könnt das gefühlsmäßig aufladen. Ihr werdet sehen, dass ihr Energie, welcher Art auch immer, endlos zur Verfügung habt. Hilft dir das, Geliebter?

F: *Ja, ich denke schon.*

P'taah: Gut, ihr Lieben, wir machen jetzt eine Pause und bitten euch, während des Übergangs für zwei Minuten still zu bleiben. Wir werden bald zurück sein. Während ihr euch erfrischt, könnt ihr neue wundervolle Fragen ausdenken. Schön, ihr kreiert ganz schönes Licht heute Abend. Es ist eine Freude, unter euch zu sein.

F: *Bevor du gehst, P'taah: Wie siehst du uns? Siehst du unsere Aura?*

P'taah: Aber natürlich, Geliebter. Das ist einfach Energie. Du kannst auch die Aura sehen, weißt du das? Einige in diesem Raum tun das sogar. Doch sei versichert, Geliebter, ich sehe auch deinen physischen Körper. Der ist ebenfalls sehr schön.

F: *Danke dir.*

P'taah: Wisst ihr, dass ihr *alle* sehr schöne physische Körper habt? Alle, ihr alle – sehr schöne. *(Neckend)* Natürlich nicht so schön wie meiner. Aber doch sehr schön. *(Vor Lachen glucksendes Publikum.)* Hier habe ich noch eine kleine Anekdote für euch. Einmal, als wir mit einer wundervollen Gruppe von Leuten zusammen waren, sagte ich, dass ich, wenn ich mit meinem eigenen Körper hier wäre, euch eine große Lichtshow bieten würde, um euch zu zeigen, wie wunderschön ihr seid. Darauf sagte ein lieber Freund: »Aber lieber P'taah, was würden sie von deinen grünen Schuppen denken?« *(Gelächter)* Darauf sagte ich: »Schon gut, Geliebter, ihr könntet die Schuppen vor lauter Licht gar nicht sehen.« *(Noch mehr Gelächter)* Und so ist es mit allen euren gedachten Schuppen, ihr Lieben. In Wahrheit strahlt ihr vor Licht.

(Nach der Pause)

P'taah: Lasst uns jetzt mit unserer Reise fortfahren, ihr Lieben. Fragen?

F: *Danke vielmals, also: Heute Abend ist ›Blue Moon‹[15]. In vielen unserer Kulturen hat der Mond eine spezielle Bedeutung für die weibliche Energie. Ich möchte gerne wissen, ob du darüber etwas sagen kannst. Bitte etwas abseits vom normalen wissenschaftlichen Zeug, das wir alle schon kennen.*

---

15 Blue Moon: Es kommt vor, dass es innerhalb eines Monats zweimal einen Vollmond gibt. Der zweite Vollmond wird im Englischen ›Blue Moon‹ genannt.

P'taah: Genau, Geliebte. Weißt du, dass der Mond in einigen Kulturen männlich ist, hm? Wie auch immer, in vielen eurer Kulturen wird die Sonne für männlich gehalten. Ihr würdet sie auch positive Energie nennen. Und das ist ganz richtig so, denn die Sonne bewirkt das Wachstum; man könnte sagen, dass sie die Pflanzen auf eurem Planeten keimen lässt. Der Mond wird von vielen Kulturen für eine weibliche Energie gehalten – also negativ. Das ist nicht gut oder schlecht, nur die entgegengesetzte Polarität. Der Mond gilt als die sanfte Seite der Sonne. Er ist verantwortlich für die Gezeiten. Es gibt viele Kulturen, die sich beim Pflanzen nach den Mondphasen richten. Der Mond reguliert also den Herzschlag eures Planeten. Tatsächlich könnte man sagen, dass die weibliche Energie – die Intuition, das Zulassende, das Empfangende – der Herzschlag der Menschheit ist, egal ob sie aus dem männlichen oder weiblichen Geschlecht kommt. Sie ist das Kreative, Intuitive. Schaut, ihr Lieben, ohne diese Aspekte wärt ihr nicht hier. Denn es ist diese Energie, die es der Menschheit erlaubt, sich zu entfalten. Es gab alte Kulturen auf eurem Planeten oder Zivilisationen, die nicht mehr existieren, die den Mond, die weibliche Energie, sehr verehrt haben. Man kann nicht sagen, dass das eine besser wäre als das andere. Wir kommen darauf zurück, dass zum Mensch-Sein beides gehört, die männliche und die weibliche Energie. Wie wir schon sagten, hat die Menschheit – seit Äonen eurer Zeit, während eines gesamten heiligen Zyklus[16] – von der männlichen Energie her gewirkt. Wir kommen jetzt zu dem Zeitabschnitt, den man den letzten Zyklus dieser Epoche, dieser Ära nennt. Das bedeutet, dass alles in ein Gleichgewicht kommen wird. Die Menschen lernen heute wieder, die innewohnende weibliche Energie in jedermanns Brust zuzulassen, das Intuitive, das Empfangende, das, was mit eurer großen Göttin der Erde harmonisch in einem natürlichen Zyklus mitschwingt. Denn die Menschen von heute haben das vergessen. Die Menschheit schwingt nicht mehr harmonisch mit der Göttin Erde mit. Wenn ihr also versteht, das, was ihr seid, zu akzeptieren und anzunehmen, wenn ihr euch immer mehr erlaubt, so zu sein, wie ihr seid, sodass ihr liebt, was ihr seid, jede Facette davon, dann werdet ihr auch mit eurem Planeten in Harmonie kommen. Und wenn euer Planet an den kommenden Veränderungen arbeitet, und ihr in Harmonie lebt, so wird der Planet auch in Harmonie mit den neuen vibrierenden Fre-

---

16 Nach nochmaliger Rückfrage betreffend des Ausdrucks ›heiliger Zyklus‹ setzte P'taah die Dauer dieses Zyklus auf 50.000 Jahre fest. Wir befinden uns in den ›letzten Tagen‹ dieses Zyklus.

quenzen des Universums jenseits eurer Zeit und eures Raums mitschwingen. Beantwortet das deine Frage, Geliebte?

F: *Ja. Du hast John vorhin eine einstündige Kontemplation über irgendetwas empfohlen. Ich frage mich nun, ob eine solche Kontemplation über den Mond ...?*

P'taah: Aber natürlich, Geliebte. Wir würden dir allerdings nicht empfehlen, eine Stunde in die Sonne zu schauen. *(Gelächter)* Dafür eine Kontemplation über den Mond und seine silberne Schönheit, mit dem Wissen, dass er ein herrliches Spiegelbild deiner selbst ist. Und ihr Lieben, die ihr in einem männlichen Körper seid, setzt euch hin, schaut die sanfte Schönheit des Mondes, und erkennt die sanfte Schönheit in euch.

F: Ich danke dir.

P'taah: Fragen?

F: *Bist du vielleicht ... Kann es sein, dass ich über dich gehört oder über dich gelesen habe, du wärst all die vielen Jahre der Schutzherr der Künste und des Handwerks gewesen?*

P'taah: Geliebte, der, der ich bin, wurde schon mit vielen Namen genannt. Manchmal heißt man mich auch »den alten Bastard«. Das sagt jedenfalls unsere farbenfrohe Frau. Doch schau, so wie alle menschliche Erfahrung in dir, dieser kleinen Person, steckt, so ist auch diese Energie *(bezieht sich auf sich selbst)* genauso multidimensional wie deine. Wir sind nicht anders, ihr Lieben, wir sind nur eine weitere Facette dessen, was ihr seid. Wir spiegeln einander immer die Vielfältigkeit und Größe des göttlichen Ausdrucks. Und das ist, was ihr auch seid.

F: *P'taah, ich habe darüber nachgedacht, was du über Schmerz, Widerstand und Energie gesagt hast. Ich habe auch über Flüssigkeit nachgedacht. Ich glaube, du hast es an mehreren Stellen erwähnt. Die Wissenschaft sagt, dass die ›feste‹ Materie nicht fest sei, sondern fließend. Dann habe ich über unsere Haltung nachgedacht: Je weniger wir unseren Haltungen widerstehen und je mehr unsere Gedanken vibrieren, umso mehr wird auch unser Körper vibrieren. Werden wir immer flüssiger?*

P'taah: In der Tat.

F: *Dann werden also einige Dinge, über die wir fantasieren, wie zum Beispiel das Gehen durch feste Materie oder ...*

P'taah: Geliebte, kannst du erkennen, dass du dir gar *nichts* vorstellen kannst, was nicht *ist*? Hm? Wenn du es dir vorstellen kannst, <u>IST</u> es. So fließend ist euer Universum. Wenn du nun einen Wunsch verspürst oder eine Vorstellung hast und diesen Gedanken, verbunden mit dem Gefühl, aussendest, so wird sich das Universum umordnen, um sich dir anzupassen. Hört sich das nicht sehr nach fließend an? Das ist es tatsächlich. Eure Erde, von der ihr denkt, sie sei feste Masse, ist es nicht. Der Boden, auf dem ihr sitzt, ist in Wirklichkeit nicht so fest. Materie hat nur eine tiefere Schwingung als das Licht oder die Gedanken. Das ist alles. Eure Welt *ist* flüssig. Und es gibt auch nicht nur eine Welt, genauso wie es nicht nur eine Wirklichkeit gibt. Und natürlich könnte man sagen, dass die engen Schachteln eures Verständnisses es so erscheinen lassen. Und wenn ihr eure Begrenzungen hinter euch lasst, dann bröckeln die Wände von den konkreten Schachteln eures Verständnisses weg, und ihr erschafft gewaltige, unbegrenzte Aussichten. Auf diese Weise werdet ihr eventuell durch die Galaxien reisen.

F: *P'taah, wird es für uns lange dauern, bis wir mit dieser Bewusstseinsveränderung die Lichter um die Leute, die Lichter um die Pflanzen, das Licht überhaupt sehen werden? Werden wir es überhaupt schauen?*

P'taah: Aber sicher, Geliebte. Weißt du, wie lange das dauern wird? Nur einen einzigen Augenblick, das kann ich versprechen. Zeit ist keine Zeit, weißt du? Superbewusstsein ist ein trügerisches Ideal. Allein euer Glaube trennt euch von eurem SELBST. Wo das Selbst vom SELBST nicht mehr getrennt ist, da ist der wahrhaftige Übergang. Es verhält sich wie mit einem ganz feinen Schleier. Es braucht nur einen kleinen Windhauch, um ihn zu lüften. Einige von euch hatten schon einen flüchtigen Einblick, wie es sein könnte. Doch schaut, in Wahrheit *kennt* ihr es alle *schon*, weil ihr *bereits dort* seid. Schaut, ihr Lieben, ihr bemüht euch, ringt und kämpft darum, spirituelle Meister zu werden, und seid es alle doch bereits. Das ist der Widerspruch. So einfach ist das. Liebt, was ihr seid. Wisst, IHR SEID GOTT. Das ist es. Ihr seid alle große spirituelle Wesen, die sich diese Dimension der Realität *ausgesucht* haben. Ihr seid der Gedanke Gottes. Ihr seid Gott, der die Rose riecht. Während Äonen eurer Zeit seid ihr in die physikalische Realität inkarniert, wart von der Intensität dieser sinnlichen Erfahrung, genannt Leben, so gefesselt, dass ihr vergessen habt, wer ihr seid. In den unsichtbaren Realitäten sind Millionen, Myriaden von Wesen, die das nicht vergessen haben. Sie warten darauf, dass die Menschen der dritten Dichte in den Bereich der ›Nicht-Trennung‹ kommen, damit ihr eure eigene Göttlichkeit erkennen und mit diesem Wissen immer noch physische Wirklichkeit erfahren könnt, wenn es auch eine andere sein wird. Denn sie wird eine höhere vibrierende Frequenz haben, sodass jedes Atom und Molekül das Licht seines Wesens ausstrahlt.

F: *P'taah?*

P'taah: Geliebter, du bist heute nicht so still, hm?

F: Nein, diesmal nicht. Meine Frage: Wenn sich in meinem Leben Möglichkeiten auftun, sehe ich zwei Seiten in mir. Die eine ist die Angst, und die andere ist der Wunsch nach Ausdehnung und Wachstum. Ich habe meine Schwierigkeiten, mit beiden Seiten umzugehen; nämlich die richtige Entscheidung zu treffen, die richtige Haltung und den richtigen Weg zu erkennen.

P'taah: Nun, ich kann das fast nicht glauben. *(Glucksendes Lachen im Publikum)* Da ist also auf der einen Seite das Aufregende und der Wunsch nach Ausdehnung, der Wunsch, einen Schritt vorwärts zu tun, und auf der anderen Seite ist die Angst davor, dich gehenzulassen. Hm? Könnte man es so beschreiben?

F: *Es ist nicht nur die Angst vor dem Gehenlassen, es scheint wie eine Angst vor dem Tod zu sein.*

P'taah: Genau, das ist das ultimative Gehenlassen, so wie ihr es versteht, hm?

F: *Ja.*

P'taah: Nun, ich glaube, das versteht sonst keiner hier, hm? *(Lachen)* Es gibt nur zwei Dinge in dieser Dichte: Angst und Liebe, hm? Das ist alles. Alles, was nicht ein Ausdruck der Liebe ist, ist ein Ausdruck der Angst. Nun, wie entscheidest du dich? Wir haben schon gesagt, dass es eine falsche Entscheidung nicht gibt. Und wenn du die Angst wählst, dann ist das in Ordnung. Weil ihr das, was ihr ablehnt, wieder und wieder hervorbringen werdet, bis ihr es annehmt. Die Tatsache, dass du die Situation erkennst, bedeutet, dass du bereits mehr als die Hälfte geschafft hast. Ist das ein tröstender Gedanke für dich, Geliebter? Hm. Nun, wir haben diese Frage schon oft beantwortet, und wir werden es nochmals tun. Weil es sehr wichtig ist, dass ihr versteht, wie man mit der Angst umgeht.

Übernimm die Verantwortung. Gleiche die Werturteile aus. Nimm deinen Kopf unter den Arm, und *fühle das Gefühl*. Das nennt man Transmutation, hm? Ihr verurteilt die Angst sehr. Angst vor allem Möglichen, das ist euch bekannt, denn die Menschen verstehen sehr gut, sich vor der Angst zu verstecken. Wir reden über rationale Ängste. Wir haben auch schon darüber gesprochen, wenn die Gesellschaft eure Angst unterstützt. Wenn es sozusagen ›in Ordnung‹ ist, Angst zu haben, dann ist es ja gut. Ihr denkt dann: »Nun, es ist in Ordnung – damit brauche ich nicht mehr umzugehen.« Doch Angst ist ein gültiger und göttlicher Aspekt dessen, was ihr seid. Sie muss angenommen werden. Man muss nur verstehen, dass sie ihre Gültigkeit hat, sonst würde sie nicht *sein*. Sie muss angenommen und zum Licht eures SEINS geführt werden. Und ihr müsst von Herzen den Wunsch äußern, dass die Situationen ganz sanft auf euch zukommen, sodass ihr sie auch annehmen könnt. Denn, ihr Lieben, die einzige Art und Weise, eine Veränderung zu bewirken, ist, sie anzunehmen. Wenn ihr die Angst annehmen könnt, macht ihr jedes Mal einen Schritt vorwärts. Auf diese Weise dehnt ihr euch immer mehr aus. Es ist verständlich, dass es für euch oft schwierig ist, aus euren beschränkten Glaubensstrukturen auszubrechen, aus den konkreten Schachteln eures Verständnisses ins Leere zu springen, ohne zu wissen, wo ihr landet. Das ist so, weil ihr nicht erkennt, dass ihr wahrhaftig in einem sicheren Universum lebt, einem Universum der Fülle, der Güte, der Kreativität, der Integrität. Und das, was ihr seid, ist wahrhaftig genauso voll großer Freude und genauso integer. Jede Zelle eures Körpers ist kreativ, mächtig, hat die große Integrität des SELBST. Ihr müsst euch immer daran erinnern, dass ihr in einem sicheren Universum lebt. Und das, was ihr euch wünscht, kann in Harmonie geschehen. Ihr seid immer in Sicherheit, ihr Lieben, *immer*. Es kann euch *nichts* geschehen.

F: *Hat Vertrauen mit diesem Prozess etwas zu tun? Muss man einfach darauf vertrauen, dass alles sicher ist?*

P'taah: Geliebter, wie wäre es, wenn du deinem SELBST vertrauen würdest?

F: *Ja, wie wäre das? (Lachen)*

P'taah: Hin! Denkst du nicht, es wäre langsam an der Zeit?

F: *Manchmal weiß ich nicht so genau, worauf ich vertrauen soll, und was das wirklich ist.*

P'taah: Nun, Geliebter, ich sage dazu Folgendes: Du bist jedenfalls so weit gekommen, hm? Was wäre das Schlimmste, was passieren könnte? Dass du sterben müsstest? Du weißt ja, dass es einfach ist, sich intellektuell vorzustellen, dass Tod nur ein Stadium des Übergangs ist. *(Er berührt den Kopf einer ganz jungen Frau.)* Für einige scheint er noch weit weg zu sein. Doch schau, die Angst vor dem Tod kennt ihr bereits seit vielen, vielen Leben. Sie ist ganz tief in eure morphogenetische Resonanz eingeprägt. Doch ihr könnt das verändern. Wenn ihr auf den, der ihr seid, vertraut und mehr und mehr *fühlt*, dass ihr in einem sicheren

Universum lebt, dann wird es leichter, vertrauensvoll den Sprung in die Liebe zu schaffen, als sich in Angst zu verstecken. Es gibt nichts, was nicht transmutiert werden könnte. Und man muss auch wirklich wissen, dass es so etwas wie eine falsche Wahl nicht gibt. Erleichtert dich das?

F: *Das ist schön.*

P'taah: Das ist es in der Tat, Geliebter.

F: *Wenn wir alle durch diesen Prozess gehen und unser Bewusstsein erweitern, was geschieht dann in unseren zukünftigen Inkarnationen? Welche Form wird unser Körper haben, und wo und wann wird das sein?*

P'taah: Nun, Geliebter, das sind viele Fragen, alle in einen Satz gepackt. Wir fangen mit den zukünftigen Inkarnationen an. Schau, es gibt in Wahrheit keine Zukunft, es gibt nur das Jetzt. Außerhalb dieses Raum-Zeit-Kontinuums geschehen all die Dinge, die du als Vergangenheit, Zukunft und Gegenwart betrachtest, zur selben Zeit. Nach diesem Übergang wird sich alles verändern. Wenn du das Verständnis erlangst, dass du die Angst in jedem Moment transmutieren kannst, dann bewirkst du bereits eine Veränderung in deinen vergangenen Leben wie auch in deinen zukünftigen Leben. Schau, Geliebter, es ist nichts voneinander getrennt. In Wahrheit gibt es einfach nur das IST. Wenn die Menschheit, die Flora und Fauna und der gesamte Planet einen Schritt vorwärts in die vierte Dichte machen, wird auch alles, was ihr unter Vergangenheit und Zukunft versteht, mit euch gehen.

F: *Könntest du bitte erklären, was du mit vierter Dichte meinst?*

P'taah: Ehrlich gesagt ist es eigentlich nur ein Name. In der sogenannten New Age-Bewegung sind alle so sehr damit beschäftigt, den Dichten Nummern zu geben. Doch weil ihr nur diese Dichte kennt, spielt es keine Rolle, wie ihr die anderen nennt. Ihr könntet sie auch vierhundertsechsundvierzigste Dichte nennen, wirklich. In einem wissenschaftlichen Sinne, wenn du so willst, heißt das, dass die Erde und die darauf lebenden Menschen auf eine zyklische Veränderung zusteuern. Weißt du, das ist es, worum es bei diesem New Age-Zeugs eigentlich geht. Der Anstoß für diese Kreation ist der ernsthafte Wunsch, die glühende Sehnsucht nach einer Veränderung. Schau, das ist wie ein gigantischer Kreislauf: Ihr wollt es und nun wird es geschehen, ihr werdet es erhalten. Und wenn diese Veränderung eintritt, wird die vibrierende Schwingung und das, was ihr seid – Energie ist eine Vibration, eine Frequenz –, auf einer höheren Ebene vibrieren. Eure Wissenschaftler glauben, dass das Licht die höchste Dichte hat, aber Materie hat die schwerste Dichte. Das, was ihr einen Fels nennt oder eure Erde, hat die schwerste Dichte. Der Unterschied zwischen dem reinen Gedanken, der in eurem physikalischen Sinne die höchste Frequenz hat, und der tiefsten Frequenz besteht im Bewusstsein. Es ist auch das Bewusstsein, das die Materie verändert. In der kommenden Zeit, *die nach eurem geschichtlichen Verständnis schon sehr bald beginnt,* wird sich die Erde neu ausrichten und verändern. Das Bewusstsein der Menschheit wird sich mehr und mehr ausdehnen und schließlich in die sogenannte höhere Dichte aufsteigen. Das heißt, dass *der menschliche Körper leichter und leuchtender wird – ein Lichtkörper. Die Erde selbst wird in Licht gehüllt sein, denn, wie ich schon gesagt habe, es wird jedes Atom und Molekül das Licht seines Wesens ausstrahlen.* Wenn wir also von der vierten Dichte sprechen, meinen wir diese kommenden Veränderungen. Das ist es, Geliebter.

F: *Wenn ich dich also richtig verstehe, P'taah, dann muss man sich über gar nichts Sorgen machen. Ich meine, dass zum Schluss alles ganz wunderschön sein wird.*

P'taah: Nicht erst zum Schluss. Ich finde es jetzt schon ganz wunderschön.

F: *Du hast recht, das kann ich akzeptieren.*

P'taah: Denn schau, Geliebter, es gibt *keine Zukunft*, darum macht es keinen Sinn zu warten, dass es besser wird. Das wird es nicht. Es macht keinen Sinn zu sagen, dass du glücklich sein wirst, ›wenn‹. Es gibt keine Zukunft, ihr Lieben. Es gibt nur – wirklich NUR – das JETZT. Und in jedem Moment schafft ihr eure Morgen. Und wenn ihr eure Morgen auf Angst und Bestürzung vor den kommenden Veränderungen gründet, was denkt ihr, wird sich dann manifestieren? Was denkt ihr, werdet ihr hervorbringen?

F: *Schmerz.*

P'taah: Genau. Darum muss man angstfrei sein und wissen, dass das, was ihr zurzeit habt, auserlesene Schönheit ist. Das, was ihr seid, ist auserlesen schön. Ihr seid wahrhaftig ein Ausdruck des Göttlichen. Das ist JETZT, ihr Lieben, das ist JETZT. Es gibt nichts anderes. Ihr müsst die Fesseln eurer Vergangenheit in die Gegenwart aufnehmen, um euer Morgen mit Freude und Lachen zu erschaffen. Mit dem Wissen, dass ihr in einem sicheren Universum lebt, dass euch nichts, aber auch gar nichts geschehen kann. Ihr seid souveräne Wesen.

F: *P'taah, wenn wir wegen eines Werturteils eine Krankheit verursacht haben,* *aber nicht wissen, um welches Werturteil es sich handelt, wie können wir es dann auflösen?*

P'taah: Du kannst die Krankheit lieben. Du kannst dir vom Gott, von der Göttin deines Seins wünschen, dass sich dir die Erkenntnis offenbart, und das wird dann auch geschehen. Schau, nichts ist in Stein gemeißelt, und es ist auch nicht nötig, dass du jede Emotion bewusst identifizierst, die sich zu einer Krankheit ausgeweitet hat. Ich will dir sagen: Es ist nicht nur eine Emotion, es gibt deren viele. Wir reden sehr oft in ganz einfachen Sätzen darüber, doch euer Schmerz, der immer ein Schmerz der Minderwertigkeit ist, wurde nicht in einer einzigen Situation erschaffen, sondern rührt von vielen, vielen Umständen her. Jede hat auf die letzte aufgebaut, bis die Menschen sich so im Morast der Schmerzen verloren haben, dass es unmöglich wird, die Fäden zu entwirren. Das ist nicht immer so, doch sehr oft, und das ist in Ordnung. Schau, ihr verurteilt die Krankheiten und versucht verzweifelt, sie loszuwerden. Doch was ihr abwertet, das ermächtigt ihr. Eine ganz verzwickte Sache, hm? Man muss nicht unbedingt jeden Faden dieses Knäuels identifizieren, man muss bloß anerkennen, dass eine körperliche Krankheit von Schmerz und Pein herrührt. Man muss die Krankheit nicht abwerten, sie hat ihre Gültigkeit als Ausdruck des Göttlichen. Man muss sie mit dem Wissen annehmen, dass darin ganz sicher eine Perle der Weisheit steckt. Ihr werdet das Juwel in der Lotosblüte nicht entdecken, bevor ihr sie nicht angenommen habt. Auf diese Weise kannst du eine Heilung bewirken. Es ist nicht notwendig, nach jedem kleinsten Grund für dieses oder jenes zu suchen. Man muss einfach anerkennen, dass es ist und seine Gültigkeit hat. Wenn ihr das, was ihr seid, lieben werdet und in Frieden, Freude und Harmonie mit eurem Selbst lebt, dann werden sich alle Dinge verändern.

F: P'taah, du sagtest, dass die Sternenwesen in dieses Gebiet kommen. Können wir ...

P'taah: Ah, darauf haben wir gewartet. *(Lachen im Publikum)*

F: Können wir mit ihnen Kontakt aufnehmen, und wie können wir das tun?

P'taah: Hm, das ist möglich, das ist wahrscheinlich. Alle Dinge sind wahrscheinlich und möglich. Warum denkst du, du stündest nicht bereits mit ihnen in Kontakt, Geliebte?

F: Ich kann mich nicht daran erinnern. Bewusst denke ich nicht, dass ich das bereits tue.

P'taah: Sehr gut. *(Spaßeshalber)* Darum hast du ja mich, hm? Nun, es werden alle Dinge geschehen, wenn die Zeit reif ist. *(P'taah richtet seine Aufmerksamkeit auf den Herrn, der neben dieser Dame sitzt.)* Ist es nicht so, Geliebter?

F: *Das kommt mir bekannt vor.*

P'taah: Es ist interessant, dass ihr zwei zusammensitzt. *(Einige Mitglieder der Gruppe lachen, weil sie wissen, dass beide Personen ziemlich ungeduldig auf die globalen Veränderungen warten.)*

F: *Ich nehme an, das ist eine Co-Kreation.*

P'taah: Ihr beide sehnt euch danach, in einem ›beam-ship‹[17] weggeführt zu werden? Nun, die meisten von euch möchten das auch gerne. Und das ist in Ordnung. Es macht euch viel Spaß, darüber nachzudenken. Aber ich will euch sagen, dass ihr einen kleineren Schrecken transmutieren müsstet, wenn es in Wirklichkeit geschehen würde. Hm, alles zu seiner Zeit, ihr Lieben. Seht, die Zeit kommt schon bald, wo ihr von Antlitz zu Antlitz mit euren Brüdern und Schwestern aus anderen Welten kommunizieren werdet. Sie warten auf euch.

Ihr Lieben, es reicht für heute. *(P'taah wendet sich an einen Herrn, der für diesen Anlass von sehr weit hergereist kam und dann während dem Treffen vom Schlaf übermannt wurde.)* So, Geliebter, wirst du es nächste Woche noch einmal versuchen?

F: *Das werde ich.*

P'taah: Sehr gut. Verurteile dich nicht, weil du eingeschlafen bist. Das ist absolut in Ordnung so. Und sei gewiss, du verpasst nichts, ob du nun in deinem physischen Körper anwesend bist oder nicht.

(Wie immer bedankt sich P'taah bei den Gastgebern:) Wir danken dir, Geliebter. Geliebte Frau, unser Dank auch an dich. Ihr seid wunderbare Gastgeber, die es uns ermöglichen, uns hier an diesem wundervollen Ort zusammenzufinden. Wisst ihr, dass ihr diesen Frieden mit euch nehmt, jeder Einzelne von euch, wenn ihr diesen Ort nach diesem Treffen verlasst? Ihr nehmt die Leichtigkeit in eurem Herzen mit, und wenn ihr euch mit euren Freunden anderswo trefft, dann gebt ihr diese Energie weiter. Und solltet ihr einen Ort in euch finden, der nicht so harmonisch ist, nehmt euch ein bisschen Zeit, setzt euch unter den Mond oder unter einen Baum, und erinnert euch an dieses Gefühl. Wenn ihr die Erinnerung an dieses Gefühl der Freude, des Friedens und der Harmonie, diese Leichtigkeit des Herzens aufleben lasst, ihr Lieben, so nehmt ihr das Unwohlsein in euch auf und gleicht es aus. Es wird in das Licht

---

17 Beam-ship: Em kleineres Pendler-Raumschiff zwischen dem Mutter-Raumschiff und der Erde.

eures Wesens aufgenommen. Ihr seid großartige und herrliche Wesen, und wir lieben euch. Vergesst nicht, ihr Lieben – nichts von alledem muss allzu ernst genommen werden. Geht in Freude und mit Lachen, habt Spaß und seid leichten Herzens, als wärt ihr Kinder mit der Fähigkeit zum Staunen. Seid eurem wundervollen Mond und eurem wunderschönen Planeten dankbar. Wisst, dass sie wirklich und wahrhaftig ein Spiegelbild von euch sind. Guten Abend.

Zehnte Übermittlung

P'taah: Guten Abend, ihr Lieben.
Publikum: *Guten Abend, P'taah.*
P'taah *(wendet sich einem bestimmten Teilnehmer zu)*: Guten Abend, Magier. Sei willkommen! Wie gefällt dir diese großartige Gegend im Norden deines Kontinents?
F: *Wunderbar.*
P'taah: Aber sicher. Wir haben auch schon über diese Gegend eures Landes gesprochen. Wirklich, ihr seid gesegnet. Es war äußerst clever, dass ihr zu diesem Ort gekommen seid. Dieser wundervolle Platz ist gesegnet mit weiblicher Energie, er ist ein Ort der Göttin, ein nährender und heilender Ort. Nun, ihr großen Meister, die ihr seid, habt euch diesen Ort, dieses Gebiet im Norden eures Kontinents kreiert. Man könnte es eine Demonstration des Wunsches nach höherer Energie nennen, die Sehnsucht, zur Gewissheit zu kommen und ein harmonisches menschliches Wesen zu werden. Wir haben es schon gesagt, dass ihr eure eigene Wirklichkeit erschafft. Es ist ganz einfach der Gedanke, der mit dem Wunsch verbunden ausgesendet wird, und das Universum stellt sich entsprechend um. Ihr seid wahrhaftig äußerst machtvoll. *Ihr seid keine Opfer, es sei denn, ihr glaubt, dass ihr das seid.* Denn es ist wirklich euer Glaube, der eurer Realität zugrundeliegt.

Wenn ihr nun also herkommt für eine Inkarnation nach der anderen, bringt ihr einen grob strukturierten Plan mit. Das heißt, dass ihr ihn vollenden sollt, dass ihr lernen sollt, eure Erfahrungen in eine Harmonie zu bringen. Und jedes Mal, innerhalb eines größeren Netzwerkes, erschafft ihr eure Wirklichkeit von einem Moment zum nächsten. Darum haben wir euch gesagt, dass es in Wirklichkeit keine Zukunft gibt. *Es gibt nur das Jetzt.* Es gibt nur den jetzigen Moment. Denn aus der Fülle jedes Augenblicks schöpft ihr den nächsten Augenblick. Wenn ihr an den Fesseln eurer Vergangenheit hängt, also in der Vergangenheit lebt, und *für die Zukunft einen bestimmten Ablauf wünscht*, vergesst ihr total das Jetzt – eure Gegenwart. Darum fühlt ihr euch als Opfer, habt das Gefühl, die Umstände in eurem Leben seien außer Kontrolle geraten.

In dieser Zeit der großen Veränderung, der zyklischen Umgestaltung eures Planeten und aller Galaxien sowie der Veränderung des Bewusstseins der Menschheit, könnt ihr diesen Übergang auf die leichteste Art herbeiführen. Ihr müsst nicht unbedingt herumsitzen, über eure Vergangenheit brüten und darauf warten, dass euch morgen vielleicht schreckliche Situationen überraschen. Einige von euch sind hier, um die weibliche Energie aufblühen zu lassen, damit dieser Übergang leicht wird. Weil das Gebiet an sich die Energie der Göttin widerspiegelt, die euch helfen kann, solltet ihr das so wünschen. Und das tut ihr auf der Seelenebene auch. Denn ihr Lieben, bei diesem Übergang geht es um ein Gleichgewicht. Während der Zeitperiode eurer Geschichtsschreibung hat die Menschheit, ihr männlicher und weiblicher Teil, aus der männlichen Energie heraus gehandelt. Jetzt ist es an der Zeit, dass die Energie der Göttin in Männern und Frauen wächst, ohne dass sie sich davor fürchten, damit die Menschheit empfänglich, intuitiv und kreativ wird und einen Ausgleich zum Intellekt schafft. Ihr lernt also, wie man die weiblichen Qualitäten verstärkt. Jene unter euch, die weiblich sind, glauben oft, dass sie wirklich weiblich seien. Und ihr Lieben, natürlich seht ihr wunderbar weiblich aus. Doch seht, in der Geschichte der Frau, jedenfalls in dieser Zeitperiode eurer Geschichtsschreibung, musstet ihr gegen die Unterjochung kämpfen. Und wo ein Kampf ums Überleben stattfindet, da ist männliche Energie. Ihr wisst ja, unlängst kam die sogenannte Frauenrechtsbewegung auf. Jedoch das Einzige, was wirklich gelockert wurde, sind die einengenden Gesetze. Seht ihr, dass jene Lieben, die für Gleichheit kämpften, mit männlicher Energie gekämpft haben? Das männliche Geschlecht hat große Angst vor weiblicher Macht. In eurer Kultur wurde die weibliche Energie vernichtet. Sie war, wie ihr alle wisst, die Schattenseite des Mondes. Die Männer haben unter gebrochenen Herzen gelitten, geboren aus Schuldgefühlen, weil sie die weibliche Energie in sich selbst verdrängt und unterdrückt haben. Jetzt in dieser Zeit der Veränderung kann euer Kontinent, der den Ruf hat, die weibliche Energie nicht zuzulassen, die Initiative ergreifen und zum Vorläufer werden. Denn das ist tatsächlich möglich für dieses Land: ein Vorläufer zu sein. Wie wir schon sagten, habt ihr euch alle in der jetzigen Zeit auf diesem Planeten inkarniert, damit ihr Zeuge der Veränderungen werdet und dabei helfen könnt. Wir kennen die morphogenetische Energie dieses Landes und wissen, dass sich die Australier in mancher Weise zurückgeblieben vorkommen. Ihr Lieben, das ist unbegründet. Ihr seid nicht nur nicht zurückgeblieben, ihr habt sogar die

Fähigkeit, voranzuschreiten und euren Planeten zu erleuchten. Jeder Einzelne von euch hier kreiert das, was ihr euch wünscht, indem er die Flamme in der Brust entzündet, die Sehnsucht, den ernsthaften Wunsch nach Licht. Jeder Einzelne von euch! Hiermit, ihr Lieben, kommen wir wieder auf die gleiche alte, langweilige Geschichte zurück. Jeder ist die zentrale Sonne seines Universums, und wenn jeder von euch jede Facette seines Wesens zulassen kann, es annimmt und zum Licht führt, zum Licht seines Wesens, so wird er seinen Seelenwunsch erfüllen.

Hier nun wollen wir mit den Fragen beginnen. Ihr seid wieder vollzählig, und wenn ihr wirklich keine Fragen habt, dann können wir euch gratulieren und schon bald wieder gehen. Ah doch, unser Technokrat, hm? *(Gelächter)* Wie geht es dir heute Abend, Geliebter?

F: *Danke, P'taah, gut.*

P'taah: Sehr gut.

F: *P'taah, du sagtest, dass Australien, ganz speziell der Norden hier, ein sicherer Ort sei. Könntest du das etwas deutlicher ausführen? Ist es im physikalischen Sinne sicher, oder ist es, weil hier in diesem Gebiet mehr von dieser Energie zur Verfügung steht?*

P'taah: Geliebter, es gibt keinen Ort, der nicht sicher wäre. Ihr lebt wirklich in einem sicheren Universum, ob ihr das nun wisst oder nicht. Darum lasst uns hier ganz klar sein. In den letzten Jahren bestand die Taktik darin, euch gewaltig Angst zu machen. Man verlautbarte, dass ihr nicht in Sicherheit seid. Doch, wie auch immer, sag mir: Sind es die Veränderungen der Erde, worauf du dich beziehst, Geliebter?

F: *Das ist richtig.*

P'taah: Die Veränderungen der Erde durch Erdbeben, Flutwellen und Vulkan-Eruptionen haben ja auf eurem Planeten bereits angefangen. Das ist ganz bestimmt nichts, was euch ängstigen müsste, das ist eher ein Grund zum Feiern. Die Göttin streckt sich, erneuert sich und bereitet sich vor. Ihr sagt jetzt: »Und was ist mit den Menschen, die in solchen Situationen ihr Leben verlieren? Was ist mit den Flutwellen dort, wo Menschen leben, und was ist mit den Krankheiten?« Nun, es gibt viele Menschen auf eurem Planeten, die nicht glauben, dass sie in einem sicheren Universum leben. Sie sind hier, um für sich die Erfahrung einer Umwälzung zu machen. Doch wenn ihr tief in euch die Gewissheit habt, ein machtvolles Wesen zu sein, dann wisst ihr auch, dass es so etwas wie den Tod nicht gibt – er ist eine Illusion. Viele von euch haben Angst, dass sie vor dem ›Big Bang‹ sterben und die Wirklichkeit der vierten Dimension nicht mehr erleben. Nun, ihr werdet nichts verpassen. *Das verspreche ich euch.* – So etwas wie einen unsicheren Ort gibt es nicht. Es ist vielleicht so, dass ihr in euch selbst ausgeglichen seid, euch über die Veränderungen freut, über Sicherheit Bescheid wisst und erkennt, dass es im Leben um mehr geht, als zu überleben. Dann werdet ihr bemerken, dass ihr ganz einfach nicht dort seid, wo die großen Umwälzungen stattfinden. Katastrophen sind in Wahrheit großartige Gelegenheiten, um Zeuge der großen Göttin zu werden. Sie sind ein Spiegelbild der Göttin innerhalb jedes Einzelnen von euch. Denn ihr Lieben, ihr seid Gott/die Göttin, ein Spiegelbild des ALLES, WAS IST. So wie ihr den ›alten Gott‹ mit seinem Bart dort oben nicht anerkennt, so tun das die meisten in dieser Kultur auch mit der Energie der Göttin, der weiblichen Energie, dem ausgleichenden Teil der Quelle, dem ALLES, WAS IST. Wenn ihr das, was ihr seid, immer mehr zulassen könnt, so wird auch die Göttin auferstehen. Fragen?

F: *Wie kann das Bewusstsein dieser Gruppe bei den jetzigen Veränderungen helfen?*

P'taah: Geliebte, du bist nicht isoliert. Jede Gruppe, die aus welchen Gründen auch immer zusammenkommt, schafft Energiebande, und diese setzen sich in die entfernteste Galaxis fort. Ihr seid nicht voneinander getrennt. Und natürlich helft ihr bei dieser Veränderung mit. Das ist, was ihr euch alle gewünscht habt. Schaut, es ist für die Menschen sehr schwierig zu verstehen, dass sie voneinander nicht getrennt sind. Ihr habt in der Tat einen physischen Körper, der von jedem anderen Körper getrennt ist, obschon viel getan wird, um diese Körper zusammenzubringen. *(Das Publikum lacht.)* Doch ihr endet nicht da, wo euer physischer Körper endet – ihr habt kein Ende. Es würde euch guttun, darüber manchmal nachzudenken, ihr Lieben. Ihr könnt euch am Körper berühren, speziell an den Extremitäten wie den Füßen und den Händen, und könnt sagen: »Ich höre hier nicht auf.« Und wenn ihr das tut, dann hebt eure Hände, um symbolisch alle zu berühren: jede Pflanze, jede Kreatur, jeden Menschen und auch die vielen, die keinen physischen Körper haben. Wisst, dass das, was ihr seid, jede Dimension und jede mögliche Realität bis in die Unendlichkeit durchdringt. Ihr seid wirklich äußerst machtvoll, müsst ihr wissen – und schön seid ihr auch.

F: *Wie passen unsere Brüder aus dem All in das Bild mit diesen kommenden Veränderungen?*

P'taah: Hm, mein Lieber, jeder macht seine Erfahrung mit den eigenen Veränderungen. Doch schau, wir möchten nicht, dass ihr denkt, während der Äonen eurer Zeit hätten keine Veränderungen stattgefunden. Denn in eurer Realität verändert sich alles immerfort. Der einzige Grund für das Tamtam um diese Veränderung liegt darin, dass ihr glaubt, es werde katastrophal. Und viele Menschen glauben wirklich, dass nachher nichts mehr vorhanden sein wird und dass die Menschheit sich selbst und den Planeten zerstört. Nun, das wird nicht so geschehen. Die sogenannten Sternenwesen haben ihre eigene Ausdehnung und ihre eigene Veränderung. Jedoch sind vielen von ihnen – nicht allen – die kommenden Veränderungen bereits bekannt. Viele Wesen außerhalb dieses Raum-Zeit-Kontinuums haben tatsächlich Kenntnis davon, was sie bereits kreiert haben, und sie wissen, was ihr in euren verschiedenen möglichen Wirklichkeiten kreiert habt.

Wir sehen ein, dass dies nicht auf einfache Weise erklärt werden kann. Wie auch immer, ihr Lieben, so sehr wir uns wünschen, dies alles für euer Verständnis ganz einfach zu halten, so sprechen wir eben auch den größeren Teil eures Wesens an, der bereits weiß. Wir haben auch schon über ›Nicht-Zeit‹ und über mögliche Wirklichkeiten gesprochen. Darum werden wir heute nicht allzu sehr ins Detail gehen. Doch schaut, es gibt tatsächlich solche Wesen, die in ihrem eigenen Bewusstsein von all dem Kenntnis haben, hm?

F: *Du sagtest eben, dass der Planet Erde im Sinne von Energie das weibliche Prinzip manifestiert. Ist es denn so, dass das Seelenprinzip des Planeten Erde weiblich ist?*

P'taah: In der Tat.

F: *Vater Sonne wäre dann das männliche Prinzip?*

P'taah: Genau.

F: *Dann wären ja in unserem Sonnensystem die männlichen und weiblichen Energien ausgeglichen.*

P'taah: Das wird so kommen, Geliebter. Das gehört zu den kommenden Veränderungen. Und so werden die Menschen auch ein erweitertes Bewusstsein erhalten, indem sie die Energie der Göttin für sich erschließen, die weibliche Energie, das feminine Prinzip, das Negative. Und so wird die ganze Menschheit, gleich welchen Geschlechts, in einen Zustand des Zulassens kommen, und dann wird es ausgeglichen sein. Versteht ihr? Und mit dem Ausgleich dieser beiden Polaritäten erfolgt der sogenannte Frequenzsprung.

F: *Wäre es korrekt zu sagen, dass der Ausgleich zwischen der männlichen und der weiblichen Energie zu mehr Glück verhilft?*
P'taah: Es könnte schwerlich weniger sein, Geliebter. *(Betrübtes Lachen im Publikum)*
F: *Das ist ja gut. Die andere Frage lautet: Ist es korrekt, dass wir als Wesen wirklich unendlich sind, ohne Anfang oder Ende?*
P'taah: Aber sicher, Geliebter. Ihr seid ein Spiegelbild des Göttlichen, das unendlich ist.

F: *P'taah, gibt es auf einer praktischen Ebene irgendetwas, was wir tun könnten, um bei den kommenden Veränderungen mitzuhelfen?*
P'taah: In der Tat, Geliebter. Liebe, was du bist. Das ist alles, was von dir verlangt wird. *(Ganz sanft:)* Liebe, was du bist. Ich verstehe nicht, warum ihr das so schwer findet. *Ich* liebe, was ihr seid.

F: *P'taah: Ich komme zurück auf die Katastrophen und auf unsere parallelen Realitäten: Die Tatsache, dass wir jetzt hier sind und weder eine Vergangenheit noch eine Zukunft haben, beweist, dass wir eigentlich diese Katastrophen bereits durchlebt haben – wenn du weißt, was ich meine?*
P'taah: In der Tat, Geliebte.

F: *Du erwähnst entweder negative oder feminine Energien. Gibt es auch etwas, was neutrale Energie genannt wird, die weder männlich noch weiblich ist?*
P'taah: Das nennt man dann die perfekte Ausgeglichenheit, Geliebter.

(Ein anderer Herr, einer, der neu dazugekommen ist:)
F: *Ich danke dir, dass du dies nach Kuranda[18] gebracht hast. Der elfte Januar 1992 war ein wichtiger spiritueller Tag für die menschliche Familie, und es werden uns noch mehr Informationen zukommen. Wie siehst du das? Weißt du, ob dies eine zutreffende Voraussage ist, und sollen wir dies auf ähnliche Weise unterstützen?*
P'taah: Genau, aber das ist wirklich keine große Sache. Tatsächlich ist es der Anfang des letzten Zyklus und der Zeitpunkt des Lichts, das eine harmonische Frequenz hat. Ihr würdet sagen: Es wird der Antrieb für die Ausdehnung sein, für die Erhöhung der Frequenz. Wie auch im-

---

18 Die Treffen mit P'taah fanden ungefähr acht Kilometer westlich von dem Städtchen Kuranda statt. Der Name Kuranda kommt von den Aborigines und heißt ›Treffpunkt der Geister‹.

mer, es ist ein Grund zum Feiern. Wir schlagen vor: Feiert jeden Tag. Und natürlich werden viele von euch, die hier und heute versammelt sind, Energie für die Veränderungen beisteuern. Das an sich ist wundervoll; und man könnte sagen, dass es wunderbar wäre, daran teilzunehmen, hm? Doch wie auch immer, ihr Lieben, ihr müsst euch auch bewusst sein, dass darum viel Hokuspokus gemacht wird und viele fragen: »Wie kann ich wissen, was die Wahrheit ist?« Wir wissen, dass gewisse Leute sagen: »Wenn du an dieser Umwandlung der Energie nicht teilnimmst, wirst du es nie schaffen.« Wir meinen, dies ist eine große Übertreibung, vielleicht gar Wunschdenken. Ihr wisst, wenn man Menschen zu einem Bewusstseins-Sprung führen will, bewirkt man mit einer Taktik der Angst genau das Gegenteil. Versteht ihr das? Ihr könnt herausfinden, ob etwas für euch die Wahrheit ist, indem ihr euch fragt, wie es sich anfühlt. Das ist das Barometer, hm? Wie fühlt es sich für dich an? Und wenn du die Worte hörst, Geliebter, wenn du *meine* Worte hörst, und du sagst: »Moment mal, das fühlt sich in meinem Herzen nicht wie die *Wahrheit* an«, dann ist das die Wahrheit. Wir haben uns bereits über Werturteile geäußert und auch über die Unterscheidungsfähigkeit. Ihr werdet immer wissen, was die Wahrheit ist. *(An dieser Stelle verlangt P'taah eine Pause.)*

(Nach dreißig Minuten Pause versammelt sich das Publikum wieder.)
P'taah: Wir wollen fortfahren, ihr Lieben. Fragen!

F: *P'taah, ich fragte dich schon einmal über die Bedeutung der Pole in Bezug auf die kommenden Veränderungen.*
P'taah: In der Tat, und du denkst, die Zeit wäre jetzt reif, Geliebter? Hm? Nun gut. Wir möchten dich nicht länger auf die Folter spannen. Es gibt auf eine Frage immer viele Antworten. Darum werden wir ein wenig über dies und jenes in Bezug auf die Pole plaudern. Die Arktis und die Antarktis gelten in eurer Geschichte als dimensionale Toröffnungen. Der magnetische Pol ist nicht nur ein einzelner Punkt. Er ist wie ein Tor für die Sternenwesen und die Wesen auf eurer Erde, die immer einen Kontakt aufrechterhalten haben und, indem sie diese Toröffnungen benutzten, intergalaktische Reisen unternahmen. Während der Veränderungen werden sich diese Toröffnungen verschieben und verändern, so wie sich die elektromagnetische Energie eures Planeten verschieben und verändern wird. Das heißt, dass diese Tore, diese Öffnungen, die Pole und andere Gebiete auf eurem Planeten sich in einem

physikalischen Sinne anderswo befinden werden. Auch dehnen sie sich immer weiter aus, so wie sich das Bewusstsein der Menschheit weiter und weiter ausdehnt. Während eurer Geschichtsschreibung sind die Leute durch diese Tore in andere Dimensionen der Zeit und des Raumes gereist. Es wird also geschehen, dass dieses im physikalischen Sinne sehr enge Gebiet sich ebenfalls ausweiten wird. Ihr könntet sagen, dass der Schlüssel für diese Toröffnungen in euch liege. Es gab das Bermudadreieck, doch das ist nicht mehr aktuell. Wie auch immer, es wird in den nächsten zwanzig Jahren geschehen, dass diese Toröffnung sich so erweitert, dass sie die gesamte Erde umgibt und damit die Veränderung offenbart. Wir können heute auch sagen, dass euer Bewusstsein, wie auch die Toröffnungen, in Wahrheit keinen Raum besetzen und nicht auf eine bestimmte Zeit beschränkt sind. Das liegt jenseits von Raum und Zeit. Und eure Erde, von der ihr glaubt, dass sie aus fester Masse besteht, besteht tatsächlich aus mehreren Erden, die alle den gleichen Raum benutzen, sich aber in verschiedenen Zeit-Kontinuen befinden. Die sogenannten Zeitreisen durch diese Toröffnungen, die in ausgedachten Erzählungen[19] vorkommen, kommen der Wahrheit sehr nahe. Denn ihr könnt diese Toröffnungen benutzen, um mit eurem eigenen Bewusstsein durch das, was ihr als Zeit bezeichnet, zu reisen. *(Im Spaß:)* Aber nicht heute Abend, ihr Lieben.

F: *Wie schade.*

P'taah: Hm, doch auch hier wieder: Wenn du es dir wahrhaftig so aussuchst, so sei es.

F: *P'taah, ich habe die Vorstellung, dass, wenn wir unseren Emotionalkörper reinigen, wir auch dem Planeten Erde helfen, seinen Emotionalkörper zu reinigen.*

P'taah: Aber sicher, Geliebte.

F: *Könntest du das noch etwas genauer ausführen, auch inwiefern wir Teil des Planeten sind?*

P'taah: Es ist wirklich so, dass nichts voneinander getrennt ist und dass alles, was dir außerhalb von dir erscheint, nur ein Spiegel ist, ein Spiegelbild dessen, was du bist. Und wenn du dir dieses sogenannte Chaos ansiehst, die sogenannten Verwüstungen auf eurem Planeten, dann spiegelt das tatsächlich die Verwüstung innerhalb der Menschheit wider. *Wenn du dich dann mehr und mehr akzeptieren lernst, dir das Recht zu*

---

19 Science Fiction-Literatur.

sein zugestehst und das, was du bist, liebst, dann wird sich auch das verändern, was du außerhalb von dir wahrnimmst. Wenn du also jede Facette deines Wesens als göttlichen Ausdruck akzeptieren und annehmen kannst, dann kannst du in den Spiegel schauen und dir gewiss sein, dass du GOTT, DER ICH BIN, siehst. Wenn du dich in das verliebst, was du bist, so wird sich das tatsächlich auf eurem Planeten widerspiegeln. Der Planet wird dann aufblühen, wie es seit der Zeit von Lemuria[20] nicht mehr gesehen wurde.

F: *P'taah, da werden immer mehr Informationen aufgedeckt, wie zum Beispiel das Arbeiten mit elektromagnetischer Energie, Zeitreisen und noch vieles mehr, was seit dem letzten Krieg auf diesem Planeten aufgekommen ist. Zum Beispiel auch das Philadelphia-Experiment. Nur wenden die Leute diese Prinzipien äußerlich an und benutzen dazu Maschinen. Werden wir das auch ohne Maschinen, nur mit unserem Bewusstsein tun können, wenn wir dazulernen?*

P'taah: In der Tat. Nun, es wird eine andere Art von Technik aufkommen, nämlich die kristalline Technologie, die – in eurer Zeit gerechnet – schon sehr bald zu erwarten ist. Doch wie wir schon sagten, wirkt die kristalline Technologie wie ein riesiger Verstärker. Wenn also diese Maschinen, mit Gedanken angetrieben, in eure Atmosphäre gelangen, wo die Angst vorherrscht – und wir sagen es noch einmal: Alles, was nicht Liebe ist, ist Angst, inklusive des Strebens nach Macht –, wenn also solche Energien von eurem Planeten ausgehen, würden sie sich gewaltig verstärken und könnten so die Zerstörung verursachen. Darum wird diese Technologie so lange zurückgehalten, bis die bewusste Energie der Menschheit mit der Liebe und dem Licht mitschwingt. Weil die kristalline Technologie wie ein riesiger Verstärker wirkt, wird dann eine Energie der Freude, des Lichts, der Liebe und des Lachens verstärkt auftreten, nicht nur auf diesem Planeten, sondern in allen Multiversen. Eure Wissenschaftler spielen schon seit vielen Jahren damit und es gibt ein großes geheimes Wissen unter den Wissenschaftlern. *Es standen und stehen viele von ihnen in Kontakt mit den Sternenwesen. Viele Leute auf eurem Planeten sind in der Tat Sternenwesen mit ihrem eigenen bewussten Wissen.* Äußerst trickreich, diese Sternenwesen, hm?

F: *P'taah, es wurde gesagt, dass die Plejadier ihre Technologie mit einigen von unseren Wissenschaftlern ausgetauscht haben. Wissen diejenigen, die diese Tech-*

---

20 Lemuria war ein vorzeitlicher Kontinent vor der Zeit von Atlantis. Er befand sich im Indischen und Pazifischen Ozean. Der Kontinent Australien ist das, was davon geblieben ist.

nologie weitergeben, auch, dass wir mit unserem Bewusstsein noch nicht ganz so weit für solche Errungenschaften sind?

P'taah: Ganz bestimmt, Geliebte. Doch schau, die Fähigkeiten der Menschen, diese Technologie anzuwenden, sind noch nicht genügend entwickelt. In der Tat waren die bisherigen Experimente sehr einfach. Da kann sich noch viel mehr entwickeln.

F: *Je mehr du mit uns dein Wissen teilst, wie wir unser Bewusstsein erweitern können, umso weniger möchte ich von Technologien wissen. Wissen schon, aber ...*

P'taah: Geliebte, die Neugier auf die einzelnen Stücke des Puzzles ist unwiderstehlich – und das ist in Ordnung so. Das ist wundervoll und sehr kreativ. Doch wie auch immer, wie wir euch an jedem Abend sagen, wenn wir zusammenkommen: Immer, immer fällt es auf euch selbst zurück. Wenn ihr nicht die Gewissheit habt, die mit eurem Intellekt, also mit dem Computer in eurem Kopf nichts zu tun hat, sondern ein Wissen des Herzens ist, dann bleibt ihr in euren Glaubensstrukturen stecken, im ›Nicht-Zulassen‹, im ›Nicht-Anerkennen‹. Ihr erkennt nicht, dass jede Facette eures Seins, jeder Gedanke, den ihr je hattet, sowie jede Tat göttlich und wegen der Erfahrung da ist. Es sind nur eure Werturteile, die Schmerz und Pein verursachen. Es ist das Verurteilen, meine Geliebten, das euch alle an gebrochenen Herzen sterben lässt.

F: *P'taah, ich wüsste gerne mehr über die Pyramiden auf der Erde. Ich denke, da besteht eine Verbindung mit dem Okkulten und den außerirdischen Wesen.*

P'taah: Aber sicher.

F: *Was können wir von den Pyramiden lernen?*

P'taah: In der heutigen Zeit wirklich gar nichts, denn die Menschheit kann sich nicht mehr an diese Technologie erinnern. Die Erinnerung kann nur aufleben, indem ihr in ein erweitertes Bewusstsein kommt; und dann wird sich euch alles, alles Wissen auf diesem Planeten, seine gesamte Geschichte und die des Multiversums manifestieren. Denn seht, es handelt sich bei dieser Sache um euer Herz. Es geht wirklich nicht um Technologie, auch nicht wirklich um die Stücke des Puzzles, die ihr nicht zusammenbringt. Wir haben natürlich Verständnis für die Freude und die Faszination, diesen täuschenden Stückchen des Puzzles nachzujagen. Das macht viel Spaß und das verurteilen wir auch nicht, ihr Lieben. Es ist eine wunderbare Beschäftigung. Aber es ist nicht wichtig, was ihr tut – es ist nur wichtig, was ihr *seid*.

F: *P'taah, werden wir in diesem Leben unsere Schwingungen so erhöhen können, dass wir nicht sterben müssen? Können wir diesen Übergang mitmachen, ohne zu sterben?*

P'taah: In der Tat, das ist möglich, Geliebte.

F: *Könntest du mir darüber mehr erzählen?*

P'taah: Wir haben doch schon darüber gesprochen. *Der einzige Grund, warum euer Körper so schnell stirbt, ist, weil ihr glaubt, dass er das muss.* Es ist der zugrundeliegende Glaube. Ihr habt so viel zu tun, eure Körper zu schützen, und ihr seid so fasziniert davon, wenn eure Körper nicht richtig funktionieren. Ihr sorgt euch wegen der vielen Keime, die euch krank machen können, wo ihr doch selbst ein Keim seid. Wirklich, ihr Lieben, ihr seid ein Makromolekül des Universums. Ihr steckt euch nicht an. *Ihr seid keine Opfer.* Man könnte sagen, dass ihr im Stadium der Kindheit sterbt, wenn man euch mit anderen humanoiden Spezies vergleicht, die anderswo normalerweise etwa eintausend Jahre leben. Wenn du also wirklich wünschst, deinen Körper funktionsfähig zu erhalten, wäre es gut, wenn du dir anschaust, was du von deinem Körper hältst und was du vom Universum glaubst. Und dann muss man sich bewusst sein, dass die morphogenetische Resonanz der Menschheit diese Glaubensstrukturen erschafft. Das alles muss man sich bewusstmachen, und dann sollte man die ›Chancen beim Schopf packen‹. Und das liegt ganz bestimmt nicht auf einer unerreichbaren Ebene der Fähigkeiten oder gar Möglichkeiten. Es gab auf eurem Planeten solche, die Hunderte von Jahren lebten, wie es auch jene gab, die wunderbarerweise ohne Nahrung bleiben konnten.

F: *P'taah, du sagtest, es handele sich bei diesen ganzen Erfahrungen nur darum, die Emotionen zu fühlen, die das Resultat dieser Erfahrungen sind. Gibt es einen Weg herauszufinden, welche Emotionen wir noch erfahren müssen?*

P'taah: Aber natürlich, Geliebter. Man muss nur darum bitten. Schau, Geliebter, du bist von dem, was du als dein Bewusstsein betrachtest, und dem was in Wahrheit ein größerer Teil dessen ist, was du bist, nicht getrennt. Es braucht dazu nur der Wunsch geäußert zu werden, und es wird so sein. *Aber man muss das Sein zulassen.*

F: *Bis zu welchem Ausmaß sind wir hier, in diesem Gebiet, zu dem zurückgekehrt, was eine lemuria-artige Erscheinung genannt werden könnte?*

P'taah: Wahrhaftig, das ist so. Die Tatsache, dass sich Menschen zu diesem Gebiet eures Kontinents hingezogen fühlen und natürlich auch, dass sie wünschen, eine Gruppenenergie hervorzubringen, wie ihr das hier und jetzt tut, ist auch eine Folge der Erinnerung an eine große Zivilisation vor eurer geschichtlichen Zeit, eine Folge von dem, was man Lemuria und das große Mutterschiff MU[21] nennt. Darum beschwört dieses Gebiet mit seinen Schwingungen in diesem Regenwald, dem Dschungel mit seinen weichen und sanften Energien, und dem, was sich unterhalb des Baldachins der Pflanzen befindet; beschwört das herauf, was zu Zeiten Lemurias existierte. Das war eine Zeit, als den Planeten eine große Wolke umgab, die alles bedeckte. Das Licht leuchtete immer sanft, und die Temperatur war der ziemlich ähnlich, die hier in bestimmten Jahreszeiten immer noch vorherrscht.

F: Dann sind wir also die gleichen Seelen, die Teil dieser Zivilisation waren und die nun zu einem Gebiet zurückkehren, wo diese Energien aufbewahrt wurden.

P'taah: In der Tat. Hast du eine Frage, Dame des Lichts? Wir möchten, dass dies die letzte Frage ist, denn der Körper unserer Frau fühlt sich heute Abend nicht so wohl, und wir möchten sie nicht ermüden.

F: Du erzähltest gerade, wie die Erde zur Zeit von Lemuria aufblühte. Was geschah, dass diese Blüte welkte und starb?

P'taah: Es war eine Aufwallung von männlicher Energie. Doch schau, das muss nicht verurteilt werden, Geliebte, das geschieht wegen der Erfahrung. Alle sind von dem, was das große Lemuria und was das große Atlantis war sowie von der Zerstörung eures Planeten und dem riesigen Drama der Geschichte der Menschheit fasziniert. Doch das geschah wegen der Erfahrung, ihr Lieben, um zu sehen, wie es sich anfühlt. Und das ist immer noch so, ihr Lieben.

In der Brust eines jeden Menschen findet sich die Trauer darüber, was damals, in vorgeschichtlicher Zeit, auf eurem Planeten angerichtet wurde. Da sind riesige Schuldgefühle vorhanden, und das wurde ganz arg verurteilt. Und viele von euch möchten gerne in die Verläufe vergangener Leben entfliehen. Doch ich will euch sagen, dass nichts so aufregend ist als das, was ihr gerade in diesem Moment erschafft. Darum müsst ihr nichts verurteilen, sondern erkennen, dass ihr euch wegen der wunderbaren und aufregenden Erfahrung, in jedem Moment ihr selbst

---

21 Laut verschiedener Quellen (eine davon ist St. Germain) war MU kein Land, sondern ein Mutterschiff. Das ist ein Raumschiff mit enormem Ausmaß. (P'taah bezeichnet zum Beispiel das Ausmaß des Pleiadischen Mutterschiffes als größer als unsere größten Städte.) Laut St. Germain wurde auf dem Kontinent Lemuria um MU eine Stadt mit hoher Zivilisation gebaut.

zu sein, hier und heute an diesen Ort kreiert habt. Und dass ihr die Erkenntnis erlangt, ihr Lieben, wie ihr eure gebrochenen Herzen transmutieren könnt, damit ihr in die Ganzheit eures Seins gelangen werdet. *Man nennt das Heimkehr.*

Ihr Lieben, ich liebe euch sehr. Es ist mir immer eine Ehre und eine Freude, mit euch zu sein. Wir würden es so sagen: Geht in Liebe und genießt die Fülle jedes einzelnen von euren jetzigen Augenblicken. *(P'taah dankt den Gastgebern.)* Ihr Lieben, geht mit Lachen. Das ist der beste Ausgleich, den ihr haben könnt. Guten Abend.

Elfte Übermittlung

P'taah: Guten Abend, ihr Lieben.
Publikum: *Guten Abend, P'taah.*
(P'taah geht zu Peter Erbe hin, dessen Buch »God I Am« soeben herausgekommen ist.)
P'taah: Unsere Gratulation, Geliebter. Das nennt man die Früchte der Arbeit, die der Erleuchtung dienen und die Herzen der Menschen aufleben lassen.
Peter: *Vielen Dank, P'taah.*
P'taah *(schaut den Mann für einen langen Moment liebevoll an. Dann wendet er sich an die versammelten Leute)*: Nun, ihr Lieben, seid wahrhaftig willkommen. In der heutigen Zeit eurer Geschichte, wo viele von euch in ihrem Abenteuer des Bewusstseins voranschreiten, werdet ihr gleichzeitig mit Dingen konfrontiert, die euch wie ein immer größeres Chaos vorkommen. Eine noch größere Verwüstung, wohin man auch schaut, und es sind noch mehr geplant. Überall, wenn ihr eure Zeitungen öffnet, wenn ihr in euren Fernseher schaut, euer Radio hört, erfahrt ihr von Geschehnissen, die wirklich das Herz betrüben. Überall wird nach Macht gestrebt, findet man Gier. Ihr fragt euch, wo das alles enden wird, und ob dieses Gerede von kommenden Veränderungen und von Erleuchtung nicht nur ein ferner Traum ist. Oder ist es etwas, was dann jemand anderem geschehen wird, irgendwann nach eurer Zeit? Ihr Lieben, wenn euer Verständnis wächst, wie das Universum funktioniert, wie es in Wirklichkeit arbeitet, in dem Maße, wie sich eure Ausdehnung beschleunigt – wir möchten, dass ihr dies von eurem neuen Standpunkt des Wissens aus betrachtet –, wird alles in eurer Umgebung, was ihr als korrupt bezeichnet, zutage kommen. Nicht, dass es eigentlich zunimmt, doch mit eurer erhöhten Wahrnehmung und dem wachsenden Bewusstsein wird nichts verborgen bleiben. *Alles kommt ans Licht* – offenbart sich, um untersucht zu werden. Das, was ihr manchmal für einen Traum haltet, einen Wunschtraum, wird mit dem offenbarten Dunkel konfrontiert. In dem Maße, wie sich das Bewusstsein erweitert und der Gott/die Göttin aufersteht, wird sich das Dunkle offenbaren, um vom

Licht aufgenommen zu werden. Verurteilt die nach Macht Strebenden nicht zu hart. Schaut, was hinter dem Trachten nach Krieg steht, hinter den Lügen, hinter der Macht, der Korruption, der Gier, den Morden und der Folter. Seht hinter die noch schlimmeren Krankheiten der Menschheit. Das ist nicht da, um verurteilt zu werden, ihr Lieben, es ist da, um in euer Herz aufgenommen zu werden. *Es muss angenommen werden, und seid gewiss, wenn ihr diese Leute ohne zu verurteilen in euer Herz einschließen könnt, werdet ihr die Wirklichkeit verändern.* Wisst auch, dass alles, was ihr seht und verurteilt, wie Krankheiten, Korruption unter den Machthabern oder die Zerstörung eures Planeten, Teil eures Wesens ist, ein Spiegel, ein riesiges Spiegelbild für euch alle. Darum dürft ihr nicht verurteilen, was ihr außerhalb von euch wahrnehmt. Überwacht es mit dem Wissen, dass ein gleicher Aspekt innerhalb von euch existiert. Wenn ihr dies annehmen könnt, bleibt außerhalb von euch nichts zu tun und so werdet ihr die Veränderung bewirken. Beobachtet euer Leben. Wie seid ihr an die Vergangenheit gebunden, woran hängt ihr, wo seid ihr misstrauisch, wo macht ihr jemand anderen verantwortlich? Und jedes Mal, wenn ihr euch als Opfer eurer Vergangenheit fühlt, übernehmt ihr keine Verantwortung. Wegen Vergangenem Schuldgefühle zu haben bedeutet ebenfalls, die Verantwortung nicht zu übernehmen. Verantwortung hat nichts mit Schuld zu tun, ihr Lieben. Schuld ist wirklich, wie wir schon sagten, eine noch nicht gelernte Lektion. Es gibt Leute in eurer Welt, die unter riesigen Schuldgefühlen leiden, weil sie der Menschheit gewaltige Gemeinheiten zugefügt haben. Doch wir möchten euch sagen, dass es in Wahrheit keine solche Sache wie eine Vergangenheit gibt, sondern nur das Jetzt. Wenn Schuld und Scham mit Verantwortung in das *Jetzt* aufgenommen werden, wenn ihr diese auf Angst, statt auf Liebe begründeten Gedanken aussendet, dann müsst ihr wissen, dass ihr euch äußerst unwohl fühlen werdet. Wenn ihr jedoch die Schuld und die damit verbundene Lektion annehmt, werdet ihr euch nie mehr unwohl fühlen. Das nennt man wahrhaftig den ›Zustand der Gnade‹, wenn man im jetzigen Moment lebt, in der Fülle des *Jetzt*. Das gilt für alle Menschen; und es beginnt in der Brust eines jeden Einzelnen von euch. Darum, ihr Lieben, müsst ihr nicht deprimiert sein. Wenn ihr wahrnehmt, was in eurer Welt geschieht, dann ist es ein Widerspruch zu alledem, was euer Herz wünscht. Wir raten euch auch, eure Aufmerksamkeit nicht auf die schrecklichen Umstände zu richten. Wenn ihr sie darauf lenkt und davon beeindruckt seid, dann werdet ihr das anziehen, worauf ihr eure Energie verwendet. Man soll sich davor nicht verstecken, aber man muss sich auch nicht darauf konzentrieren. Es braucht ein umfassendes Wissen, das Erkennen des ›Warum‹ und des ›Wie‹, die Erkenntnis, dass alles – *alle Dinge*, die nicht Liebe ausdrücken – ein Ausdruck der Angst sind. Und diese Angst wiederum, ihr Lieben, ist ein Ausdruck des Göttlichen. Denn *alle Dinge* kommen von der Urquelle, wie auch immer ihr sie wertet. So wie jede Facette dessen, was ihr seid, wahrhaftig ein Ausdruck des Göttlichen ist. Nun wollen wir mit Fragen beginnen. Wir möchten euch heute darauf hinweisen, dass ein Mikrofon zur Verfügung steht, und wir bitten euch, dahinein zu sprechen, sodass jede Weisheitsperle, die von euren Lippen kommt, für die Nachwelt aufgezeichnet werden kann.

F: *Wenn ich dir so zuhöre, komme ich zur Einsicht, dass der einfachste Weg, durch diese Zeiten zu kommen, darin besteht, sich dem, was auch immer kommen mag, zu ergeben. Nicht bewusst auf ein bestimmtes Wunschziel hinzuarbeiten, sondern einfach aus dem Weg zu gehen und die Dinge zuzulassen, die geschehen werden. Ist das so?*

P'taah: Das, meine Geliebte, ist eine wahre Perle der Weisheit. Wenn jeder Einzelne von euch ›aus dem Weg gehen‹ könnte, den sogenannten Beweggründen, dem Intellekt aus dem Weg gehen könnte und jeden Moment den Wünschen seines Herzens folgen würde, seiner Intuition, dann wäre alles ganz einfach. Man muss die Beweggründe und den Intellekt nicht verurteilen. Wir sagen immer: Folgt dem, was euer Herz zum Jubeln bringt, folgt euren Herzenswünschen, und hört wirklich auf eure Intuition. *(Im Spaß)* Die Beweggründe und der Intellekt sind natürlich aus bestimmten Beweggründen und wegen des Intellekts da. Das war ein Witz.

Der Intellekt ist ein Hilfsmittel, um die Herzenswünsche zu äußern. Das nennt man Ausgleich, ihr Lieben. Wisst ihr, was Ausgleich ist? Und ganz bestimmt wird sich euch die ganze Welt erschließen, wenn ihr von euren Beweggründen und Bemühungen zurücktreten könnt.

F: *Also muss man den Weg gehen, der sich am harmonischsten anfühlt?*
P'taah: Aber natürlich. Wie es sich anfühlt.

F: *Eine Frage aus Neugier: Es scheint so, als würde eine Gruppe von Menschen die Welt regieren, von der finanziellen Seite her und auch von allen anderen Seiten her gesehen. Stehen diese in Beziehung mit den Sternenwesen und arbeiten sie mit ihnen zusammen, um alles zu einem schnelleren Ende zu bringen und uns so in die kommenden Veränderungen zu führen?*

P'taah: Nun, Geliebter, das ist eine sehr gute »Frage aus Neugier«. Denn da war immer schon – in den letzten Jahren – eine große Neugier vorhanden, wie die Sternenwesen in Beziehung zu den sogenannten ›Machthabern‹ stehen. Es ist in der Tat so, dass die Sternenwesen in Verbindung mit Wissenschaftlern und Regierungsmitgliedern standen. Es lässt sich sagen, dass man in dieser Beziehung sehr neugierig war. Es gab auch eine gewisse Bestürzung betreffend der angewandten Ethik bei einigem, was mit der Menschheit geschah. Wir möchten Folgendes dazu sagen: Es gibt viele Zivilisationen außerhalb dieser Erde, dieses Planeten. Nicht alle sind, wie ihr es nennen würdet, sehr fortschrittlich. Natürlich, technologisch betrachtet sind sie viel fortschrittlicher als die Leute hier. Doch wir reden von wahrem Fortschritt und das ist, wenn sich Geist und Technologie im Gleichgewicht befinden. Die allergrößten Technologien können nur mit dem erweiterten Bewusstsein des Geistes angewandt werden. Nun, während diesem ganzen Geschehen, nämlich während der letzten Dekade oder auch den letzten zwanzig Jahren dieses Zyklus eurer Zeit, dieses Hineinwachsens in eine höhere Frequenz, möchten wir bitten, euch Folgendes vor Augen zu halten: Bei allem, was ihr außerhalb von eurem bewussten derzeitigen Wissen seht, ist es sehr schwierig, einen Überblick zu gewinnen. Denn ihr könnt nur logische Schlussfolgerungen aus den sehr beschränkten Schubladen eurer jetzigen Wahrnehmung ziehen. Wie auch immer, die Menschheit hat gewählt, wie es sein soll. Es ist an euch, ob es harmonisch oder chaotisch sein wird. Überflüssig zu sagen, dass wir erkennen, dass ihr alle es vorziehen würdet, wenn die Veränderungen harmonisch verliefen. Alles liegt nur an eurer eigenen Wahrnehmung. Und wir haben schon darüber gesprochen, wie ihr natürliche Erhebungen wahrnehmt; dass diese in Wahrheit eine freudige Sache sind, dass es ein großartiger Plan ist, dass sie zyklischer Natur sind, dass sie völlig natürlich sind. Und es ist so, Geliebter, *wenn auch viele Menschen in diesen Veränderungen ihre eigenen Machtentfaltungen planen, so arbeiten sie in Wirklichkeit auf Dinge hin, von denen sie gar nichts wissen.* Man sagt: »Die Wege Gottes sind unergründlich«, hm? Darum ereignet sich manches, von dem die Leute glauben, dass es aus einem bestimmten Grund geschieht. Von einer höheren Warte betrachtet, enthüllt es etwas anderes. Wir bitten euch, haltet an dem fest, was ihr in eurem Herzen wisst.

F: *Die australische Verfassung bezieht sich in ihrem Eingangsparagrafen ausdrücklich auf Gott. Ich halte es für sinnvoll, wenn die Verfassung dahingehend erweitert wird, dass dem Göttlichen auch bei der Erziehung unserer Kin-*

der und bei der Rechtsprechung eine zentrale Rolle zukommt. 1984 unterbreitete ich diesen Vorschlag dem australischen Premierminister. Er wurde zurückgewiesen. Hältst du es für angebracht, wenn ich mich mit diesem Vorschlag noch einmal an die Regierung wende?

P'taah: Das ist wirklich nicht nötig. Das, was Ausdehnung des Bewusstseins genannt wird oder die Auferstehung des Christus, wird nicht von eurer Regierung kommen. Schau, Geliebter, das sogenannte christliche Bewusstsein hat nichts mit dem zu tun, was ihr als Recht betrachtet. Denn schau, Geliebter, der einzige Grund, warum ihr Gesetze habt, ist wegen der Angst, dass jemand rechtswidrig handeln könnte. Verstehst du? In Wirklichkeit ist eure Regierung viel zu sehr beschäftigt, um sich über die Seele Sorgen zu machen. Gott mag wohl in eurer Gesetzgebung verankert sein, aber die Seele ist es nicht. Die Regierung versteht nicht, dass es da keinen Unterschied gibt, hm. Und darum würden wir sagen, dass es nicht nötig ist, damit zu eurer Regierung zu gehen. Es ist nur notwendig, dass jeder Einzelne von euch sich mit Licht ermächtigt, um die gesamte Menschheit zu erreichen. Und das werden sie nicht einmal bemerken. Wir glauben nicht, dass der, der euer Premierminister genannt wird, daran wirklich interessiert ist. Seine Angst vor Machtverlust hält ihn zu sehr beschäftigt. Und so ist es zurzeit mit all euren Regierungen. Doch schaut, ihr werdet diejenigen sein, jeder Einzelne von euch, die die Macht übernehmen und die eine Regierung ohne geschriebenes Gesetz aufbauen werden.

(An dieser Stelle stolziert die Hauskatze an P'taah vorbei, ohne seine edle Rede zu beachten, und er schweift kurz ab:) Sie braucht keine Gesetze. Ihr könnt ihr so oft Befehle erteilen, wie ihr möchtet, sie weigert sich einfach, zuzuhören.

Wenn jeder Einzelne von euch immer näher und näher an das JETZT herankommt und seine eigene Macht erkennt, und wenn ihr euch als Ganzes mehr und mehr liebt, so wie ihr seid, dann könnt ihr eurer Regierung ›auf Wiedersehen winken‹. *(Großes Gelächter)* Wahrhaftig.

F: *P'taah, bei einem anderen Treffen sagtest du, dass wir schon alles waren: Täter und Opfer. Ich verstehe nicht ganz, wie das sein kann.*

P'taah: Nun denn, Geliebte, ich werde es dir ganz einfach erklären. Denn in Wahrheit ist es ganz einfach. Du hast dich schon Tausende Male inkarniert. Ihr alle habt das. Und schau, wenn wir sagen, dass es keine Trennung gibt, dann meinen wir das genau so. Denn mit jeder Inkarnation gehen etwa elf Zwölftel der Energie der Seelenfragmente zurück zu einer Art Schmelztopf. Darum, Geliebte, bist du nach Tausenden von Inkarnationen ein ziemliches Mischmasch. Und dann kommst du mit jeder Inkarnation wegen der Erfahrung wieder, jedes Mal wegen einer neuen. Jedes Mal, um das anzunehmen, was du vorher noch nicht annehmen konntest. Auf diese Weise warst du tatsächlich schon der Mörder und der Ermordete, du warst Mutter und Vater, du warst männliches und weibliches Kind, du warst jede Rasse. Hm? Verstehst du, wie das geht? Du warst schon alles. *(P'taah wendet sich kurz an einen Herrn:)* Genau, du warst einmal eine sehr schöne Frau und jetzt bist du ein schöner Mann. In dieser Zeit und in den nächsten Jahren werden die Leute von einer Bevölkerungsexplosion reden. Es wird immer mehr Menschen geben. Es ist wie ein Wettrennen, ihr Lieben. Jedermann möchte hierherkommen, um diesen Übergang mitzuerleben. Und es sind darunter sogar solche, die noch nie vorher eine menschliche Form hatten. Verstehst du?

F: *Ja, danke dir.*

F: *Guten Abend, P'taah. Jene, die herkommen und vorher keine menschliche Form hatten, woher kommen denn die?*

P'taah: Hm, von dem, was ihr Wale und Delfine nennt, und auch solche sind dabei, die Seelenenergie, Lichtenergie waren und vorher noch nicht den Wunsch hatten, einen physischen Körper anzunehmen. Da gibt es viele, müsst ihr wissen, die das nicht für nötig hielten. Möchtest du noch mehr wissen?

F: *Nicht zu diesem Thema, aber ich würde dich gerne etwas über das Träumen fragen. Wir verbringen ein Drittel unseres Lebens schlafend und erleben im Traumzustand die verschiedensten Manifestationen. Könntest du sagen, wie wichtig das ist, oder ob es eine spezielle Bedeutung für unsere Evolution hat?*

P'taah: In der Tat. Darüber haben wir schon gesprochen. Tatsächlich ist all dies hier, von eurem Traumzustand aus gesehen, eine große Illusion. Alles hier scheint wie ein Traum, scheint unwirklich zu sein. Der Traumzustand ist multidimensional. Wir reden von ganzen Leben und Erfahrungen, die ihr darin habt. Ihr reist in eurem Traumzustand mit eurem Bewusstsein ohne euren Körper sowohl auf der astralen Ebene wie auch in anderen Dimensionen, in andere Galaxien, in andere Zeitabschnitte, in alternative Wirklichkeiten, das heißt mögliche Wirklichkeiten. Ihr sucht dort das, was ihr zukünftige Leben, und das, was ihr vergangene Leben nennt. Ihr seid also in euren Träumen sehr beschäftigt. Und außerhalb dieser bewussten Realität lebt ihr auf sehr vielen Ebenen von

Dimensionen des Raumes und der Zeit und möglichen Wirklichkeiten. Und ich darf sagen, dass ihr das mit Anmut und Leichtigkeit tut. Doch man muss auch wissen, dass die Seelenenergie makellos ist und ihre eigene Integrität besitzt. Darum vermischen sich diese ›Stationen‹ nicht allzu oft. Und ihr müsst zudem wissen, dass euch nichts Böses geschehen kann, dass ihr in all diesen Dimensionen umherreisen könnt, auch in einem bewussten Zustand – und ihr werdet euch nicht verlieren. Ihr werdet von eurem physischen Körper nicht getrennt werden. Ihr seid absolut sicher. Denn seht, ihr Lieben, dies geschieht die ganze Zeit, ohne dass ihr es bemerkt. Wir meinen damit, dass ihr euch selbst wirklich vertrauen könnt, hm?

F: *P'taah, ist es ziemlich natürlich, dass wir manchmal Angst erfahren, während unser Bewusstsein im Schlaf anderswo weilt?*

P'taah: Geliebte, manchmal geschieht das, wenn die Menschen plötzlich bemerken, dass sie an einem ihnen unbekannten Ort sind. Es geschieht auch oft, wenn die Leute ihre erste bewusste außerkörperliche Wahrnehmung haben, also wenn sie nicht schlafen. Dann haben sie Angst, dass sie von ihrem Körper getrennt werden könnten. Doch in dem Moment, wo ein Zweifel oder eine Angst aufkommt, ist es so, als ob das Bewusstsein in seinen Körper zurückplumpste. Das haben schon viele von euch erfahren.

Ihr Lieben, wir werden an dieser Stelle eine Pause machen. Einige von euch sitzen auf hartem Boden. Also streckt euren Körper, erfrischt euch und bereitet neue Fragen vor. Wir bitten euch jetzt, für zwei Minuten still zu sein. Wir danken.

(Nach der Pause)

P'taah: So, ihr Lieben, ihr habt Fragen.

F: *Lieber P'taah, hier meine Frage: Ich habe das Gefühl, dass dies das Publikum im Allgemeinen interessiert. Könntest du uns bitte erzählen, wie du angefangen hast, wo du herkommst, kannst du uns etwas über dich erzählen.*

P'taah: Nun, Geliebter, das könnte man eine große Bestellung nennen.

F: *Ich weiß.*

P'taah: Weißt du das wirklich? Nun, schau Geliebter, das, was ich bin, ist in Wahrheit nichts anderes als das, was du bist. Und das, was diese Energie ausmacht, die ihr P'taah nennt, ist nur ein Teilstück, so wie es ihr auch seid. Es ist nicht, wie man meinen könnte, eine Person

– und doch, da gab es in eurer Geschichte sicherlich eine Person, die als P'taah bekannt war. Doch schau, es ist genau dasselbe mit euch, wie wir vorher schon sagten. Die Person, die ihr unter eurem Selbst versteht, ist nur ein Teilstück einer sogenannten größeren Überseele. Ihr seid so viel größer, als *ihr* glaubt zu sein. Denn, wie wir schon oft festhielten: Ihr seid alle sehr großartige, multidimensionale Wesen. Ihr existiert auf allen Ebenen. Wenn ich euch also frage: »Wer bist du?«, dann ist es für euch ganz einfach zu sagen, »Ich bin ...«, und ihr nennt einen Namen. Für euch ist das beinahe alles, was ihr seid. Nun, ihr Lieben, wenn ich euch frage, wer ihr seid, solltet ihr sagen: »Das, was ich bin, ist ein Ausdruck des Göttlichen.« Auf diese Weise drückt ihr mehr von dem aus, was ihr seid. Indem ihr euch selbst als einen Ausdruck des Göttlichen bezeichnet, lasst ihr zu, dass diese Energie zum Vorschein kommt. – Wenn ihr euch also auf diese Weise äußert: »Ich bin wirklich ein Ausdruck des Göttlichen«, dann seid ihr das auch. Seht, wenn ihr dies sagt, werdet ihr es sehr schnell *erkennen*. Wir haben euch schon erklärt, dass es kaum Vorteile bringt, wenn ihr wisst, wer ihr in euren vergangenen Leben schon alles wart. Natürlich ist es sehr interessant, es befriedigt die Neugier, und das hat auch seine Gültigkeit. Manchmal geschieht es, dass ihr ein gewisses intellektuelles Verständnis von Teilstücken eures Seins habt, die ihr dann mit vergangenen Leben in Verbindung bringt. Doch schau, Geliebter, wenn du in dieser Zeit jetzt zum Licht kommst, wenn du das Leben aus der Fülle deines jetzigen Moments schöpfst, dann änderst du alle deine Leben. Sowohl die, die du als vergangen betrachtest, als auch die, die du als zukünftig ansiehst. Du siehst also, dass deine Frage ziemlich komplex ist. Und doch ist sie wiederum ganz einfach: Wer bin ich? ICH BIN. Ich bin Ausdruck des Göttlichen – und Geliebter, *ich weiß, dass ich bin*. Und bald, ihr lieben Menschen, werdet ihr es auch wissen.

F: *Unser Respekt, P'taah. Ich wüsste gerne genauer über die psychologischen Begriffe Über-Bewusstsein, Unterbewusstsein, das Ego und das Super-Ego Bescheid. Und vielleicht könntest du auch erklären, wo das Super-Bewusstsein da hineinpasst. Ist es mit unserem physischen Hirn verbunden oder wird es von den Neuronen gebildet? Und hat die DNS ein Erinnerungsvermögen?*

P'taah: Sollen wir darüber ein Buch schreiben, was denkst du? *(Das Publikum ist amüsiert.)* Wollen wir mit dem beginnen, was ihr Unterbewusstsein, Super-Bewusstsein und so weiter nennt. Geliebte, das sind bloße Etiketten. Wirklich. Etiketten fördern die Trennung. Denn schau, mit diesem Durst nach intellektuellem Wissen schafft ihr Schubladen.

In diese Schubladen legt ihr alles ab, damit ihr wisst, was es ist und wo es hingehört. So ist es mit *allem* eurem bewussten Wissen. Man nennt dies die ›beschränkten Schubladen der Wahrnehmung‹. Die Wahrheit ist die: Je mehr ihr diese Etiketten anwendet, umso mehr trennt ihr das Selbst vom SELBST. Doch tatsächlich gibt es keine Trennung, überhaupt keine. Darum wollen wir uns über diese Schubladen und Etiketten hinwegsetzen. Das Ego könnte mit einem Auge verglichen werden. Das Auge ist ein Instrument, ein Werkzeug. Das Auge allein weiß nicht, was es sieht. Es ist da, um euch zu ermöglichen, die Realität der dritten Dimension wahrzunehmen. *Genau die gleiche Funktion hatte das Ego. Das heißt, es war da, um dem erweiterten Bewusstsein zu ermöglichen, das, was die Wirklichkeit der dritten Dimension ausmacht, wahrzunehmen.* Während Äonen eurer Zeit hat sich das so verändert, dass das Ego nicht mehr nur das Werkzeug für die Wahrnehmung dieser Dimension ist. Denn es wurde ganz ›verrückt nach Macht‹. Es hat Angst, ganz besonders in der heutigen Zeit, dass es machtlos und unnötig werden könnte. Durch eure Lehren gewinnt ihr den Eindruck, dass das Ego euch großen Schaden zufügt und dass ihr es nie zu einem erleuchteten Zustand bringen werdet, wenn ihr vom Ego aus handelt. Doch schaut, das, dem ihr widersteht, bleibt hartnäckig bestehen. Je mehr ihr das bekämpft, was ihr als Ego betrachtet, umso mehr habt ihr das Gefühl, dass es euch im Wege steht. Das, was man als Unterbewusstsein bezeichnet, dieser Dämon, der wie ein unkontrollierbares Monster herumlungert, hat die Rolle von dem übernommen, was Religion genannt wird. Es hat euch geängstigt, weil man euch lehrte, dass man dem nicht trauen darf. Seht, ihr Lieben, ihr vertraut euch selbst nicht. Keiner von euch tut das wirklich.

Euer physischer Körper ist ein Ausdruck des Lichtkörpers, des Ätherischen, der Seelenenergie. Eure DNS, die DNS/RNS – das große Mysterium eurer Zeit –, ist nur eine physische Manifestation. Sie wird von der Urquelle angetrieben. *Wenn die Menschheit immer weniger in der Trennung lebt, werden sich die Helices der DNS automatisch entsprechend ausrichten.* Es gibt nichts in eurer Wirklichkeit der dritten Dimension, was nicht von der Quelle angetrieben ist. Eure Wissenschaftler mögen alles noch so zerlegen, fotografieren, ihre Messinstrumente anwenden, und sie werden doch nicht herausfinden, wovon es angetrieben wird. Das fehlende Glied heißt GOTT/DIE GÖTTIN, ALLES, WAS IST.

Mit der Mathematik, der Astrologie, der Quantenphysik und so weiter versucht die Menschheit einen Plan von dem zu erstellen, was bereits existiert. Versteht ihr? In den kommenden Jahren wird ganz bestimmt ein sogenannter Quantensprung im Wissen und im Verständnis eurer Physiker stattfinden. Doch dies wird nicht geschehen, bevor eure Wissenschaftler ihr Herz entdecken. Dann wird alles Wissen bekannt sein.

F: *Guten Abend, P'taah. Meine Frage betrifft das höhere Selbst. Ist es weise und auch möglich, zum benötigten Zeitpunkt vom höheren Selbst Rat zu bekommen?*

P'taah: Geliebter, die Über-Seele, das größere Selbst, wenn du so willst, ist makellos. ›Größer‹ meinen wir nicht in einem hierarchischen Sinne, eher im Sinne eines größeren Spektrums. Die Über-Seele gibt dir immer wundervolle Ratschläge, die du nicht befolgen wirst. Geliebter, natürlich kannst du jederzeit bitten und *es wird dir stets geantwortet*. Denn schau, es gibt keine Trennung. Und das ist die Erkenntnis, die du erreichen wirst. All dies liegt in dir, nicht außerhalb. Du kommst hierher und hörst dir diese Worte an, aber in Wahrheit weißt du schon alles. Es wurde der Menschheit seit Äonen eurer Zeit kundgetan. Ihr müsst das alle begreifen; selbst wenn keine Worte mehr gesprochen würden, so stehen sie euch doch zur Verfügung, ihr Lieben. Wir möchten es wiederholen: *Es gibt nichts als Spiegelbilder außerhalb von euch.*

Alles Wissen von allen Menschen, die je existierten, befindet sich in euch. Es ist keine Unmöglichkeit, dass ihr zu dem findet, was ihr seid. Man muss es bloß zulassen. Ihr müsst nichts tun. Es ist bereits dort. *Man muss nur an einem stillen Ort sein und der Weisheit gestatten, sich zu offenbaren.* Es gibt nichts, was ihr nicht wisst. Geliebter, wenn du Kummer hast und dein Leben nicht zum Aushalten ist, dann musst du wirklich wissen, dass du von nichts getrennt bist, dass du wirklich geliebt wirst und dass dich das gesamte Universum unterstützt, *wenn du es ihm gestattest*. Schau, Geliebter, jeder, wirklich jeder stirbt an einem gebrochenen Herzen. Und ihr alle habt solche Angst, dass es bekannt werden könnte, weil ihr nicht erkennt, dass ihr euch alle in derselben Situation befindet.

F: *Früher an diesem Abend erwähntest du, dass eine Menge Energien sich hier inkarnieren, um eine noch kommende Erfahrung zu machen. Wenn ich mit Leuten spreche, gewinne ich den Eindruck, dass es eine Zeiterscheinung ist, sich für etwas vorzubereiten. Doch aus irgendwelchen Gründen kann ich das nicht fühlen. Ich glaube, wir haben schon, was wir suchen. Werde ich den Zug verpassen, weil ich diese Haltung habe?*

P'taah: Nein, Geliebte, das wirst du nicht. Denn schau, ihr alle besitzt schon, was ihr erreichen wollt. Ihr sucht nach Erleuchtung, doch ihr seid bereits erleuchtete Wesen. Aber es ist wahr, Geliebte, dass euch große Veränderungen bevorstehen. Und es ist bestimmt auch wahr, dass euer Planet und alles darin und darauf in diesen nächsten Jahren einen großen Übergang erleben wird. Nun geschieht das natürlich nicht nur auf der physischen Ebene. Man könnte sagen, dass die physische Ebene nur ein Ausdruck der ätherischen Ebene ist. Ihr denkt nur in Bezug auf euren eigenen Planeten. Wir sprechen aber von Galaxien jenseits der wildesten, blühendsten Vorstellungen, von dem, was ihr Science Fiction nennt. Woher denkt ihr, kommt diese Science Fiction? *(Glucksendes Lachen im Publikum)* Wilde und blühende Fantasien, hm? Ist das nicht seltsam? Wisst ihr, dass die Vorstellungskraft euer Universum erschafft? Wenn du dir etwas vorstellen kannst, Geliebte, <u>IST ES</u>. Nun, wir müssen zugeben, dass der Vorstellungskraft oft ein kleiner Schubs gegeben wird. Und oft ist sie auch Erinnerung, manchmal an das, was ihr Zukunft nennen würdet. Sehr spannend, nicht?

F: *P'taah, bekamen wir während unserer Geschichte solche, wie du es nennst, Schubse? Wurde vielleicht die Spanische Armada vom Wind oder etwas Ähnlichem weggestoßen? Hatten wir Hilfe von außerhalb, die uns auf den richtigen Pfad führte?*

P'taah: Hm. Auf eine Weise ja, aber nicht auf diese Weise. Obschon man sicherlich sagen kann, dass die Spanische Armada vom Bewusstsein weggeblasen wurde und nicht von außerirdischen Wesen. Schau, jeder meint immer, dass Gott auf seiner Seite steht, hm? Wenn also ein Land in ein anderes einfällt, hat dasjenige, das gewinnt, *offensichtlich* Gott auf seiner Seite. Nun, das ist ziemlich unwahrscheinlich, nicht wahr? Doch schau, die Wahrheit ist, dass Gott auf jedermanns Seite steht. Wenn du vom Eingreifen der Sternenwesen in die Angelegenheiten eures Planeten sprichst – da fanden in der Tat hier und dort einige Eingriffe statt. Denn schau, euer Planet wird nie zerstört werden. Doch euer Planet ist auch nicht nur ein einzelnes Wesen. Ihr werdet das erschaffen, woran ihr glaubt. Aber ihr müsst wissen, dass es für nichts jemals ein Ende gibt. Auch nicht für das, was ihr ausgestorbene Spezies nennt. Die Menschen, die Flora und die Fauna sind nur in eurer Raum-Zeit ausgestorben.

F: *Wird dieser Übergang ein einmaliger Anlass sein, den alle zur selben Zeit erfahren? Wird das wie eine Explosion des Bewusstseins vor sich gehen?*

P'taah: Möchtest du, dass ich dir den ganzen Spaß verderbe? *(Großes Lachen)*
F: *Wie wär's mit einem kleinen Vorgeschmack?*
P'taah: Du kannst diesen kleinen Vorgeschmack haben, wann immer du willst, Geliebter.
F: *Also, wie ist es?*
P'taah: Es geschieht, wenn du das <u>EINS-SEIN</u> von <u>ALLEN</u> Dingen erfährst. Das nennt man göttliche Ekstase, das nennt man Transmutation. So wird es sein. Wie du dir das kreierst, ist dein eigenes Abenteuer. Du weißt, wir sind keine Wahrsager, Geliebter. Wenn du die nächste Woche kommen wirst, um uns zu sehen, werden wir einen seidenen Schal um unseren Körper drapieren und große goldene Ringe tragen – man nennt das Zigeunerin, nicht wahr? Und dann werden wir aus deiner Hand lesen. *(Gelächter)*

Der Übergang, wenn alle Dinge in das <u>EINS-SEIN</u> kommen, kann in einem Augenblick stattfinden. Das kann einen Schritt vorwärts für die ganze Menschheit bedeuten, für alle, die diese Veränderung von der dritten zur vierten Dichte wünschen. Diejenigen, die dies nicht wünschen, werden es nicht erfahren. Ihr habt immer, immer die Wahl. Als Nächstes willst du wahrscheinlich ein Datum. *(Lachen)*

F: *P'taah, in den Büchern über Bewusstsein, in den Offenbarungen und Prophezeiungen lesen wir, dass zehn Prozent der Menschen die Katastrophe oder den Übergang überleben sollen. Was geschieht mit diesen Leuten? Werden sie dann hier bleiben oder woanders hingehen – so wie in den Prophezeiungen gesagt wird –, auf einen anderen Planeten, bevor sie zurückkommen, um der Erde wieder auf die Füße zu helfen?*

P'taah: Um Himmels willen! Das sind ja schreckliche Umstände, hm. Nun, das, was man Prophezeiungen nennt, ist nicht in Stein gemeißelt, geliebte Frau. Ihr verändert eure Wirklichkeit jeden Moment. Möchtest du, dass alle Leute überleben?

F: *Ich habe eigentlich nicht darüber nachgedacht, ob es alle Leute sein sollen oder nur zehn Prozent. Ich möchte nur wissen, was mit ihnen geschieht. Ob sie sich entscheiden wiederzukommen, um die Erde zu bevölkern.*

P'taah: Geliebte, warum hast du die Vorstellung, dass die Erde nach dem Übergang neu bevölkert werden müsste? Schau, du lässt somit zu, dass die schreckliche Vorstellung von jemand anderem Realität wird. Nun, es ist nicht so, dass es nur zehn Prozent sein werden. Auch wird die Erde nicht in einem so zerstörten Zustand sein, dass sie neu bevölkert werden müsste. Die Veränderungen der Erde an sich sind wundervolle Veränderungen. Die Zustände, die du zurzeit schrecklich findest, wie Vulkanausbrüche, Erdbeben und das Steigen der Meere, sind nur dazu da, um Raum zu schaffen, für die ausgedehnte Energie, die für den Übergang benötigt wird. Die Erde rührt sich und bereitet sich vor. Wenn der Übergang stattfindet, werden es bedeutend mehr sein, als du dir vorstellen kannst. Darum kommen all die vielen Leute hierher. Glaubst du, sie würden kommen, nur um vernichtet zu werden? Schau, dem ist nicht so, obschon hierüber viel angstmachende Worte geschrieben und gesagt werden. Ich will euch sagen, dass ihr euch die wundervolle Schönheit nicht vorstellen könnt. Ihr habt weder die Worte, die ekstatische Explosion zu beschreiben, noch könnt ihr euch vorstellen, wie es sein wird, wenn jedes Atom und Molekül auf diesem Planeten, ja der ganze Planet selbst, mit dem göttlichen Licht in Schwingung gerät. Solch außergewöhnliche Schönheit ist jenseits jeder Vorstellungskraft. Wenn dieser Übergang stattgefunden hat, werden Wesen auf euren Planeten kommen, um freudig, dankend, segnend und jubilierend die schönsten Hosiannas zu singen. Diese Wesen sind unsichtbar. Sie kommen von anderen Welten und erscheinen nicht auf dieselbe Weise wie ihr. Und trotzdem werdet ihr fähig sein, das Göttliche in allen Dingen zu erkennen. Form oder Größe werden keine Rolle spielen. Ihr werdet Gott-Sein in allem erfahren, und es wird höchst magisch sein. Ihr müsst euch nicht vorstellen, dass ganze Flotten von Raumschiffen auftauchen, um euch wegzubringen, wenn diese ›schrecklichen Umstände‹ eintreten. *Ihr braucht nicht gerettet zu werden, ihr Lieben.* Ihr seid äußerst machtvolle Wesen. Und das ist der Grund, warum ihr hier seid: um diese Macht zu erkennen, sodass ihr den Übergang so gestalten könnt, wie ihr euch das wünscht. In Liebe und mit Freude, aus dem Vollen schöpfend, mit stürmischer Kreativität, in Ehre und mit Integrität.

F: *Das hört sich an, als hättest du es bereits gesehen.*

P'taah: Schau, Geliebte, es ist bereits geschehen und, in der Tat, ich habe es beobachtet.

F: *P'taah, hast du eigentlich auch eine physische Form?*

P'taah: In der Tat. Wir drücken uns auch körperlich aus. Wir waren auf diesem Planeten als körperliche Wesen in einer physischen Form. Wir weilten mehrere Male bei unserer Frau.

F: *Könnten wir mit dieser Form etwas anfangen? Würde sie uns bekannt vorkommen?*

P'taah: Das würde sie. Doch schau, wir sind sehr trickreich. Wir können sie verändern. *(Großes Gelächter)*

F: Also brauchst du dasselbe wie wir?

P'taah: Geliebter, ihr göttlichen Kreaturen, die Götter, die ihr seid, *brauchen nichts*. Ihr mögt euch wünschen, was immer ihr wollt, und ihr könnt es gar erschaffen, aber *brauchen* tut ihr nichts.

F: Dann bist du hier, um etwas zu lernen, so wie wir?

P'taah: In der Tat, und wegen der großen Freude daran, wegen der Erfahrung. Geliebter, wir wären nicht hier, wenn ihr uns langweilen würdet. Ich kenne das, unsere Frau spricht sehr oft davon. Vom Gelangweiltsein, hm? Ihr langweilt mich nicht.

F: Das meinte ich auch nicht. Du redest, als hättest du auf alles eine Antwort, doch offensichtlich gibt es da Bereiche, wo du auch noch deine Erfahrungen machen musst.

P'taah: Aber natürlich, Geliebter. Darüber haben wir schon gesprochen, dass viele von euch glauben, wenn man einmal erleuchtet sei, dann sei das dann das Ende von allem. Es ist erst der Anfang, es hört nie auf. Der einzige Unterschied besteht darin, dass ihr dann wissen werdet, wie es geht.

F: P'taah, da wir so damit beschäftigt sind, den weiblichen Aspekt des Seins zu nähren ...

P'taah: Ich wünschte, ihr wärt alle damit beschäftigt.

F: Es wurde immer angenommen, dass der Heilige Geist männlich ist. Mir war klar, dass es eine weibliche Energie sein muss. Könntest du darüber etwas sagen?

P'taah: Geliebter, der Geist hat kein Geschlecht. Er schließt natürlicherweise alle Dinge ein. Erst in euren späteren Religionen wurde gesagt, dass Gott und der Heilige Geist männlich seien. Tatsächlich besteht Gleichgewicht. Es schließt alle Dinge ein. Auch du, Geliebter, bist alle Dinge, du erkennst es nur nicht.

F: Ich erkenne, dass ich das bin, aber wie kann ich es im Alltag verwirklichen?

P'taah: Durch Zulassen. Nichts tun, nur zulassen und jeden Teil deines Selbst lieben, jeden Aspekt, jede Facette, und die Gegensätze werden im Gleichgewicht sein.

F: Warum scheint es, als wäre da eine Blockade? Wenn wir alle erleuchtet sind, warum können wir dann nicht sehen?

P'taah: Weil ihr es vergessen habt.

F: *Warum?*
P'taah: Wegen der Erfahrung.
F: *Warum ist das denn so frustrierend?*
P'taah: Weil ihr nicht zulassen könnt.
F: *Welcher Teil von mir will es nicht zulassen?*
P'taah: Das, was man männliche Energie nennt.
F: *Nun, wie kontrolliere ich das? Wie schaffe ich das?*
P'taah: Geliebte, *die männliche Energie ist das, was man Kontrolle nennt.* Wir schlagen dir vor zu lesen, was darüber bereits gesprochen wurde, damit du diesen Teil verstehen kannst. Dann sind wir natürlich froh, mit dir weiterzureden. Wir werden noch eine Frage beantworten, und dann wird es für heute genügen.

F: *Könnte man sagen, dass diese Blockade, die uns alle so beschäftigt, die uns vom Lernen, vom Vorwärtskommen oder vom Zulassen abhält, eine Prägung aus der frühen Kindheit ist? Wenn die Kinder auf diese Welt kommen, scheint es, als wüssten sie, als wären sie sehr bewusst. Doch weil wir älter sind als sie, denken wir anscheinend, dass wir ihre Lehrer sind. Sobald sie geboren sind, verpassen wir ihnen eine Gehirnwäsche. Ich habe das Gefühl, die Gehirnwäsche, die ich damals erhielt, ist mein größtes Hindernis. Als ich ein kleines Kind war, wollte ich immer die Wahrheit wissen, und diese, so glaubte ich, sei in der Kirche zu finden. Doch das stellte sich als falsch heraus – es hat mich gebremst. All diese Prägungen sitzen ganz tief. Ich hinterfrage sie und ich habe das Gefühl, dass ich es mir dadurch ermögliche, die Dinge zu erkennen.*

P'taah: Genau so ist es. Wie wir bereits erwähnten, habt ihr mit jeder Inkarnation das Wissen der morphogenetischen Resonanz, der gesamten Menschheit und von allem, was schon vergangen ist. Dann baut ihr eure Wirklichkeit auf euren Glaubensstrukturen auf. Die Kinder, die in der heutigen Zeit geboren sind, bringen allerdings eine große Weisheit mit, denn die Schleier, wie ihr sagen würdet, sind nicht mehr so dicht. Sie kommen als große Lehrer; sie lehren das Zulassen, die bedingungslose Liebe, das Anknüpfen an das Wissen, das in ihnen liegt. Wie auch immer, Geliebter, wir möchten auch dir vorschlagen, dass du liest, was bereits darüber gesagt wurde, damit du verstehst, warum und wie das zustande kam. Wir haben in den letzten Wochen sehr viel darüber gesprochen und du weißt, dass wir heute ein Manuskript vorbereiten. Wegen dem Endresultat geben wir den Worten eine gewisse Gestalt und Ordnung. Nun, wie wir vorhin schon bemerkten: Wenn du das, was bereits gesagt wurde, gelesen und verdaut hast, und wenn du dann immer noch fragen willst, freuen wir uns sehr, dich außerhalb dieser Treffen zu sehen. Dann können wir uns dir gänzlich widmen, damit du verstehen kannst, was du dir so ernsthaft wünschst zu wissen. Darum erlaube dir, das Material zu lesen, damit du es mit dem Kopf verstehen kannst, obschon du es mit dem Herzen bereits gänzlich begriffen hast. Es ist schon gut, Geliebter. Jeder müht sich hier ab, zu verstehen. *(Der Mann ist sehr bewegt, und P'taah küsst ihn ganz sanft auf die Stirn.)* Schau, das Verstehen vollzieht sich im Herzen, nicht im Kopf. Natürlich wären wir zufrieden, wenn du es mit dem Kopf ebenfalls verstehst. Das nennt man dann Gleichgewicht, hm? So, ihr Lieben, es ist Zeit, hm? *(Zum Gastgeber:)* Unser Dank, Geliebter.

(An alle:) Es ist eine wundervolle Freude, bei euch zu sein, immer. *(P'taah hält kurz inne und wendet sich dann an einen Mann:)* Wir sind sehr glücklich, dass du hier bist. *(An alle:)* Eure Energie strahlt zu dem, was ich bin, herüber und schafft ein wundervolles Licht. Wie wunderschön ihr alle seid! Immer dann, wenn ihr in eurem *Jetzt* lebt, immer dann, wenn ihr euch erlaubt, der zu sein, der ihr wirklich seid, schafft ihr mehr und mehr Licht. Es verbreitet sich über dieses ganze wundervolle Land und sieht aus wie die feine Gaze einer Spinnwebe in der Morgensonne, worin die Tautropfen glänzen. Bald werdet ihr euer ganzes Land zum Leuchten bringen, und dieses Licht wird wie ein Leuchtfeuer für die ganze Welt sein. Ihr Lieben, geht in Licht und mit Freude. Seid leichten Herzens. *(An eine bestimmte Frau:)* In Ordnung, Dame des Lichts, du kannst deine Kleider ablegen und im Licht des Neumonds tanzen gehen. Wir sind ganz und gar damit einverstanden, weißt du das?

Ihr Lieben, einen guten Abend.

ZWÖLFTE ÜBERMITTLUNG

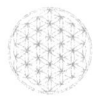

P'taah: Guten Abend, ihr Lieben.
Publikum: *Guten Abend, P'taah.*
P'taah: Seid wahrhaftig willkommen. Den heutigen Abend wollen wir den ›Rezepte-Abend‹ nennen. Wir werden erst eine Weile darüber reden, wie das Manifestieren vor sich geht, sodass ihr manifestieren könnt, was ihr euch wünscht. Es ist ganz einfach. Schaut, die Tatsache, dass ihr es euch so schwermacht, zeigt nur, in welchem Maße ihr in der Frequenz eurer Schöpfung, der Wirklichkeit der dritten Dichte, von einem Moment zum nächsten gefangen seid. Sie ist so aufregend, diese Dimension der Realität, die ihr für euch kreiert habt. Sie ist vital – voller Leben – und auf der zellularen Ebene könnt ihr diese Vibration und diese Kreativität auch erkennen. Um euch herum, in dieser Gegend, seid ihr von üppiger, großartiger und kreativer Natur umgeben. Wir haben es schon gesagt, dass es sehr gescheit von euch war, euch an diesen Ort zu kreieren. Denn außerhalb von euch manifestiert sich für euch ein Spiegel, der euch jederzeit den Drang nach Kreativität und deren Integrität zeigt. Wir haben darüber gesprochen, wie ihr euren physischen Körper von einem Moment zum nächsten erschafft, ohne wirklich zu wissen, dass ihr dies tut. In diesem sehr vitalen Leben seid ihr in eure Dramen eingebunden, in den kaleidoskopischen Film, den ihr macht, worin ihr alle Dinge seid. Ihr spielt eine Rolle, und natürlich seid ihr die Hauptdarsteller. Ihr organisiert das auf wundervolle Weise, und dann vergesst ihr, dass es nur ein Film ist, hm? Dann werdet ihr von eurer eigenen Schöpfung umgarnt und versteht die meiste Zeit nicht wirklich, was geschieht. Wie wir schon oft sagten, versteht ihr eure eigene Macht in dieser kreativen Erscheinung nicht wirklich. Wir sagten euch, dass ihr kreiert, indem ihr die Gedanken entsprechend eurer Glaubensstrukturen aussendet.

An dieser Stelle kommen wir nun zum Rezeptteil: Ihr besitzt die Fähigkeit, euch der morphogenetischen Resonanz aller Dinge auf dieser Ebene der Realität und sogar außerhalb davon anzuschließen, jeder zellularen morphogenetischen Resonanz und jeder morphogenetischen Resonanz der unsichtbaren Wirklichkeiten, der unsichtbaren Welten und der unsichtbaren Wesen. Die meiste Zeit seid ihr euch dessen nicht bewusst. Trotzdem geschieht es. Eigentlich wünscht ihr euch alle, auf diese Leinwand, genannt Leben, ein Bild von Harmonie und Schönheit zu malen, und dann wundert ihr euch, dass es nicht so ist. Und ihr wundert euch über die Missklänge, die ihr erschafft, weil ihr das Verständnis nicht zulassen könnt, dass alles in eurem Leben, was nicht harmonisch ist, nur dazu taugt, euch zu zeigen, wie es sein könnte, wenn ihr einfach *wüsstet*, dass in jeder einzelnen Situation eine Perle der Weisheit steckt, ein Juwel, das ohne Urteil akzeptiert werden sollte. Wenn ihr einen Gedanken, einen Wunsch äußert, ohne ihn mit *Erwartungen einzuschränken*, müsst ihr euch *absolut gewiss* sein, dass sich *alle* Möglichkeiten so arrangieren, wie es für euch zum Besten ist. Wir haben euch auch gesagt, dass ihr diese Schöpferkraft einschränkt, wenn ihr glaubt, es nicht wert zu sein, es nicht zu verdienen, wenn ihr den Glauben innerhalb der eingeschränkten Strukturen der menschlichen morphogenetischen Resonanz eurer Kultur, eurer Familie und so weiter teilt. *Sowie ihr Erwartungen hegt, wie etwas geschehen soll, habt ihr es bereits eingeschränkt.* Sowie ihr an der Wahrhaftigkeit eurer eigenen Macht zweifelt, habt ihr sie schon eingedämmt. *Es stehen euch sämtliche Möglichkeiten zur Verfügung.* Versteht ihr das? Ihr seid so mächtig, *dass sich das Universum nach euren Wünschen umarrangiert,* wenn ihr einen Gedanken aussendet, der nicht von Zweifeln behindert wird, von Erwartungen, von euren Glaubensstrukturen, was alles ein Nicht-Zulassen der Kreativität bedeutet. Das ist eine wissenschaftliche Tatsache, ob ihr dies wisst oder nicht. Wir wollen damit sagen, dass all dies wie eine mathematische Gleichung ist, hm? Das für die Technokraten. Wenn ihr euch Harmonie wünscht, wenn ihr wünscht, euer Bewusstsein zu erweitern, dann müsst ihr daraus keine große Sache machen. Das Gleiche gilt für die Gesundheit. In allen Bereichen eures Lebens seid ihr ganz fasziniert vom ›Nicht‹. Ihr verliebt euch so in die Dramen eurer Leben, in die Disharmonie, in die Aufregung und die Spannung, dass ihr vergesst, dass es nicht so sein müsste. Ihr braucht keine großen Dramen, um zu lernen, jedoch für die meisten von euch ist das alles, was ihr kennt. Ihr seid an die Fesseln der Vergangenheit gebunden, an die Erwartungen der Leute und gebt eure Macht an andere ab. Was ihr seid, ist eine Symphonie, ihr Lieben, und das, was ihr erschafft, ist wirklich wunderschöne Musik. Denn seht, ihr seid jedes Instrument in diesem großen Orchester, ihr seid der Dirigent, ihr seid sogar der Komponist, und ihr könnt wunderbare, wunderschöne

Musik erschaffen. Wir schlagen vor, euch von schöner Musik faszinieren zu lassen. Wenn ihr dies tut, wird sie euch nur Harmonie aufzeigen. Ihr, ihr Lieben, seid die Poeten, und ihr könnt die Verse schreiben, die euch gefallen. Ihr könnt eure Wirklichkeit *verändern*. Doch ihr müsst in euch die Gewissheit haben, dass das keine bloße intellektuelle Übung ist. Intellekt und Ego sind da, um eurem Herzen und eurer Intuition zu dienen. Wenn ihr euch vom Intellekt regieren lasst, schließt ihr wiederum Möglichkeiten aus und engt die Wahrscheinlichkeiten ein. Es geht nicht um das Tun. Sendet den Gedanken, verbunden mit dem Wunsch aus. Ihr Lieben, schickt ihn ins Universum mit dem Wissen, dass in dem Moment des Denkens, verbunden mit dem Wunsch, mit dem Gefühl der Freude, es bereits IST. In dieser Mikrosekunde habt ihr es erschaffen. Dann muss man nichts mehr tun, man muss es nur noch zulassen.

Wir meinen damit in keiner Weise, dass ihr mit diesem ›Nichtstun‹ *Faulenzer* werden sollt, dass ihr euch hinsetzen oder hinlegen und für den Rest eurer Tage nichts mehr tun sollt. Man muss die Absicht wirklich ausstrahlen, die Absicht, dass ihr *wisst*, dass es bereits IST. Darin liegt, wie ihr es nennen würdet, die physikalische Bestätigung. Dann wird euer Intellekt eurem Herzen, eurer Intuition und eurem Wissen dienen. Ihr müsst begreifen, dass, sobald ihr den Gedanken ausgesandt habt, ihr wirklich mit Gewissheit *tun* könnt, was bereits *getan* ist. Nun, ihr Lieben, ist dieses Rezept einfach genug für euch, hm? Viele sagen: »Ich weiß nicht, was ich will.« Das ist in Ordnung. Es ist nicht notwendig, dass ihr für euren Lebensweg sogenannte Vorhersagen macht. Sobald ihr diese in Gedanken konkretisiert, erlaubt ihr euch keine Variationen und keine Kreativität. Es ist in Ordnung, wenn ihr nicht wisst, was ihr viele Jahre später einmal wollt. Und schaut, überall um euch herum in der physischen Wirklichkeit findet ihr Botschaften des Universums, um euch aufzuzeigen, wie es sein könnte – was zu euch passen würde, was für euch harmonisch wäre. So lebt ihr nicht mit eurem Intellekt. Das nennt man, von der Intuition geleitet zu leben. Das nennt man, jedem Moment zu erlauben, dass er geschieht. Wenn ihr also nicht wisst, was ihr morgen tun wollt, ist das in Ordnung. Ihr könnt dann in der absoluten Gewissheit leben, dass alles so kommt, wie es sein soll, und dass ihr in einem wundervollen und sicheren Universum lebt. Nichts kann euch geschehen, ihr könnt euch erschaffen, was immer ihr wünscht. Ihr braucht nicht im »Wie es dann sein soll« steckenbleiben.

Nun gut. Habt ihr Fragen?

F: *Ich bin sehr vorsichtig mit dem Visualisieren und Kreieren von Dingen, weil es für mich dann nicht das Richtige sein könnte. Vielleicht könntest du mir sagen, ob unsere Leben einen bestimmten Zweck haben. Wenn wir Dinge erschaffen, und wenn wir nicht wirklich ausgeglichen sind – bringt uns das nicht vom gewählten Pfad ab? Es ist dann wie eine Umleitung, und sehr oft eine schmerzvolle. Sollten wir einfach abwarten und den Dingen erlauben, zu geschehen? Kommen wir dann nicht auf dem richtigen Weg vorwärts, und vielleicht noch schneller?*

P'taah: Es gibt keinen richtigen Weg. *Der Weg für jeden Einzelnen von euch heißt zu wissen, die Gewissheit zu erlangen, dass ihr wirklich ein Ausdruck des Göttlichen seid.* Das ist alles. Wirklich zu wissen, dass es keine Trennung gibt. Geliebte, du darfst visualisieren. Hast du so wenig Vertrauen in die Integrität deines eigenen Seelenwesens, hm? Es gibt ganz sicher nie einen ›falschen Weg‹, es gibt einfach das IST. Und ich will dir Folgendes sagen: Welchen Weg du auch immer gehst, du begegnest immer wundervollen Lektionen, die du annehmen kannst. So wächst du, so lernst du. Es kann in der Tat so harmonisch oder so unharmonisch sein, wie du dir das aussuchst. Das Unharmonische ist tatsächlich das, was mit der universellen Energie nicht zusammenpasst. Wenn du ausgeglichen bist und transmutiert hast, werden sich dir die Ängste immer noch präsentieren, die du noch nicht angenommen hast, egal, was du tust oder nicht tust. Wenn du einmal deine täglichen Ängste ausgeglichen und transmutiert hast, wirst du ihnen nie mehr begegnen, weil du dann die Perle der Weisheit darin gefunden hast. Wenn du dir also einen gewünschten Anlass oder eine materielle Manifestation in deinem Leben vorstellst, dann ist das wundervoll und macht viel Spaß. Das nennt man Tagträumen. Das tut ihr die ganze Zeit, ob es sich nun um etwas Großes handelt oder nicht. Indem du aufhörst zu visualisieren, dir etwas vorzustellen, verleugnest du deine dir innewohnenden kreativen Fähigkeiten.

Und dann, Geliebte, musst du auch deinen Glauben näher ansehen. Warum glaubst du, du hättest es nicht verdient, du wärst es nicht wert? Und ich will dir sagen: Du verdienst alles. Es gibt nichts, was du dir vorstellen könntest, was du nicht verdienst. Denn das, was ihr seid, ist wirklich ein Ausdruck des Göttlichen, jede einzelne Facette von euch. Wenn ihr das wirklich versteht, werdet ihr euch in euch verlieben, und dann werdet ihr wissen, dass ihr nie etwas falsch machen könnt, weil es außerhalb von euren Köpfen keine Urteile gibt. Das Universum verurteilt nicht, Geliebte. Es erlaubt dir wunderbarerweise ganz einfach so zu sein, wie du es wünschst. Das Universum wertet nicht ›gut‹ oder ›schlecht‹, oder ›richtig‹, oder ›falsch‹. Nur ihr seid es, die so werten, ihr und alle anderen. Wir meinen damit die ganze Menschheit.

F: *P'taah, wenn wir unsere Wirklichkeit in ein höheres Bewusstsein verwandelt haben, wird dann eine Zeit kommen, in der wir nicht mehr auf der materiellen Ebene kreativ sein wollen? Werden wir uns einfach für eine Weile über die Materie zu erheben versuchen?*

P'taah: Geliebte, es wird so kommen, dass ihr euch auf allen Ebenen ausdrücken könnt, die ihr euch wünscht. Verachte die sogenannte physische Wirklichkeit nicht, Geliebte. Es ist ein sehr wünschenswerter Zustand. Nach diesem sogenannten Übergang könnt ihr all dies, was ihr als ›all das da draußen‹ bezeichnet, also die ›höheren Ebenen‹, integrieren, weil es keine Trennung gibt. Es bedeutet einfach, dass ihr großartigere Spiele spielen könnt, Geliebte.

F: *Wie findet man Zugang zum Wissen des Herzens, P'taah?*

P'taah: Das muss man einfach geschehen lassen. Nur seid ihr sehr beschäftigt im ›Tun‹, Geliebte. Doch das kann man nicht ›tun‹, nur geschehen lassen. Du kannst dich natürlich in einen meditativen Zustand versetzen; und an diesem stillen, inneren Ort bittest du um das Geschehenlassen. Das ist alles, was ihr tun müsst. Es ist nicht notwendig, euch großer Riten und Rituale zu bedienen. Das ist ein ganz natürliches Ereignis, der Zugang zum Herzen. Schau, Geliebte, es gibt keine Trennung. Es sind nur die Werturteile, die ihr habt: über euer Herz, euren Intellekt, euer Unterbewusstsein, euer Superbewusstsein, euren Geist, euren Körper und über die morphogenetische Resonanz, hm? Alles befindet sich in verschiedenen Abteilen. Doch das ist es wirklich nicht. Ihr habt viel zu tun, um von einem Abteil zum anderen zu eilen, wie in einem eurer Einkaufszentren, hm? Ihr müsst hier das eine und dort das andere einkaufen. Nun, das müsst ihr nicht. Ihr könnt still sitzen bleiben und in allen Abteilen gleichzeitig sein. Versteht ihr das? Und an diesem stillen, inneren Ort könnt ihr Zugang zu allem finden, was ihr euch wünscht. Dann muss man einfach still sitzen und offen bleiben. Ihr könnt euch eine Blume vorstellen, die sich öffnet. Und jeder Teil der Blume wird von sanftem Sonnenlicht berührt, und das Sonnenlicht erfüllt die Blume mit Leben. Jede Zelle wird lebendig – erleuchtet, hm? Ihr könnt euch vorstellen, dass jedes Blütenblatt ein Teil symbolisiert, und doch ist die Blume ein Ganzes, ein Ausdruck Gottes. Alles ist Gott/die Göttin, die

Urquelle, die sich zum Ausdruck bringt. So ist es. Das steht euch allen zur Verfügung.

F: *P'taah, ich habe über ein Flugzeug gelesen, das über Florida von den Radarschirmen verschwand. Die Leute sahen es wirklich verschwinden. Und es war ein großes Passagierflugzeug. Zehn Minuten später kam es wieder zum Vorschein. An Bord merkte keiner der Passagiere, dass sich etwas verändert hatte. Wie steht das in Zusammenhang mit dem ›Jetzt‹, worin doch alles erschaffen ist?*

P'taah: Bei diesem Vorfall war es für einen Moment, als wäre das Flugzeug in einer Zeitverschiebung. Die Passagiere brauchen von diesem Vorfall nicht unbedingt etwas zu merken. Und ein Verschwinden solcher Art kann scheinbar Minuten oder manchmal gar Stunden dauern; für die Leute, die diese Erfahrung machen, dauert es keine Zeit. Es ist nur eine Zeitverschiebung. Seht, die Zeit ist sehr elastisch, sehr plastisch. Mit der Technologie des geliebten Schiffes, das ihr alle so sehnlichst sehen möchtet *(Das Publikum reagiert belustigt, weil es weiß, dass sich P'taah auf den Wunsch verschiedener Zuhörer bezieht, ein plejadisches Raumschiff zu sehen oder darin zu reisen)*, ist es nicht nur möglich, es innerhalb verschiedener Dimensionen neu zu erschaffen, es herrscht darin auch eine *andere Dimension von Raum und Zeit*. Das scheint nach eurem heutigen Technologieverständnis außergewöhnlich. Die Leute im Raumschiff sind bereits in einer anderen Dimension von Zeit und Raum als der, in welcher sich das Raumschiff äußerlich befindet. *So sind also die Dimensionen im Innern des Raumschiffes von dem, was außen wahrgenommen wird, gänzlich verschieden.* Die Technologen unter euch werden verstehen, wovon ich spreche. Auf diese Weise könnt ihr nachvollziehen, wie elastisch diese Dimension der Realität eigentlich ist, die ihr für so konkret haltet.

F: *Manchmal, P'taah, wenn wir aufwachen oder einschlafen, scheint die Zeit sehr langsam zu vergehen. Wie wenn ich in diesem Stuhl sitze und dann an diesen Ort gehe, bin ich nicht hier, ich bin anderswo.*

P'taah: Genau so ist es.

F: *Ist das mit dem verwandt, was du sagst? Wenn ich lange genug in diesem Zustand verharre, würde mein Körper möglicherweise verschwinden und wieder auftauchen, wenn ich mit meinem Bewusstsein zurückkehre?*

P'taah: Es hat damit zu tun, denn schau, in einem weiteren Sinne reist das Bewusstsein durch Raum und Zeit. Nun, es gibt Gelegenheiten, bei denen der Körper selbst in eine andere Wirklichkeit wechselt. Wie auch immer, wir wollen uns darin nicht allzu sehr verwickeln. Derzeit genügt es, wenn ihr mit Bewusstseinsideen spielt, wenn ihr einfach wisst, dass ihr außerhalb von Raum und Zeit sein könnt, wenn ihr euch das wünscht. Tatsächlich seid ihr das in eurem Traumzustand, so wie wir das schon festgestellt haben. Ihr könnt das auch bewusst tun. Ihr könnt euren Körper verlassen und mit dem Bewusstsein auf Reisen gehen. Euer Körper behält seine eigene Integrität der Verbundenheit aufrecht, während ihr weg seid. Seht ihr, ihr Lieben, eure Seelenenergie ist nicht nur mit eurem physischen Körper verbunden. Ihr seid so viel größer als all dies hier und äußerst unterschiedlich und sehr mächtig. Da ist nicht nur das, was ihr für euer persönliches Selbst haltet.

(Eine Dame scheint besorgt.)

F: Was ich jetzt fragen muss, ist nicht so angenehm, P'taah, doch ich möchte herausfinden, wie du darüber fühlst. Denn seit ich dich das letzte Mal gesehen habe, ist etwas geschehen, was mich wirklich beschäftigt. Wenn alles in Ordnung ist, und alles gut ist, so wie es ist, und niemand sich schuldig fühlen muss oder irgendetwas falsch macht, wie erklären wir dann den kleinen Kindern den Missbrauch an Kindern durch Erwachsene. Kinder verstehen so etwas noch nicht oder sie verstehen es sogar besser als wir, doch wir können es ihnen nicht erklären. Wie kann all dies schön und richtig sein?

P'taah: Das ist eine sehr gute Frage, Geliebte, und wir haben uns ihr auch schon gewidmet. Lass mich erst einmal Folgendes sagen: Wir sagen nicht, dass alles schön ist, Geliebte, wir sagen bloß, dass alles ganz einfach <u>IST</u> und dass nach universellem Gesetz nichts verurteilt wird. Wir erkennen den Kummer, der unter Kindern aufkommt, nicht nur wegen sogenanntem Missbrauch, auch wegen Hunger und Krankheiten. Und das kommt auch bei den von den Menschen so geliebten Tieren vor, die misshandelt werden, die nirgends Zuflucht finden und die über ihre Verletzungen und ihre Pein nicht reden können, hm? Und was geschieht? Es wird tatsächlich ein großes Mitgefühl in der Brust aller Beteiligten geweckt. Nun, dann ist es so, Geliebte, dass dann, wenn du dich emotional an ein Kind oder ein geliebtes Tier bindest, in den damit verknüpften Gefühlen so gefangen bist, dass du nicht erkennst, dass es sich um eine sogenannte Co-Kreation handelt. In diesem emotionalen Zustand des Ärgers, der Qual und des Verurteilens kann man keinen Schritt zurück, man verliert den Überblick und weiß deshalb nicht, dass es sich ja nicht nur um dieses eine Leben handelt, sondern um Tausende und Abertausende von Leben.

Nun, du weißt, dass es schwierig ist. Wenn ich das so erzähle, scheint es ganz einfach zu sein, das, was ich sage, intellektuell zu akzeptieren. Es ist schwieriger, mit dem Herzen zu erkennen und zu akzeptieren. Wir haben euch viele Male gesagt, dass ihr jede Facette eines jeden Menschen gewesen seid, der je existiert hat, dass ihr schon alles wart: Der Mörder und der Ermordete, das Kind und der Kinderschänder, der Kriegstreiber und der Pazifist. Und jede Person, die an einer emotional stark geladenen Situation wie Kindesmisshandlung, Mord, Folter oder Vergewaltigung beteiligt ist, hat sie selbst verursacht, um daraus zu lernen – selbst das Kind.

Geliebte Frau, wir bitten dich, auch das Folgende in Betracht zu ziehen: Du denkst, Kinder seien hilflos – *sie sind es nicht!* Kinder sind äußerst machtvoll, wirklich. Vor allem die Kinder, die noch keine bewusste, strukturierte Glaubensvorstellungen haben, die sie anziehen, wissen auf der Seelenebene in jeder Situation genau, was und wie etwas auf sie zukommt. Wo sind jene Wesen einzuordnen, die sich auf eurem Planeten in Situationen bringen, wo keine Nahrung vorhanden ist und wo vielleicht die Mutter ihr Baby in den Armen hält und zusehen muss, wie es stirbt? Das, geliebte Frau, nennt man eine Co-Kreation. Und was geschieht in Kriegsgebieten, wo sich Kinder in eine Kriegszone kreieren? *(Sanft fügt P'taah hinzu:)* Schau, das nennt man Erfahrung.

F: *Gibt es darum so viel davon?*

P'taah: In der Tat. Doch es bringt auch Glaube hervor; und es gibt Kinder, die sich wegen dem ausdrücklichen Wunsch zu lehren eine Inkarnation erschaffen. Um Mitgefühl zu lehren, um Nicht-Verurteilen zu lehren, um Annehmen zu lehren – um Ausdehnung, Akzeptanz und Zulassen zu lehren. Verstehst du?

F: *Intellektuell verstehe ich, was du sagst. Doch ich denke, es fällt uns Menschen, jedenfalls so, wie wir jetzt sind, sehr schwer zu glauben, dass dies in Ordnung ist, ob wir an Reinkarnation glauben oder nicht, und dass das Böse, was man hilflosen Wesen wie Tieren oder Kindern antut, nicht verurteilt werden soll. Da muss es doch etwas geben, was wir in solchen Fällen tun können.*

P'taah: Das gibt es, Geliebte. Es heißt: *Liebe das, was du bist.* Du musst wissen, dass *alles*, was du außerhalb von dir verurteilst, ein Spiegelbild ist. Wenn du jede Facette deines Wesens akzeptierst, wenn du deine Werturteile ausgleichst und es in Ordnung findest, dass du wütend bist, wenn du es in Ordnung findest, Tränen der Wut und Qual zu weinen, wenn du es in Ordnung findest, dass ihr alle in Wahrheit an gebrochenen Herzen sterbt, dann wirst du wahrhaftig die Veränderung bewirken. Ihr seht, ihr Lieben, es spielt keine Rolle, worum es geht. Es geht immer um euch, immer fällt es auf euch zurück.

F: *Was uns wieder zu dem Punkt führt, dass nichts zufällig geschieht. Könnte die Seele eines Kindes eine solche Sache wegen der Lehre ausgesucht haben?*
P'taah: Aber sicher, Geliebter. Das ist es, was wir gerade sagten. Es gibt keine Zufälle. Darum rieten wir so viele Male, es zuzulassen – alles, was auf der Seelenebene hervorgebracht wird, damit es angenommen und akzeptiert werden kann.

F: *Dann ist es also unsere Pflicht, das Leiden so gut wir können zu erlösen?*
P'taah: In der Tat, Geliebter, doch man nennt es nicht Pflicht. Man muss wirkliches Mitgefühl und das, was helfen kann, was jenen um dich herum von Nutzen ist, zum Ausdruck bringen, hm? Wenn du es als Pflicht tust, kannst du es ebenso gut bleiben lassen. Wenn du es aber aus Freude und von Herzen tust, dann ist es tatsächlich wunderbar. Du kannst den Betroffenen auch Energie der Liebe senden, doch du musst wissen, dass die gebrochenen Herzen nur dein eigenes Herz widerspiegeln.

Wir wollen jetzt eine Pause machen. *(P'taah wendet sich noch einmal der Frau zu, deren Herz so schwer ist:)* Geliebte Frau, wir erkennen die Verwirrung und die scheinbare Ungerechtigkeit. Doch schau, wenn du Ungerechtigkeit wahrnimmst, dann musst du wissen, dass sie einzig dazu da ist, um angenommen zu werden. Und im größeren Plan aller Dinge führt alles, alles zur Einheit und zu Gott / der Göttin aller Dinge. Die Tränen, die ihr weint, sind fast immer für andere Leute vergossen, weil ihr euren eigenen Schmerz nicht ertragen könnt. Wenn wir das nächste Mal zusammenkommen, ihr Lieben, werden wir noch einmal ausführlich über Transmutation sprechen. Unsere Frau hat uns heute Abend darum gebeten. Dazu stehen allerhand Fragen in vielen eurer Herzen an. Wir werden also schon bald nochmals darüber reden, wie ihr euren Schmerz und eure Pein in ekstatische Freude, Eins-Sein und Nicht-Getrennt-Sein verwandeln könnt. Also, ihr Lieben, es ist Zeit, eure Körper zu erfrischen. Wir kommen gleich zurück.

(Nach der Pause)
P'taah: Also, wir wollen fortfahren.
F: P'taah, ich habe eine Frage betreffend der Momente, wo ich mich selbst erinnern muss, ins Hier und Jetzt zurückzukommen. Ich spüre

dann meine Gefühle hier. *(Die Dame zeigt auf ihren Solarplexus.)* Während der letzten Wochen versuche ich vermehrt meine Aufmerksamkeit auf das Eins-Sein zu lenken, und die Gefühle haben sich verändert. Sie scheinen nicht von hier zu kommen *(zeigt wieder auf ihren Solarplexus)*, sie scheinen um mich herum zu sein. Es sind sehr oft Gefühle eines extremen Wohlseins.

P'taah: Genau, das ist so. Wenn du dich selbst ins Jetzt bringst, in die ewige Gegenwart, ohne Blick auf die Vergangenheit und ohne Erwartungen an die Zukunft, dann wechselst du automatisch in das Gefühl des Jetzt. Auf diese Weise eröffnest du dir selbst Erfahrungen ohne das Getrennt-Sein. Diese Gezeiten der Gefühle, diese Emotionen, in die du dich begibst, können mit einer Spirale verglichen werden. Und so schwingt es auf einer zellularen Ebene und erzeugt ein Gefühl des Eins-Seins, der Ganzheit, des Wohlseins.

F: Dann sind das also auch meine Gefühle? Nur fühle ich die Knoten in mir nicht so sehr?

P'taah: Geliebte, du weißt, dass Gefühl in Wahrheit nur Energie ist – und die ist neutral. Man muss es weder als gutes noch als schlechtes Gefühl werten. Es IST einfach Energie. Wenn du im Zustand des Zulassens bist, ohne zu werten, wie es sein soll, dann öffnen sich die Energiezentren, und die Energie kann vom Solarplexus zum Herzen fließen, hm? Das kann mit Transmutation verglichen werden. Doch es ist einfach Sein, ohne dass ein Gefühl von einer Stelle zur anderen transmutiert wird. Es sind nur die Werturteile, die Schmerz verursachen, und es ist nur der Widerstand, denn Widerstand bewirkt Schmerz, nur weil man der Energie (dem Gefühl) nicht erlaubt, sich fortzubewegen. Schmerz ist kein Gefühl, sondern der Widerstand gegen das Gefühl.

F: Danke für die Einführung, P'taah. Es gibt eine Redewendung, die ich einmal hörte: ›Die Harmonie der Sphären.‹ Du meintest, jeder von uns sei eine Symphonie. Ich frage dich, ob du sagen kannst, was das heißt. Ich habe eine Situation erlebt, wo sich Harmonie als Musik manifestiert hat, auf eine Weise, wie ich es mit irdischer Musik, die ich kenne, nicht in Verbindung bringen konnte.

P'taah: In der Tat.

F: Als ich versuchte, sie zu beschreiben, verschwand sie.

P'taah: Wie außergewöhnlich, Geliebter.

(Lachen)

F: Könntest du zu der Harmonie der Sphären in einem universellen Sinne etwas sagen und auch dazu, wie sie zur Harmonie, so wie wir Menschen sie verstehen, in Beziehung steht?

P'taah: Nun, wir haben euch schon gesagt, dass ihr ein Makro-Molekül des Multiversums seid. In euren physischen Körpern sind alle Elemente vorhanden, die man auf der Erde findet. Und in eurer Seelenenergie befinden sich alle Elemente der Galaxis. Das, was man die Harmonie der Sphären nennt, ist in der Tat himmlische Energie; sie kann als Musik gehört werden, und man kann sie auch als Farbe wahrnehmen. Denn was ihr unter Ton und Farbe versteht, hat die gleiche Lichtfrequenz. Ihr könnt euch in diesen Seinszustand begeben. Ihr könnt dies bewusst tun oder euch dem auch unbeabsichtigt öffnen. Es ist das Gefühl, das die Sphärensymphonie erzeugt. Doch weil ihr ein Makro-Mikro-Kosmos, ein Makro-Mikro-Molekül seid, ist in euch natürlich das Wissen und die Realität dieser Harmonie vorhanden. Das ist wundervoll; du kannst die Harmonie der Sphären absichtlich in dir erzeugen, Geliebter, und wir wagen es, dir vorzuschlagen, sie nicht wieder zu bewerten. Stell dir vor, was du tun kannst, wenn du einmal weißt, wer du wirklich bist. Viele von euch werden auch Parfüm riechen. Das ist ebenfalls ein Spektrum der Harmonie. Und einige unter euch werden alle Facetten des größten Kristalls wahrnehmen, den ihr euch vorstellen könnt, und der alle Farben des Spektrums aufweist. Ihr seid auf wunderbare Weise äußerst machtvoll – ihr alle. Und seht, wir erzählen hier keine Märchen. All das ist wirklich real. Wir verstehen, dass ihr in Momenten der Verzweiflung denkt, dass dies nur irgendein Placebo ist, irgendein Strohhalm, nach dem ihr greift, damit ihr eure Tage ertragen könnt. Doch wir wollen euch sagen, ihr Lieben: Die Welt ist wahrhaftig magisch.

F: P'taah, ich möchte gerne dem Geist der Aborigines einen speziellen Tribut erweisen. Ganz speziell dem Dschungel und den miteinander in Verbindung stehenden Gemeinden im Gebiet um Kuranda, die von negativen Situationen überhäuft wurden. Wie können wir uns mit den Aborigines am besten aussöhnen?

P'taah: Das ist genau das Gleiche wie vorhin, als du wegen der Regierung fragtest, Geliebter.

F: Willst du damit sagen, dass es nicht nötig sei?

P'taah: Du musst nichts <u>TUN</u>, du musst einfach nur <u>SEIN</u> – mit dem Bewusstsein, wer du bist. Finde die Harmonie in dir, erkenne, dass du von nichts getrennt bist, lerne das zu lieben, was du bist. Das, was ihr als Prüfungen und Leiden der Aborigines anseht, sind große Lektionen für beide, für die Aborigines und für all jene, die wahrnehmen, was geschieht. Und wir möchten Folgendes sagen, Geliebter: Trotz der schweren Schicksalsschläge werden die Aborigines ein großartiges Verständnis dafür erlangen, wer sie sind. Wir meinen, dass dies nicht so sehr auf einer bewussten Ebene geschieht. Viele Europäer, also jene, die erst neu in dieses Land gekommen sind, werden mit ihrer Sorge um die Aborigines und ihrem Interesse an dieser alten Rasse mit ihrem großen und doch verlorenen Wissen die Erinnerungen der Aborigine-Seele wieder aufflammen lassen, auch die Erinnerung derer, die einmal Aborigines waren. Auf dem amerikanischen Kontinent ist die Situation genau gleich. Auch da bestand eine Rasse, die ein großes Wissen hatte und ihre Kultur ebenfalls verloren hat. Doch sie haben etwas anderes dafür erhalten. Es kommen in dieser Zeit Menschen hierher, die vieler Leute Leben überall auf diesem Planeten kennen. Sie wissen Bescheid über die Seelenenergie und darüber, was einmal war. Auf dem afrikanischen Kontinent ist es ähnlich. In Wahrheit ging nie etwas verloren, ihr Lieben. Ihr braucht nicht umherzurennen, um irgendjemanden zu retten. Aber natürlich: Ehren und respektieren muss man alle Menschen. Doch seht, das ist sehr schwierig, wenn ihr den, der ihr seid, nicht ehrt und respektiert.

F: *Ich danke dir. Noch eine Frage betreffend Schmerzen der Krebspatienten. Wenn ihr Schmerz Widerstand gegen die Gefühle ist, wie können wir ihn am besten lindern?*

P'taah: Geliebter, du sendest zwar heilende Energie, doch ehrlich, die einzige Person, die heilen kann, ist der Betroffene selbst. Zuerst muss man wissen, dass sich jeder seine eigene Wirklichkeit erschafft. Und bevor die Leute die Verantwortung für ihre eigene Schöpfung nicht übernehmen, ist es für sie sehr schwierig, einen Ausgleich in dem zu schaffen, was sie sich kreiert haben – nämlich die Werturteile ausgleichen, die überhaupt erst zur Krankheit führten. Verstehst du?

F: *Ja.*

P'taah: Es ist natürlich der Mühe wert, den Patienten zu erklären, dass jeder selbst verantwortlich ist, dass niemand ein ›Opfer‹ ist. Ihr lest keine Krankheiten auf, hm? Das sind keine streunenden Hunde. Und dass man sie wissen lässt, dass jede geschaffene Krankheit nur ein Spiegelbild dessen ist, was gefühlsmäßig geschieht. *Die Verantwortung erlöst euch alle vom Opferdasein.* Das kann man tun; und man kann es auf sanfte Weise tun. Denn das, wovon wir hier sprechen, darf nicht auf gewaltsame Art weitergegeben werden. Und sollten eure Worte nicht ankommen, dann ist das auch in Ordnung. Denn es steht keinem von euch zu, die Wirklichkeit zu verurteilen, die ein anderer für sich kreiert. Wie wir sagten, könnt ihr aus Mitgefühl von Herzen diese liebende und heilende Energie aussenden, doch im Grunde ist es so: Wenn jemand nicht geheilt werden möchte, wird er es auch nicht. Wenn jemand entscheidet, dass es Zeit ist, um hinüberzugehen, aus welchen Glaubensstrukturen heraus auch immer, dann ist es sein Privileg, dies zu tun. Er schreibt seine eigene Geschichte, seine eigene Symphonie, hm?

F: *Die letzte Woche sprachst du über Tier- und Pflanzenarten, die in dieser Welt ausgerottet wurden, und du sagtest, dass sie nicht verschwunden sind. Könntest du das erklären?*

P'taah: Hm, natürlich, es wird für euch eine Erleichterung sein. Nichts geht jemals verloren. Das, was ausgestorben zu sein scheint, ist nur in eurem Raum-Zeit-Netzwerk ausgerottet. *Nichts* wird geschaffen, um ins Nichts zu verschwinden. Hier reden wir wieder davon, wie es in euren Welten ist. Es gibt nicht nur eine Erde, Geliebte, und wie wir schon sagten, ist die Wirklichkeit nichts Konkretes. Sie ist verformbar. Es gibt viele Erden, viele, viele Wirklichkeiten, mehr, als es Leute auf dem Planeten gibt. Und was ausgestorben scheint, ist dies nur in diesem Raum-Zeit-Netzwerk. Es gibt auch viele Arten von Kreaturen, von denen ihr glaubt, sie seien für immer verschwunden, die sich in Wirklichkeit sehr glücklich auf anderen Planeten niedergelassen haben. Ihr seid nicht die Einzigen, die sich darum kümmern, was mit eurer Flora und Fauna geschieht. Es gibt viele Arten von Kreaturen, die in dem, was man evolutionären Prozess nennt, nicht mehr notwendig waren, die aber damit fortfahren, für sich eine andere Wirklichkeit zu schaffen. Oft sind die Antworten auf eure Fragen multidimensional. Soweit ihr das beurteilen könnt, unterscheiden sich auch die Aussagen in den Schriften verschiedener Wesen und Energien voneinander. Nun, das ist oft so, weil es viele Antworten gibt. Wenn wir mit euch reden, reden wir so, wie wir meinen, uns klar und einfach auszudrücken im Hinblick auf eure eigenen Glaubensstrukturen und Schubladen eures Verstandes. Doch wir bemühen uns auch, dass ihr erkennt, dass es auf jede Frage zahlreiche Antworten gibt. Es wurde schon genug erzählt, um die Menschheit zu verwirren. Ihr seid eingebunden in das, was man Tun nennt. Das Ritual, etwas zu *werden*, fasziniert euch, und wir möchten, dass ihr erkennt, dass ihr bereits seid, was ihr so mühevoll erstrebt. Und ihr seid wirklich die zentrale Sonne eures Universums und was auch immer euch erscheint, als wäre es außerhalb von euch, ist nur euer Spiegelbild. Was auch immer ihr tut, welche Geschichte ihr auch immer aussucht, ihr werdet schließlich Situationen anziehen, um ein Gleichgewicht zu schaffen, damit ihr ganz werdet, damit ihr nach Hause kommen könnt.

F: *Ich möchte dich fragen, ob du damit einverstanden bist, dass unsere Mission hier auf Erden darin besteht, Geist in Materie zu verwandeln. Und wenn das so ist, was ist ein schneller und effizienter Weg, dies zu tun?*

P'taah: Geliebte, du bist schon zu Materie inkarnierter Geist. Was denkst du, was du sonst bist? Ihr seid großartige spirituelle Wesen, die gewählt haben, hier zu inkarnieren, um die dritte Dichte der Realität zu erfahren. Dazu müsst ihr nichts tun. Es gibt keinen schnellen Weg dorthin, wo ihr bereits seid. Schaut, ihr habt vergessen, das ist alles. Doch ihr habt ein Bild von euch als ein armes und einsames Selbst, das sich um Spiritualität bemüht. Nun, jetzt wisst ihr's. Ihr seid in Wahrheit große spirituelle Wesen, und ihr habt euch diese Erfahrung für euch ausgesucht. Und wenn wir von Transmutation reden, Geliebte, meinen wir nicht, dass ihr euch in das transmutiert, was ihr bereits seid, nämlich Geist in Materie. Wir reden nur von der Transmutation der Qualen in Ekstase und das geschieht in einem einzigen Augenblick. Ihr übernehmt einfach für das, was ihr geschaffen habt, die Verantwortung. Ihr gleicht eure Werturteile aus – von euch selbst, von der schmerzhaften Situation und allen daran Beteiligten. Lasst sie zu und wisst: Was auch immer es sein mag, es hat seine Gültigkeit. Einfach deshalb, weil es <u>IST</u>. Und schon öffnen sich die Energiezentren, und ihr erfahrt <u>EINS-SEIN</u>. Doch ihr könnt das nicht <u>TUN</u>. Das ist der große Widerspruch. Ihr könnt es nicht tun, ihr könnt es nur zulassen.

F: *Doch wie lässt man es zu, statt es zu tun?*

P'taah: Erkenne, dass es einfach ist, und erkenne, was auch immer ist, als einen Ausdruck des Göttlichen.

F: *Dann sind wir also bereits dort. Wenn wir jemandem, der leidet, zu Hilfe eilen, berauben wir ihn dann nicht seiner Erfahrung?*

P'taah: In gewisser Weise, im Extremfall, tut ihr das in der Tat. Aber wir wollen damit nicht sagen, Geliebter, dass du nicht helfen sollst und dem, was dein Herz dir gebietet, nicht folgen darfst. Wir wollen auf keinen Fall raten, dass ihr euer Mitgefühl und den Wunsch, einem Mitmenschen zu helfen, unterdrücken sollt. Wir sagen nur: Erkennt auch an, dass jedermann sich sein eigenes Szenario kreiert. Schau, wenn du dich in der Schwingung befindest von dem, was auch immer geschieht, dann bist du dort, um deine eigenen Lektionen zu lernen. Wir sagen nicht, dass du die Menschen nicht beachten sollst und du keine Hilfe, kein Mitgefühl und keine wunderbare, heilende Energie aussenden darfst. Wenn du Hilfe anbietest, dann geht es nur darum, dass du nicht wertest und keine Erwartungen hast, wie es sein soll. Das ist alles. Verstehst du? Tatsächlich sagen wir aber auch: Wenn du versuchst, die Erfahrungen von jemandem zu verändern, dann schaffst du nur eine Gelegenheit für deine eigene Erfahrung.

(Ein anderer Herr, einer der regelmäßig an diesen Treffen teilgenommen hat, möchte gerade eine Frage stellen, als P'taah zu ihm hingeht. Er steht ganz nah vor ihm, und sie schauen sich lange und liebevoll in die Augen. P'taah löst den Bann und neckt ihn:) Möchtest du mich küssen?
(Der Mann ablehnend:)
F: *Nein.*
(Das Publikum gluckst vor Lachen.)
P'taah: Ich bin sehr enttäuscht. *(Dann bezieht er sich auf die bei den Menschen übliche Vorstellung von den Außerirdischen:)* Ist es deshalb, weil dich meine Schuppen stören?
F: *Nein, das ist es nicht.*
P'taah: Dann sind wir aber froh.
F: *Ich liebe dich auch so.*
P'taah: Sicherlich, Geliebter.
F: *Ja, doch wie auch immer, ich wollte fragen …*
P'taah: Vergiss die Frage. Lass mich dir sagen, wie sehr ich dich liebe. Das tue ich wirklich.
F: *Das ist wunderschön.*
P'taah: Das bist du auch.
F: *Dann lassen wir also die Frage.*
(Das Publikum spürt das subtile und köstliche Spiel, das die beiden miteinander spielen, und es wird viel gelacht.)
P'taah: Du weißt ja, Geliebter, du kennst die Antwort bereits. Doch, wie auch immer – stelle deine Frage.
F: *Nur zum Spaß.*
P'taah: Genau, nur zum Spaß. Wie immer, nur zum Spaß.
F: *Das ist der einzige Grund, warum ich überhaupt Fragen stelle.*
P'taah: Ich weiß.
F: *Also gut, die Frage: Wenn wir eine Situation mit irgendeinem daran beteiligten Partner co-kreieren, was ist dann mit dem Karma, wenn doch jeder eine gleichwertige Stellung darin einnimmt?*
P'taah: Hm, was ist Karma?

F: *Nun, ich denke Karma wirkt sich so aus: Wenn du etwas falsch machst, dann musst du es bei einer nächsten Gelegenheit verbessern.*
P'taah: Genau. Nun, wie denkst du, wirkt dieses Karma, das man Bestrafung nennt für etwas, das man falsch gemacht hat, wenn das Universum nicht urteilt, Geliebter?
F: *Das ist es, was ich mich frage.*
P'taah: Dann beantworte deine Frage.
F: *Es gibt kein Karma.*
P'taah: Siehst du, du hast die Frage perfekt beantwortet. Erste Klasse. Das, was man Karma nennt, ist ein Ideenkonstrukt aus alten Religionen. Und du weißt sehr gut, wie diese Ideenkonstrukte funktionieren. Nun, ein anderes Ideenkonstrukt einer eurer neueren Religionen, nämlich des Christentums, sagt, dass ihr nicht bis zur nächsten Inkarnation warten müsst, wenn ihr etwas Falsches gemacht habt – ihr geht dafür zur Hölle. Schnell und einfach, hm? Eine einmalige Sache – wenn du dich nicht benimmst, dann kommst du in die Hölle. Nun, ich will euch Folgendes dazu sagen: Für die Menschen, die das glauben und dann von der physischen Wirklichkeit hinüberwechseln, ist es genau das, was sie erfahren werden: Hölle. So, wie sie sich die auch immer vorgestellt haben. Dann werden sie erkennen, dass sie sie, wann immer sie möchten, verändern können. Karma – *im Sinne einer Bestrafung* – gibt es nicht. Das ist gar nicht möglich, wenn alle Inkarnationen in Wirklichkeit zur gleichen Zeit geschehen. ›Das gibt zu denken‹, nicht wahr? Schau, das ist technisch unmöglich, denn außerhalb dieses Zeitverständnisses geschieht alles zur gleichen Zeit. Es ist einfach so: Welche Erfahrung du auch immer nicht annehmen kannst, in welcher Inkarnation auch immer, wirst du in einer anderen annehmen. Doch das ist keine Strafe, denn es gibt kein Richtig oder Falsch. Ihr seid einfach in einem harmonischen Zustand oder nicht. Innerhalb des universellen Gesetzes heißt das Liebe oder Angst. Es geht also nur um eine Erfahrung ohne Werturteil. Und wir sagen es euch noch einmal: Ihr habt nicht nur die Möglichkeit, die Vergangenheit und die Zukunft dieses Lebens zu verändern, sondern auch aller anderer Leben, weil sie voneinander nicht getrennt sind. Wenn ihr die Erfahrung der Transmutation macht, wird genau dies geschehen.

F: *P'taah, zurück zu unserer Flora und Fauna hier. Es wurde gemeldet, dass viele Wale auf einem unserer Strände gestrandet sind. Warum tun sie das?*
P'taah: Wie viele Antworten möchtest du, Geliebte? Da gibt es die physikalische Realität. Aber was für euch viel wichtiger zu verstehen

ist – und ich sage es noch einmal: Das, was *Cetacea* genannt wird, also die Wale und Delfine, haben die gleiche Seelenenergie wie die Menschen. Wale sind wundervolle, multidimensionale Wesen. Sie sind die Historiker eures Planeten, sie hören die Harmonie der Sphären und strahlen sie auch aus. Sie stehen wirklich mit den Sternenwesen in Kontakt und das schon immer. Sie bieten der Menschheit wundervolle Gelegenheiten, zu lernen. Als einige der *Cetacea* innerhalb des arktischen Pols gestrandet sind, geschah es auch, damit sich die Nationen zusammentun und harmonisch zusammenarbeiten konnten. Einer jener Wale stieg dann auf und sandte Licht für die ganze Welt aus. Jeder Einzelne von euch kann sich dem Bewusstsein der *Cetacea* anschließen. Wir haben euch schon gesagt, dass ihr das mit jeder Spezies der Flora und Fauna, ja sogar mit Dingen tun könnt, die ihr nicht für lebendig haltet. Ihr müsst dazu nur an den stillen Ort in euch gehen und darum bitten, euch dem Bewusstsein der Wale oder Delfine anzuschließen. Die Wale sind die Überseele der Delfine; und ihr könnt euch mit ihrem Bewusstsein verbinden. Auf diese Weise wird die wundervolle Seele der *Cetacea* mit euch sprechen. Dann werdet ihr zu einem wunderbaren Verständnis der Einheit gelangen. Denn auf diesem Planeten sind es die *Cetacea*, die wirklich wissen, was Freude bedeutet, was Einheit, Anteilnahme und die Fähigkeit zu staunen bedeutet. *Sie verstehen sich selbst als absoluter Ausdruck der Urquelle.* Erkennt, dass ihr von nichts getrennt seid, weder von Gott/der Göttin noch von einer Spezies, ob sie sich nun auf diesem Planeten aufhält oder als verschwunden betrachtet wird. Auf irgendeinem Planeten, sichtbar oder unsichtbar, ist alles für euch da. Das Einzige, was ihr tun müsst, ist darum bitten und es dann zulassen.

Ihr Lieben, es ist alles in euch selbst angelegt. Ich bin nur da, um euch an das zu erinnern, was ihr bereits wisst. Es ist mir natürlich eine Freude, auf diese Weise mit euch zusammen zu sein. Wir möchten euch aber daran erinnern, dass der beste Lehrer, den ihr haben könnt, ihr selbst seid. Alles, alles, was ihr euch wünscht, liegt in euch. Euch gehört die Kraft und die Herrlichkeit.

Habt unseren Dank, ihr Lieben. *(Und sanft:)* Wie wunderschön ihr seid. Ich liebe euch.

Guten Abend.

Dreizehnte Übermittlung

(Wie immer nimmt sich P'taah Zeit und schaut sich jeden Einzelnen im Publikum an.)
P'taah: Guten Abend.
Publikum: *Guten Abend, P'taah.*
P'taah: Ihr erschafft euch eure Realität von einem Moment zum nächsten und tut dies gewiss nicht bewusst. Eure Überseele, euer größeres Selbst jedoch weiß genau, was ihr gerade tut. Auf diese Weise könnt ihr alles ins Universum aussenden. Ihr müsst nichts tun, <u>SEID</u> einfach im Jetzt.
(P'taah wendet sich an eine Freundin von Jani King. Er hat gemerkt, dass die Energie unter den Haustieren zugenommen hat.) So, Geliebte, wie geht es den neuen Babys des Hauses?
F: *Jetzt wunderbar, danke. Es war ein kleines Drama ...*
P'taah: In der Tat, doch du bist eine Königin des Dramas.
F: *Allerdings.*
P'taah: Es kreiert also jeder von euch seine Aufregungen in seinem täglichen Leben, in dieser vibrierenden Wirklichkeit der dritten Dichte. Es ist nur so, dass ihr nicht wirklich erkennt, dass die Aufregung mit großer Freude verbunden sein kann und nicht so sein muss, dass es das Herz schwermacht. Es ist so einfach.

(P'taah wendet seine Aufmerksamkeit nun einer anderen Dame zu, die eine dreimonatige Reise nach Indien beabsichtigt.) Und du, Geliebte, hast große Reisen vor dir, hm? Wirfst Sorgen und Ängste ab mit dem Wissen, dass du dir wundervolle Abenteuer mit deinen Reisen im physischen Körper kreierst. Genauso wie die Abenteuer der Seelenenergie, die Abenteuer des Bewusstseins. Du kannst andere Kulturen aufsuchen, Geliebte, und erkennen, dass du dich in der Tat auf ein Abenteuer und auf Dinge einlässt, die du als lehrreich erachtest. Doch in Wahrheit wird dir mit dieser Reise großes Wissen zuteilwerden. Du wirst wirklich eine wundervolle Zeit verbringen. Sorge dich nicht darum, wie es ausgehen wird. So hat sich jeder von euch auf ein Abenteuer eingelassen. Jeden Einzelnen

erwarten die großartigsten Lehren. Und wenn sich die Tage, Monate und Jahre zur zyklischen Veränderung eurer Realität beschleunigen, könnt ihr wählen. Zu jedem Zeitpunkt könnt ihr die Essenz des göttlichen Ausdrucks, die ihr seid, ausstrahlen. Ruft in diesen Tagen der Veränderung nach Abenteuern der Freude, des Lachens und der Liebe, statt euch in das einzubringen, was auf eurem Planeten vorherrscht, nämlich Angst und Zerstörung. Nun, ihr Lieben, in der kommenden Zeit erlebt ihr die Vollendung von fünfzigtausend Jahren eurer Geschichte. Ihr wisst, wir haben es schon erwähnt, dass ihr euch diese Inkarnation geschaffen habt, damit ihr Zeuge der kommenden Veränderungen werdet, die auf eurem Planeten geschehen, und dazu beitragen könnt. Ihr braucht nicht mehr lange zu warten – *sie stehen unmittelbar bevor.* Jeder von euch trägt die Sehnsucht in der Brust, diese Veränderungen mitzuerleben: die Veränderung im menschlichen Bewusstsein und die *Veränderung* eurer Erde. Die kommenden Veränderungen sind bloß Tautropfen auf einem Grashalm. Die Göttin, die ihr eure Erde nennt, weiß genau, was geschehen wird. Und ihr wisst es auch. *Ihr wisst es wirklich auch.*

Nun, wir wollen euch Folgendes sagen: Viele von euch sind frustriert, weil ihr euch intellektuell und bewusst nicht auf einer Ebene befindet, um zu verstehen, was geschieht. Da ist die große Frustration, die anzeigt: »Wir wissen, dass sich dies alles da draußen abspielt, doch die Teile des Puzzles passen nicht zusammen.« Ihr Lieben, das ist nicht nötig. Tatsächlich ist es in Wahrheit nicht einmal möglich. Wir haben euch schon gesagt, dass euer Intellekt und euer persönliches Selbst, das Ego, nicht fähig ist, die Essenz Gottes/der Göttin, des <u>ALLES, WAS IST</u>, zu verstehen. *Der einzige Teil von euch, der fähig ist, all dies, was geschehen wird, zu begreifen, ist euer Herz.* Euer Herz ist der göttlichen Essenz absolut verbunden, hat Kenntnis von allen Zeit-Kontinuen, von allen Galaxien, von allem, was innerhalb eurer Wahrnehmung bereits geschehen ist und noch geschehen wird. Doch es ist euer Herz und nicht euer Intellekt, nicht euer bewusstes Verständnis. Nun, auf eine Weise könnte man das einen ›Vertrauenssprung‹ nennen. Man muss dazu mit der weiblichen Polarität in Verbindung stehen und die Intuition zulassen, die das Zulassen erlaubt. Es ist euch mit eurem intellektuellen Geist nicht möglich alles, was geschehen wird, zu erfassen. Der Vertrauensakt besteht darin zu *wissen*, dass ihr *kreieren könnt, was ihr wollt.* Das ist eure eigene Souveränität. Es geht nicht darum, irgendetwas zu *tun*, es geht nur darum, *allem erlauben zu sein.*

(Für den Leser, der nicht das Glück hatte, persönlich an diesen Treffen teilzunehmen, scheint der folgende Kommentar angebracht: Von jetzt an, bis zum Zeitpunkt, wo P'taah eine Pause wünscht, ist seine Kommunikation von einer ungewöhnlich erhebenden Schwingung begleitet, die Eigenschaften wie Sanftheit und Weichheit ihre ursprüngliche Bedeutung zurückgibt. Er wühlt tiefe, freudige Erinnerungen auf, subtile und doch kraftvolle Qualitäten, die direkt in den Herzen des Publikums ankommen. Es ist schwierig, wenn nicht gar unmöglich, die Wellen der Liebe, die seine Worte tragen, zu beschreiben. Es scheint, als wenn die, die sich versammelt haben, eine Seele bilden, und diese Seele ist bereit, sich seiner so sanften, liebevollen und heilenden Berührung zu öffnen. Ein Wesen berührt ein anderes direkt. Das ist wahre Kommunikation. Es ist eine Erfahrung.)

Nun werden wir euch die ganze Herrlichkeit ausmalen, die sein wird. Doch seht, wenn wir in Worten zu euch sprechen, reden wir nur von einer Dimension der Wirklichkeit. Eure Seelenenergie, euer Herz versteht *alle* Dimensionen der Realität. Wir könnten also ein Bild malen, doch das würde nur einen absoluten Mikrokosmos dessen darstellen, was man Unendlichkeit nennt. In diesem Leben, ihr Lieben, in dieser Zeit habt ihr immer die Wahl. Wir haben schon über die bewusste Wahrnehmung gesprochen, und wie es sein kann, wenn dem Selbst die Liebe fehlt, wenn ihr das Gefühl des Unwertseins habt, wenn ihr alle Dinge einschränkt, wenn ihr euch voneinander und von der Quelle abtrennt. Die Wahl, die ihr habt, liegt zwischen Angst, nicht zu genügen, nicht liebenswert zu sein, der Angst vor jedem Übergang (Tod) – und der Liebe. Alles in eurem Leben, jede Krankheit, jedes Unwohlsein spiegelt nur eure Wahl für die Angst wider, für das Verurteilen. Wenn ihr Liebe wählt, wenn ihr wählt, nicht zu verurteilen, seid gewiss, dass alles genau ist, wie es <u>IST</u>, und diesen Ist-Zustand nennt man Ausdruck des Göttlichen. Ihr sendet dann in euer Universum und in das Multiversum aus, dass ihr euch für die Liebe entschieden habt, dass ihr gewillt *seid* zuzulassen, und jedes Mal, wenn ihr das so tut, zeichnet ihr einen Pinselstrich auf die Leinwand eurer Wirklichkeit. Jedes Mal, wenn ihr die Liebe der Angst vorzieht, jedes Mal, wenn ihr die Liebe eurem verzweifelten Wunsch, etwas zu <u>TUN</u> vorzieht, verändert ihr diese Wirklichkeit.

Wir haben euch von Transmutation erzählt, doch für viele ist das immer noch ein Mysterium. Wir werden noch einmal darüber reden. Transmutation bedeutet das Verändern jeder Pein, jeder Seelenqual und jedes Schmerzes, den ihr in eurer Brust spürt, den Schmerz von Zehntausenden von Leben, das Sterben von euch allen an gebrochenen Herzen in göttliche Ekstase, in Gemeinschaft, in EINS-SEIN. *Wisst, dass ihr von eurer Quelle nicht getrennt seid und es noch nie wart.* In Wahrheit wart ihr nie wirklich getrennt von euren Brüdern und Schwestern auf unzähligen Planeten und in all euren Galaxien. Ihr wart von keiner Kreatur auf eurem Planeten je getrennt, auch nicht von eurer Sonne und von eurem Mond. Ihr seid von keinem Blatt, keinem Grashalm und keiner Blume, die da blüht, abgetrennt. Ihr habt das nur vergessen, das ist alles. Und in eurem Schmerz und mit euren Urteilen, die ihr über euch selbst fällt, habt ihr euch verschlossen. Ihr habt vergessen, dass das, was ihr seid, wahrhaftig Gott/die Göttin ist, der/die die Rose der vibrierenden Aufregung dieser Dimension der Realität riecht. *Es* sind *eure Werturteile über diese Wirklichkeit, eure Werturteile über den, der ihr seid, die diesen Schmerz des Widerstandes in eurer Brust bewirken, die bewirken, dass ihr die Ganzheit und das Eins-Sein vergesst.* Ihr Lieben, die universelle Wahrheit heißt Liebe. Es ist so einfach, wirklich. Sie heißt LIEBE, und diese Liebe beinhaltet die Liebe für das, was ihr seid. Erkennt: Wer auch immer ihr seid, was auch immer ihr denkt, was auch immer ihr tut, ist ein Ausdruck des Göttlichen. Die GÖTTLICHE QUELLE kreiert alles Sichtbare und Unsichtbare in allen Galaxien und in allen Multiversen. Ihr glaubt, ihr seid so unbedeutend, so schlecht, so wenig liebenswert, und mit dieser Abwertung seit eurer Kindheit und von einem Leben zum nächsten wurdet ihr unverletzlich. Und das ist in Ordnung, ihr Lieben. *Einzig die Werturteile stehen zwischen euch und der* GÖTTLICHEN EKSTASE. Die Werturteile bewirken den Schmerz, die Qual und Seelenpein, die ihr alle seit so vielen Leben kennt. Schmerz, ihr Lieben, ist kein Gefühl, *es ist nur Widerstand gegen die Gefühle, weil ihr vor dem Fühlen solche Angst habt.* Der göttliche Funke, der ihr seid, ist wirklich eine Schöpfung aus Vorstellungskraft und Gefühl, das ist, was ihr seid. Ihr selbst habt euch mit eurem Bewusstsein, aus der Integrität eurer Seele heraus in Materie verdichtet, um euch mit der Quelle wieder zu verbinden. Ihr Lieben, verurteilt euch nicht! *Ihr seid wundervoll. Ihr seid unermesslich schön. Ihr seid die Quelle, die sich in dieser Dichte der Wirklichkeit ausdrückt. Und ihr habt so gewählt.* Ihr müsst dies alles zulassen, müsst wissen, jedes Mal, wenn ihr euch in eine schmerzhafte Lage bringt, tut ihr dies, damit ihr die Ganzheit erkennt. Ihr habt euch den Schmerz erschaffen, den Schmerz mit euren Lieben, den Schmerz, der euch als Umstände erscheint. Ihr habt jede unharmonische, schmerzhafte Situation erschaffen, damit ihr euch sagen könnt: »Aha.« In diesem Schmerz steckt eine Lotosblume, die nur nach Nicht-Wertung und nach warmer Liebe für das, was ihr seid, verlangt, um aufzublühen, um den Smaragd in eurem Herzen in seiner Ganzheit und Göttlichkeit hervorzubringen. Ihr seid es, die dies alles erschaffen habt. Niemand da draußen tut dies für euch. Die Größe eures Wesens wird euch weiterhin in Situationen fuhren, die ihr annehmen könnt, wo ihr euch ohne Werturteile dem öffnen könnt, der ihr seid. Es IST einfach; und wenn ihr diesem IST-ZUSTAND erlaubt, zu sein, bewirkt ihr die Veränderung. Das nennt man dann Transmutation, das Verwandeln des Schmerzes in Ekstase. Ihr Lieben, *das ist das menschliche Wunder. Damit verändert sich alles, jede Zelle in eurem Körper.* Damit verändert sich die Vergangenheit und die Zukunft dieses Lebens und aller Leben, die ihr nach eurer Wahrnehmung in der Vergangenheit gelebt habt oder erst in der Zukunft leben werdet. Und das geschieht nur durch das Zulassen. Indem ihr zulasst, erschafft ihr nach fünfzigtausend Jahren das goldene Zeitalter der Menschheit. Ihr habt jeden Moment die Wahl: Liebe oder Angst. Und, ihr Lieben, ihr müsst die Angst nicht von euch weisen, ihr müsst nicht versuchen, sie loszuwerden. In Wahrheit müsst ihr nicht einmal versuchen, sie zu verändern. Ihr müsst erkennen, dass sogar die Angst, sogar die Werturteile, die ihr über euch selbst fällt, ihre Gültigkeit haben, dass sie genauso ein Ausdruck des Göttlichen sind. Der einzige Weg, eine Veränderung zu bewirken, besteht darin, sie zu euch zu nehmen und sie mit dem Wissen, dass sie in Ordnung sind, ins Licht eures Wesens zu führen. Wie wenn ihr das Kind, das ihr tatsächlich seid, in euren Armen haltet. Streichelt das Kind, das ihr seid, und sagt ihm: »Es ist alles gut, du brauchst nichts zu fürchten.« Nehmt all die Werturteile an, die ihr über euch selbst habt, all die Werturteile, die ihr über andere Leute fällt, die euch ja in Wahrheit nur widerspiegeln, wie die Gefühle in euch selbst aussehen. Indem ihr diese zulasst, gleicht ihr alle Werturteile aus. Ihr bewirkt eine Veränderung, indem ihr geschehen lasst, nicht indem ihr euch um eine Veränderung bemüht. Damit wertet ihr nur wieder ab, was ihr seid. Erkennt, dass jeder vollzogene Schritt, jede Reaktion in Angst und Schrecken, alles, was ihr als furchtbar, als traurig oder gemein empfandet, alle Reaktionen aus Eifersucht, aus Besitzdenken, alles, was ihr je gegen jemand anderen unternommen habt, in Wahrheit gegen euch selbst gerichtet war. Ihr Lieben, es ist wie mit einem Kind, das lernt zu gehen. Ihr umarmt das Kind und sagt: »Das hast du gut gemacht, Liebes, du bist wieder einen Schritt vorwärtsgekommen.« Auf diese Weise könnt ihr mit euch selbst umgehen, und indem ihr euch umarmt und gewähren lasst, öffnen sich eure Energie-Zentren, und das, was vormals Schmerz war, kann von eurem

Bauch zu eurem Herz und von dort zum Kronenchakra fließen und dort ein Feuerwerk schaffen, das in allen Galaxien widerhallt. Das nennt man ICH BIN, das wird Gott/Göttin genannt, ALLES, WAS IST. Es ist das, was dieser wunderbaren, aufregenden und vibrierenden Ebene der Wirklichkeit Ausdruck verleiht. Ihr habt dies alles erschaffen. Ihr seid wundervolle Wesen.

Das Wunder der Transmutation, ihr Lieben, ist euer Wunder. Übernehmt dafür die Verantwortung. Segnet euch für jede Schöpfung des Unwohl-Seins, jede Schöpfung des Schmerzes. Segnet sie, denn wenn ihr sie nicht wertet, sie akzeptiert, entdeckt ihr den GOTT, der ihr seid. Wenn ihr alles zulasst, einfach ohne zu beurteilen, ohne den Versuch, etwas zu verändern, schafft ihr die Regenbogen und das Licht der Sterne. So sei es! *(Hier folgt eine Minute der Stille.)*

Sehr gut, wir wollen eine Pause machen, damit ihr über das, was in eurem Herzen liegt, kontemplieren könnt. Wir werden sehr bald zu euch zurückkehren.

(Nach der Pause)
So, ihr Lieben, Zeit für Fragen, hm?

F: *Kürzlich haben sich einige Frauen beim Ministerium um die Priesterschaft in theologischen Organisationen beworben. Das wurde grundsätzlich abgelehnt. Ich meine, diese Frauen sollte man unterstützen. War es in einem größeren Zusammenhang gesehen notwendig, dass sie abgewiesen wurden, damit die Barrieren fallen, die zwischen den Religionen stehen? Oder wäre hier ein wahrhaft weiblicher Einfluss zustande gekommen, der unter den Religionen einen Ausgleich geschaffen hätte, oder wären die männlichen Bemühungen durchkreuzt worden? Könntest du dazu etwas sagen?*

P'taah: In der Tat, Geliebter. Nun hat natürlich das sogenannte weibliche Geschlecht nichts mit der männlichen/weiblichen Energie zu tun, die in jedem einzelnen Individuum angelegt ist. Die Gesetze, die erlassen werden, um Gleichheit zwischen den Geschlechtern herzustellen, spiegeln nur das Wachsen der weiblichen Energie wider. Die Frauen, die – so sieht es aus – in männliches Territorium eindringen wollen, sind wieder etwas anderes, hm? Wir haben es schon einmal erwähnt, dass die sogenannte ›Frauenbewegung‹ eigentlich das Fass zum Überlaufen bringt. Denn das ist immer noch männliche Energie. Wir möchten auch sagen, dass eure Religionen, welchen Namen sie auch tragen, um welche Sekte es sich auch immer handelt, immer noch eine Reflexion eurer Geschichte darstellen. *Die Religionen haben die Menschen während Tausenden von Jahren versklavt und in Ketten gelegt, haben Trennung geschaffen sowie Minderwertigkeitsgefühle, Werturteile von richtig und falsch, die Angst vor eurer Sündhaftigkeit und die ›Erbsünde‹, für die ihr jetzt bezahlen müsst.*

Nun ist die Zeit gekommen, dies alles zu verändern, die Zeit zu erkennen, dass das Universum nicht urteilt. Außerhalb eurer Köpfe existieren keine Werturteile. Es gibt keine guten Engel oder eine sogenannte Hierarchie unter ihnen, die auf einer Wolke sitzen und die Menschen beurteilen. Im Universum gibt es kein Richtig oder Falsch. Es IST einfach, und was auch immer IST, hat seine Gültigkeit. Alles ist ein Ausdruck des Göttlichen. All dies nennt man Gelegenheiten, die in Liebe angenommen werden können. Alle, die sich innerhalb der Netzwerke archaischer Institutionen um irgendetwas bemühen, versuchen eigentlich nur die Stalltüre zu schließen, nachdem das Kamel bereits in die Wüste entflohen ist.

Eure Zukunft, ihr Lieben, ist nicht an Institutionen gebunden. Eigentlich könnte man sagen, dass die Zukunft noch nicht geschrieben wurde. Doch unaufhörlich, mit jedem Herzensmoment, erschafft ihr innerhalb des Netzwerkes von Liebe und Ganzheit eure nächste Zukunft. Geht voran und tut, was euer Herz zum Jubeln bringt. Das nennt man Spontaneität, das nennt man Freude und Verwunderung darüber, was ihr euch erschaffen könnt. *Wenn ihr euch in religiöse Institutionen einbindet, dann werdet ihr zu Sklaven eurer Vergangenheit. Dann verleugnet ihr eure freie Bestimmung, eure* Souveränität. Und wenn ihr euch entscheidet, das zu tun, dann hat das in der Tat seine Gültigkeit. Wirklich, das ist eure freie Entscheidung.

F: *Guten Abend, P'taah. Ich habe meine Mühe mit der Vorstellung, dass es kein richtig oder falsch gibt. Meinst du, das gilt nur im ewigen Jetzt oder gilt es auch auf unserer Existenzebene?*

P'taah: Geliebter, es gibt nur das ewige Jetzt.

F: *Ich meine, wenn Leute andere aus Gründen persönlicher Bereicherung ermorden, ist das nach meiner persönlichen Meinung nicht gut.*

P'taah: In der Tat, doch schau, Geliebter, die Menschheit hat immer zwischen Liebe und Angst gewählt. Wenn jemand das Leben eines anderen aus Gründen der persönlichen Bereicherung nimmt, tut er das aus Angst, ohne Reichtum dazustehen. Und das ist, wo wir hinwollen: zu den Werturteilen. Man muss wissen, dass alles, was nicht ein Ausdruck der Liebe ist, tatsächlich ein Ausdruck der Angst ist und seine Gültigkeit hat. Es ist auch ein Ausdruck des Göttlichen, Geliebter, denn nichts existiert im Multiversum, das nicht von der Quelle herstammt. Man muss einen Schritt zurücktreten und mit Verständnis reagieren, ohne zu verurteilen. Alles, was du außerhalb von dir siehst, musst du als Spiegelbild dessen erkennen, was du bist. Und jeder Einzelne von euch war schon alles, hat schon allem Ausdruck verliehen. In den Herzen von euch allen kommt immer wieder Mord zum Vorschein. Warum glaubst du, habt ihr all diese Gesetze? Ihr habt sie, weil ihr solche Angst vor euch selbst habt, ihr könntet Amok laufen, und dann bliebe nichts mehr übrig. Doch schaut, ihr Lieben, in euch allen ist auch dieser göttliche Funke, der Christus, die Quelle. Die Lichtfaser (DNA) verbindet euch mit allem und jedem, und ihr verschließt euch aus Angst. Es ist nicht nur die Angst aus einem Leben. Angst und Schmerz können sich ansammeln. Doch jetzt könnt ihr das alles verändern. Denn jetzt ist die Zeit gekommen. *Die Zeit ist nicht nur für das Bewusstsein der Menschheit reif, sie ist für das lebendige Bewusstsein eines jeden Atoms und Moleküls reif. Sie ist reif für eure Göttin, euren Planeten, für eure Flora und Fauna und für das, was ihr für leblose Dinge haltet.* Diese Veränderungen bringen das Multiversum zum Schwingen. Es ist dieses Mal nicht nur dieser Planet. Denn, wie wir schon sagten, geschieht außerhalb dieses Raum-Zeit-Kontinuums alles gleichzeitig. Es gibt Tausende von Ausdrucksformen eures Planeten und Tausende und Abertausende von Ausdrucksformen der Menschheit, die alle, ALLE auf diese zukünftige Veränderung hin aufblühen, die IHR in jedem Moment eures Seins empfindet. Im Seinszustand des Jetzt werdet ihr den GOTT/DIE GÖTTIN, ICH BIN, zulassen.

F: *Ich grüße dich, P'taah.*
P'taah: Ich grüße dich, Geliebter.
F: *Ich habe ein wirkliches Problem mit – ah – mich an meine Frage zu erinnern.*
(Das Publikum ist ausgelassen.)
P'taah: Sieh, Geliebter, das zeigt dir, dass dein Herz in Wahrheit keine Fragen hat.
F: *Ja.*
P'taah: Das möchten wir euch allen kundtun: Jedes Wort, das ich hier sage, wurde schon gesagt. Ihr wisst das alles. Wir tun dies nur deshalb, weil die geäußerten Worte das Wissen in euch aufleben lassen. Ich bin eigentlich ziemlich überflüssig, hm.

F: *Es scheint, hier geht es um das Gleiche. Während ich über die Frage nachdachte, habe ich sie mir bereits beantwortet. Doch diese Frage steht immer noch offen: Wie kann man das Denken, den Geist beruhigen? Du weißt schon ... Ich denke ja gerne an gute Sachen, an erfreuliche Dinge, doch immer wieder höre ich diese kleine Stimme, die seltsame Dinge sagt. Wie kann ich das kontrollieren? Weißt du, was ich meine? Natürlich weißt du, was ich meine.*

P'taah: Nun, erst einmal solltest du wissen, dass du nichts kontrollieren musst, denn Kontrolle ist eine männliche Energie, hm? Ausziehen und erobern, hm? Du hältst diese rebellischen Gedanken im Zaum, du wertest dein Ego ab, du machst deinen Intellekt schlecht und bringst deinen Geist für immer zum Schweigen. Nun, das ist alles gut und schön. Doch schau, das ist kein Ausgleich. Nun, du darfst diese rebellischen Gedanken zulassen, hm? Du darfst deinem Geist erlauben, beschäftigt zu sein. Du musst einfach <u>ZULASSEN</u>. Das nennt man dann weibliche Energie: empfänglich, gewährend, nährend. Indem du zulässt, bewirkst du die Stille, die Leere, in der du sein kannst, hm? Schau, die Energie von euch allen ist wie eine Spirale. Jedes Molekül ist eine Energiespirale, die euch mit dem Multiversum verbindet. Ihr könnt euch sogar vorstellen, dass die Worte, die wir zu euch sagen, am Rande dieser Spirale tanzen. Nun, Worte, Ideen, intellektuelles Verständnis, all dies in den einengenden Schubladen des Verstandes sind in Wahrheit Lichtfasern, die sich mit anderen auf dem Perimeter der Spirale verbinden, worin die Leere der Schöpfung, die Leere des Zulassens und die Leere der absoluten Unendlichkeit existiert. Du gelangst nicht zum <u>SEIN</u>, indem du versuchst zu kontrollieren. Lasse zu!

F: *Ich verstehe. Sind wir in Wahrheit unsere Gedanken? Stimmt das?*

P'taah: Aber, Geliebter, du bist so viel mehr. Ihr seid so viel mehr, als ihr erkennt. Wenn ihr von Gedanken sprecht, denkt ihr an euren Intellekt, ihr denkt an Glaubensstrukturen, ihr denkt an euer persönliches Selbst. Doch schau, Geliebter, ihr seid so viel mehr als das.

F: *Dann ist also jeder Gedanke, den wir haben, in Ordnung?*

P'taah: Aber natürlich, Geliebter. *Was auch immer ist, ist in Ordnung.* Erlaube es dir einfach; und sei gewiss, dass darin die sogenannte Integrität der Seelenenergie liegt. Das Herz wünscht fieberhaft, in diesen Zustand des Zulassens, der Ganzheit und des Eins-Seins zu kommen. Und jedes Mal, wenn du zu kontrollieren versuchst, engst du die spontane Schöpferkraft ein.

F: *Danke dir.*

F: Ich möchte noch etwas über die Angst wissen. Ich denke, es ist etwas Persönliches, denn es hat mit Krankheit zu tun. Ich, für mich, habe festgestellt, dass es sich um Angst und mangelnde Selbstliebe handelt. Ich denke, ich würde mir erlauben zu sein, und alles wäre ganz in Ordnung. Dann sehe ich, dass sich in meinem Körper etwas manifestiert hat. Ich denke also, dass das offensichtlich da ist, um mir etwas zu zeigen. Ich schaue dann und erkenne, was mir fehlt. Wenn ich mich also einfach zurücklehne und zulasse, kommt das Gefühl: »Das habe ich also vorher getan, nun geschieht dies.« Und dann muss ich im Unterbewusstsein die Angst suchen, die dafür verantwortlich ist? Das ist der Punkt, wo ich ganz durcheinander bin.

P'taah: Genau, Geliebte. Hier muss man die Angst erkennen, die die heutige Menschheit vor dem Unterbewusstsein hat. Es ist eine Angst vor dem unbekannten Monster, das irgendwo unter dem Bewusstsein herumlungern soll. Die Menschheit hatte einmal, vor nicht allzu langer Zeit die Möglichkeit, all diese Ängste an die Religion weiterzugeben. Man nannte dies ›Gottvertrauen‹. Egal, wie stark die Ketten der Religion waren, es gab immer jemanden, dem man dies alles weitergeben konnte. Durch die Veränderungen der letzten Jahre haben die Menschen realisiert, dass es da oben keinen alten Mann, genannt Gott, gibt, der damit beschäftigt ist, euch alle zu beurteilen. Dann kam die Psychologie auf und man lehrte euch, dass irgendwo im Bewusstsein ein wütendes Monster herumlungert, das zu allem fähig sei. Das ist die Kehrseite der Medaille. Euer Unterbewusstsein ist kein Feind. Es gibt kein Monster, das Dinge verursacht, über die ihr keine Kontrolle hättet. Das geschieht nicht auf diese Weise. Es ist jedoch tatsächlich so, dass körperliche Krankheiten nur ein Spiegelbild eines gefühlsmäßigen Unwohl-Seins sind.

F: *Genau darum geht es. Wenn es so ist, und ich erkenne das, wie weiß ich dann, womit ich es zu tun habe?*

P'taah: Habe Vertrauen in das, was du bist. Wenn du eine Veränderung wünschst, musst du nur die Krankheit annehmen.

F: *Genügt es, wenn ich sie erkenne?*

P'taah: Genau, doch du musst die Krankheit lieben, ohne sie zu verurteilen. Denn in der Krankheit liegt das Juwel. Erkenne, dass du sie selbst geschaffen hast, dass du alles verändern kannst. Doch du bewirkst keine Veränderung, wenn du Angst vor der Krankheit hast. Du veränderst nichts, wenn du das verurteilst, was du bist. Verstehst du das?

F: *Ja, doch das ist manchmal schwierig zu erkennen. In dem Fall muss ich an Teile meines Lebens denken, wo ich nicht so aufmerksam bin. Ich muss bis* zu einem gewissen Grad nachschauen, ob es an der Ernährung liegt oder an etwas anderem.

P'taah: Geliebte, es spielt keine Rolle, was du trinkst oder isst. Es ist nur wichtig, wie du dich fühlst. *Du schaffst dir deine Wirklichkeit mit deinen Gefühlen.* Die Emotion schafft das Gefühl. Hm?

F: *Richtig, nur gerade in letzter Zeit fühle ich mich immer ganz ausgelaugt. Und ich meine doch, dass ich es richtig mache und bin trotzdem die ganze Zeit müde. Irgendwo funktioniert etwas nicht richtig. Habe ich Vitaminmangel oder gehe ich mit irgendetwas nicht richtig um?*

P'taah: Wenn du unter Vitaminmangel leidest, Geliebte, dann deshalb, weil du etwas nicht richtig machst. Doch das hat nichts mit dem zu tun, was du dir in den Mund steckst.

F: *Genau das ist der Punkt. Wie finde ich heraus, was ich nicht richtig mache?*

P'taah: Du führst kein Leben in Freude, Geliebte.

F *(lacht)*: *Nun, ich tue mein Bestes.*

P'taah: Je öfter du lachst, umso mehr lebst du in Freude und umso gesünder und vitaler wird dein Körper.

F: *Ja, ich glaube, das gehört einfach zusammen.*

P'taah: Genau, es gehört einfach zusammen. Ihr Lieben, wir verstehen absolut, wie euch das erscheint, wie schwierig euch das vorkommt. Ihr kreiert euch eure eigene Wirklichkeit von einem Moment zum nächsten. Ihr müsst euch nur selbst lieben. Ihr müsst nur in Freude leben, und ihr sagt: »Nun, ich tue mein Bestes.« Wir verstehen, dass das sehr schwierig ist. Und wenn ihr tatsächlich eine körperliche Krankheit kreiert, dann fällt ihr in ein schwarzes Loch und verurteilt eure Werturteile, die ja überhaupt erst die Krankheit hervorgebracht haben. Ihr habt die Vorstellung eines perfekten Körpers und die Vorstellung, dass, wenn ihr absolut ausgeglichen seid, euer Körper dann auch gesund wäre. Wenn ihr dann nicht vor Gesundheit nur so strotzt, dann verurteilt ihr euch dafür, so dumm zu sein, so unausgeglichen, so wenig erleuchtet, da ihr eine solche Krankheit erschaffen habt. Ihr sagt euch: »Jetzt werden alle merken, dass ich kein erleuchtetes Wesen bin.« Wir wissen das – wir können euch hören. Ihr sendet das laut und deutlich aus. Erkennt ihr, ihr alle, wie ihr mit euch selbst umgeht? Es ist wirklich verzwickt, nicht wahr? Und immer macht ihr euch Gedanken, dass euch jemand genau so streng verurteilt, wie ihr es selbst tut.

F: *Wenn man so fröhlich wie nur möglich lebt, und es geschieht trotzdem, dann muss man es einfach anerkennen und weitermachen?*

P'taah: Genau, Geliebte. Du musst natürlich die Angst und den gefühlsmäßigen Schmerz anerkennen, welche die Krankheit hervorgebracht haben. Aber du musst auch die Verantwortung dafür übernehmen, dass du die Krankheit selbst geschaffen hast. Du musst die Werturteile ausgleichen, die du über dich selbst und über die Krankheit hast, hm? Nimm sie an und wisse, dass alles ein Ausdruck des Göttlichen ist. Das sind alles, ALLES Gelegenheiten, um ins Gleichgewicht zu kommen. Doch ihr bewirkt die Veränderung mit dem Nichtstun, ihr bewirkt die Veränderung, indem ihr annehmt. Ihr könnt mit euren Krankheiten auch wie mit dem Kind umgehen, das ihr seid. Nehmt sie in eure Arme, streichelt und schaukelt sie und singt ihnen ein Schlaflied. Aber versucht nicht, ihre Existenz zu unterdrücken, sondern liebt sie zum Licht.

F: *Sei gegrüßt, P'taah. Ich möchte dich etwas über den richtigen Zeitpunkt fragen. Kürzlich haben sich meine Gedanken um den richtigen Zeitpunkt gedreht. Wann soll ich etwas tun, oder wann sollen andere etwas tun?*

P'taah: Hm, in der Tat. Der richtige Zeitpunkt, hm? Es ist der richtige Zeitpunkt, wenn dein Herz jubelt. Das ist alles. Und das gilt auch für den richtigen Zeitpunkt für alle anderen, Geliebter. Der ist nämlich deren Angelegenheit. Sorge dich nicht um den richtigen Zeitpunkt, wenn du dein tägliches Leben lebst, Geliebter, denn dein Herz ist eine perfekte Uhr. Was das ›Tun‹ angeht, vergiss es! Wenn du tust, was dein Herz zum Jubeln bringt, dann erlaubst du allen Möglichkeiten, auf dich zuzukommen. Und sei gewiss, es wird sich all das manifestieren, was für dein Selbst zum höchsten Wohl ist. Nun, weißt du auch, was euer größtes Hindernis darstellt? *Zweifel.*

Wir haben es schon erwähnt: *Ihr seid es, die ihr eure eigene Wirklichkeit kreiert.* Ihr sendet den Gedanken ins Universum aus, und das gesamte Universum ordnet sich entsprechend dem Glauben von euch selbst und dem Universum um. Wenn ich euch eröffne, dass ihr äußerst kraftvolle Schöpfer seid, dass ihr alles, was ihr euch wünscht, erschaffen könnt, dann sagt ihr: »GOTT/GÖTTIN meines Wesens, ich wünsche mir was auch immer, und ich weiß, dass es bereits IST«, und dann fügt ihr hinzu: »Mein Gott, ich hoffe nur, das funktioniert.« *(Das Publikum ist amüsiert.)* Nun, den habt ihr gerade verpfuscht. Habt ihr schon gemerkt, ihr Lieben, wenn ihr einen ganz normalen Gedanken habt, einen Herzenswunsch, irgendetwas ganz Gewöhnliches, dann sollt ihr ihn einfach vorbeiziehen lassen und ihn gar nicht weiter verfolgen. Dann, ein wenig später, geschieht es tatsächlich. Dann sagt ihr euch: »Daran habe ich doch vor einigen Monaten gedacht, habe mir das gewünscht, und da ist es. Wie außergewöhnlich.« Ihr vergesst zu sagen: »Wie bin ich doch wundervoll. Ich habe mir das geschaffen.« Schaut, ihr Lieben, auf diese Weise habt ihr in all den Jahren, in all euren bisherigen Leben eure Wirklichkeit geschaffen und habt nicht einmal gemerkt, dass ihr dies tatet. Wenn ihr nun an eurer Kraft zweifelt, dann schaut euch euer Leben an. Wenn ihr all die Dinge betrachtet, die ihr für ›große Scheiße‹ haltet, dann könnt ihr daran erkennen, wie ihr euch dies geschaffen habt. Denn seht, ihr Lieben, das Universum urteilt nicht. Sobald ihr einen Gedanken aussendet, manifestiert er sich eurem Glauben entsprechend, ob ihr nun an etwas denkt, das ihr liebt oder etwas, das ihr fürchtet. Es liegt also ganz an euch, worauf ihr eure Energie konzentriert. Schaut, es gibt kein Gut oder Schlecht im Universum. Es IST einfach. Ihr seid es, die etwas für großen Spaß oder große ›Scheiße‹ haltet.

F: *P'taah, manchmal haben wir Gedanken, von denen wir nicht wollen, dass sie sich manifestieren. Ich weiß nur nicht genau, worin der Unterschied liegt. Wenn ich möchte, dass etwas geschieht, und ich bemühe mich nicht allzu sehr darum und darin habe ich einen ungewollten Gedanken, etwas, das ich ganz bestimmt nicht möchte – warum wird sich das eine manifestieren und das andere nicht? Warum manifestiert sich nicht alles?*

P'taah: Wegen der Gefühle; auch wegen der Angst. Es hat mit der Intensität der Gefühle zu tun.

F: *Der Unterschied liegt darin, dass ich einem Wunsch nachhänge und ihn mit einem freien Gefühl verbinde, das es dann geschehen lässt.*

P'taah: Wie außergewöhnlich.

F: *Das ist mir nicht ganz klar.*

P'taah: Nun, da sind zum Beispiel ›Bedürfnisse‹, hm?

F: *Wenn es um etwas geht, was ich ›brauche‹, dann ist es kein unnützer Gedanke. Macht das den Unterschied?*

P'taah: Ist dir schon aufgefallen, dass, wenn du in einer schrecklichen Situation steckst und du etwas bis zum Freitag brauchst, es dann nicht kommt? Und du sagst: »Ich bin doch so mächtig, warum geschah es am Freitag nicht?«

F: *Ja.*

P'taah: Das nennt man ein Bedürfnis. Götter und Göttinnen haben keine Bedürfnisse. Sie wünschen sich einfach etwas und erschaffen es durch Wünsche, nicht aus Bedürfnis. Denn schau, Geliebte, Bedürfnis ist die Seite der Medaille, die Verzweiflung, die Angst genannt wird. Nur sehr schön verkleidet.

F: *Manchmal geht es so weit, dass es einem gleichgültig ist, ob die Situation noch verzweifelter wird. Manchmal ist man der Verzweiflung so müde, dass man denkt: »Wenn es so kommt, ist es gut, wenn nicht, ist es auch gut.« Oft geschieht dann etwas, wenn man ...*

P'taah: Aber natürlich. Wenn du es einmal loslässt und alle Möglichkeiten offenhältst, dann wirst du deinen Herzenswunsch erschaffen.

F: *Dann, wenn ich nicht mehr weiter in etwas investiere?*

P'taah: Genau. Wir haben es auch schon erwähnt. Eines eurer Hindernisse in euren Manifestationen in die physische Realität besteht darin, dass ihr Erwartungen an das Wann und Wie habt und damit eure Möglichkeiten und Wahrscheinlichkeiten einschränkt.

F: *Das sind die Erwartungen. Es ist auch so, wenn wir das Universum zu etwas Bestimmtem zwingen wollen. Wenn wir ihm erlauben, es auf seine eigene Weise zu tun, dann manifestiert es sich.*

P'taah: In der Tat. Und schau, der größte kreative Teil deines Selbst weiß auch, was zu deinem höchsten Wohl ist.

F: *Mein absolutes Bewusstsein weiß das? Also muss ich nur loslassen und meinem höheren Bewusstsein erlauben zu übernehmen. Was auch heißt, ich entferne mich von der männlichen, mentalen Energie.*

P'taah: Schraubst deinen Kopf ab und nimmst ihn unter den Arm.

F: *Das ist es also, wogegen wir Männer und Frauen uns so sträuben. Wir glauben, wir wären unverantwortlich, wenn wir aufhören zu denken. Ist es das? Das große Problem, wo wir alle stecken bleiben?*

P'taah: Warum fragst du? Du weißt es so genau. *(Lachen)* Aber genau das ist es. *(P'taah wendet seine Aufmerksamkeit einem Herrn zu, der nach der Pause dazugekommen ist.)*

Nun, geliebtes Wesen, wie geht es dir?

F: *Ausgezeichnet, danke. Wirklich großartig.*

P'taah: Das bist du auch tatsächlich. Als verkörperte Realität, wenn du so willst. Hast du heute Abend wundervolle Fragen an uns, Geliebter?

F: *Eigentlich nicht. So viele Fragen werden beantwortet. Ich muss einfach nur zuhören.*

P'taah: Wie außergewöhnlich.

F: *Wie sieht deine Wirklichkeit aus, wenn du nicht hier in diesem Raum bist, P'taah?*

P'taah: Welche denn?

F: *Das weiß ich nicht.*

P'taah: Darüber werden wir sehr bald mehr erzählen, Geliebte. Komm und besuche uns wieder zur nächsten fantastischen Enthüllung. *(Lachen)*

F: *In Ordnung, danke.*

F: *P'taah, ich weiß, wir können uns in diesen Zustand des Geschehenlassens versetzen, aber würdest du uns einen prosaischen Tipp geben, irgendetwas, womit wir uns an dich erinnern und uns in diesen Zustand versetzen können. Etwas, womit wir mit dir im Multiversum herumreisen können?*

P'taah: Geliebter *(ganz sanft)*, den kennst du. Schau, Geliebter, du musst nur wissen, dass du es kannst, und ich verspreche dir: Du kannst es. Erinnere dich einfach vor dem Schlafengehen daran, den Gott/die Göttin um eine bewusste Erinnerung zu bitten. Und du darfst uns rufen, Geliebter, und wir werden zu dir kommen.

F: *P'taah, kürzlich habe ich etwas Kleines kreiert. Ich denke, es war als Lektion gedacht, und dann bin ich an meinen Urteilen gescheitert. Jetzt habe ich Angst, diese Lektion werde sich wiederholen.*

P'taah: In der Tat. Du wirst sie weiterhin erschaffen, bis du durch die Werturteile durch bist.

F: *Das ist mir jetzt bewusst. Kann ich mich einfach darin wälzen, bis es geklärt ist?*

P'taah: Aber natürlich. Du gehst so hart mit dir ins Gericht, Geliebte, und verurteilst deine Werturteile so sehr. Das ist der Fluch des New Age, hm? Das Phantom schlägt zurück, der Fluch der ›Whoofties‹. *(Lachen)* Sie verurteilen das Verurteilen.

F: *Ich bin mir bewusst, dass ich das tue und habe den Wunsch zuzulassen, doch das geschieht nicht.*

P'taah: Warum denkst du, es tut das nicht?

F: *Weil ich immer noch werte?*

P'taah: Hm, und schau, Geliebte, das ist etwas ganz Ernstes. Schau, ein Weg, das Verurteilen der Werturteile und dessen Verurteilen auszugleichen, besteht darin, dass du erkennst, wie absolut lächerlich das ist und darüber herzlich lachst. Indem du lachst, schaffst du den Ausgleich.

F: *Könntest du uns erklären, wie Gefühle Wirklichkeit erschaffen?*
P'taah: Tatsächlich besteht ihr in Wahrheit aus Gefühlen. Und was sind Gefühle? Sie sind Energie, vibrierende Energie. Das ist, was ihr seid, vibrierende Frequenz, und die Frequenz ändert sich je nach Gefühl. Wir haben es auch schon erwähnt, dass ihr sehr oft nicht wirklich wisst, was ihr glaubt. Das ist so sehr Teil der Persönlichkeit, Teil des persönlichen Selbst, dass ihr nicht einmal erkennt, dass das eure Wirklichkeit erschafft. Nun, die meisten Menschen können nicht so gut mit Gefühlen umgehen. Sie verstehen sich viel besser auf Widerstand, auf die Angst vor den Gefühlen. Denn schau, Geliebter, ihr habt Angst davor, ausgelöscht zu werden. Und die meisten von euch würden alles tun, um den Gefühlen auszuweichen. Wenn ihr die Gefühle zulasst, wie auch immer ihr sie beurteilt, dann ist es eigentlich eine neutrale Energie. Wenn ihr diese zulasst, dann bewegen sie sich frei durch den Körper und schaffen Freude, Ganzheit und ungeteiltes Sein. Wenn ihr Vorurteile habt, wie es sein könnte, dann bewirkt ihr sehr oft Widerstand dagegen, was Schmerz bedeutet. Schmerz ist kein Gefühl. Wir haben ausführlich darüber geredet, und du kannst es nachlesen. *Schau, Geliebter, Transmutation bedeutet, Gefühle ohne Werturteile zulassen.* Zulassen, dass diese neutrale Energie vom Solarplexus zum Herzen und weiter zur Krone fließen kann und dort zur Ekstase führt.

Ihr Lieben. *(Zum Gastgeber:)* Danke dir, Lieber. Es genügt für heute. *(Zum Assistenten der Technik:)* Danke dir, Geliebter. *(Zur Gastgeberin:)* Unser Dank an dich, Geliebte – und wie geht es deinen Hühnern? *(Lachen)* *(P'taah weiß offenbar über das anhaltende Geplänkel zwischen der Gastgeberin und deren Hühnern Bescheid, die immer wieder den Mulch von ihren Obstbäumen wegkratzen, und dem Hahn, der sie beim Füttern angreift.)*

F: *Nun, ich nehme an, sie sind lediglich ein Spiegelbild für mich.*
P'taah: In der Tat.
F: *Wie mache ich dem Hahn klar, dass ich mit ihm eins bin, dass wir ein einheitliches Leben führen?*
P'taah: Oh, vielleicht solltest du ihm den Gürtel über die Ohren ziehen. *(Das Publikum lacht herzlich und applaudiert.)* Manchmal sind sie ganz schön hartnäckig, diese Spiegelbilder, die wir erschaffen. Hm? Das ist ein Spaß, Geliebte. *(Eine andere Dame nimmt das Thema auf.)*
F: *Aber ist es nicht genauso gültig, wenn wir von etwas genug haben, dass wir uns dann in dem Moment entsprechend verhalten? Sagtest du nicht, dass wir genau das tun sollten?*

P'taah: Aber natürlich, Geliebte. Das muss man alles nicht so ernst nehmen, weißt du?

(Dann wendet er sich wieder an die Gastgeberin:) Es ist schon in Ordnung, geh hinaus und hau ihm eins über die Ohren, hm? *(Zum Publikum:)* Das sage ich nur, weil sie die Hennen und Hähne liebt, von denen sie so schlecht behandelt wird. Ihr alle – so oft möchtet ihr hingehen und jemandem eins draufschlagen, hm? Und wenn ihr ehrlich darüber nachdenkt und darüber lacht und euch die Frustration und den Ärger zugesteht, dann, indem ihr euch das erlaubt, wird es umgewandelt, und ihr könnt das Lachen aus eurem Bauch aufsteigen lassen und damit die Situation ändern. Ihr kämpft so verzweifelt um Erleuchtung ihr Lieben, ihr habt den verzweifelten Wunsch, nach Hause zu kommen; zu dem zu werden, der ihr wirklich seid. Wenn ihr euch zugesteht, dass ihr bereits zu Hause seid, werdet ihr das Aussehen von allen Dingen verändern, die ihr auf dieser Bewusstseinsebene, in dieser Wirklichkeit kennt. Ihr werdet wissen, dass ihr einfach nur zu wünschen braucht, ohne zu zweifeln und ohne etwas zu erwarten, und dann seid ihr wahrhaftig bereits zu Hause. Ich liebe euch alle.

F: *Wir lieben dich auch.*

P'taah: Ich weiß. Es ist mein Wunsch, dass ihr euch im Spiegel betrachtet und das Juwel, das Spiegelbild Gottes, in jeder Facette eures Seins erkennt. Ihr Lieben, ihr seid von nichts getrennt. Ihr <u>SEID</u> einfach und wahrhaftig. Als dieses <u>SEIN</u> verehre ich euch. Guten Abend.

Vierzehnte Übermittlung

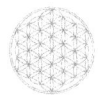

P'taah: Guten Abend, ihr Lieben. Seid alle wirklich willkommen! Dieser Abend bedeutet das Ende, aber auch einen Neubeginn. Bis jetzt haben wir manches Kapitel fertiggestellt, doch eigentlich ist es nur ein einziges. Wir werden euch jedoch weiterhin zur Verfügung stehen, ihr Lieben. In diesem Sinne wollen wir fortfahren. Wir wollen den Stil etwas verändern, denn erst wollen wir euch um eure Fragen bitten, und dann werden wir zu euch sprechen und somit das Kapitel beschließen.

F: P'taah, du sagtest, indem du uns hilfst, bringt es dir auch etwas. Ich denke, du gibst uns wirklich sehr viel, und ich frage mich einfach, was du denn von uns erhältst.

P'taah: Freude, Geliebte, Freude in der Tat, und es ist auch eine Erfahrung, mit euch auf diese Weise zusammenzukommen. So war es mir möglich zu erkennen, wer ihr seid und wie es ist, mit euch zusammen zu sein. Hm? Doch es ist immer, immer eine Freude, mit Menschen zu sein. Es ist auch immer eine Freude, eine Erweiterung des Bewusstseins mitzuerleben. Zu sehen, dass das, was bevorsteht, euren Planeten wirklich erleuchten wird.

F: Ich möchte dich über den Goldenen Engel befragen. Ist es richtig, dass Gold eine dichtere Frequenz hat und die Materialisierung der reinen göttlichen Liebe ist? Sollte es dann nicht eher in den Händen der Heiler sein als bei den Händlern?

P'taah: Nun, Gold, hm, hoch geschätzt, ist in der Tat ein Spiegelbild des <u>ALLES, WAS IST,</u> und wurde auch als Symbol gedacht. Nun, Lieber, du sagst, es sollte in den Händen der Heiler, nicht der Händler sein, hm? Sind Heiler größer als Händler, Geliebter? Besser?

F: Vielleicht eher lebenserhaltend. Ich dachte speziell daran, dass es einen Zusammenhang hat, dass die Lebensschwingungen zu ihrer natürlichen Harmonie zurückfinden und dass die Anwesenheit von Gold helfen kann, die atomare Struktur zu ionisieren.

P'taah: In der Tat, und als solches ist es ein Werkzeug. Doch wie wir schon sagten, Geliebter, das einzige Werkzeug, das du in Wahrheit brauchst, ist dein Herz, hm? Und wir sagten auch schon, dass die Heilung von der Person ausgeht, die sie benötigt, hm? Schweifen wir darum nicht allzu sehr ab. Schau, Geliebter, du musst wissen, wenn du irgendeine wellenartige Substanz ansiehst, sei dies nun ein Kristall oder Gold oder was auch immer, dass sie einfach diese spezielle Familie *der Minerale* reflektiert. Da sind auch die Spiegelbilder eurer Natur, die Flora und Fauna. Und gewiss, Geliebter, ist da auch das große Spiegelbild der Menschheit: Denn wenn das Gold das ALLES, WAS IST, widerspiegelt, was denkst du, spiegelst du wider? Verstehst du? Du kannst also nicht eines höher bewerten. *Das ist wahrlich in der heutigen Zeit die größte Lektion für die Menschheit, dass sie erkennt, dass* ALLES, alle Dinge, Spiegelbilder des ALLES, WAS IST, sind, dass nichts existiert, was nicht von göttlicher Essenz durchtränkt ist.

F: *Guten Abend, P'taah. Du sagtest, dass mein Glaube das Einzige sei, das mich von mir, von meinem wahren Selbst, trennt. Sag mir bitte, wie ich am besten meine Glaubensstrukturen ausdehne, damit ich mein wahres Selbst kennenlerne.*

P'taah: Nun, das ist eine sehr gute Frage, denn es ist natürlich vortrefflich, ein intellektuelles Verständnis zu haben. Wie kannst du auf praktische Weise erkennen, was du eigentlich glaubst. Nun, wir sagten bereits, dass viele von euch nicht wirklich wissen, was sie glauben. Denn diese Glaubensstrukturen sind so sehr Teil der Persönlichkeit, dass ihr ihrer nicht bewusster seid als der Haare auf eurem Kopf – oder deren Fehlen. Wenn ihr in Verlegenheit geratet, weil ihr euch in irgendeiner Weise Disharmonie manifestiert habt, wäre es praktisch, wenn ihr Bleistift und Papier zur Hand nehmt. Notiert euch zum Beispiel eine Frage über Fülle. Die kommt bei Menschen immer gut an, hm? Liebesaffären und Fülle. Nein, lasst uns Liebesaffären nehmen. Manchmal denke ich, das bereitet der Menschheit sogar noch mehr Schmerz als der Mangel an Fülle und Überfluss. Jetzt schreibt ihr zuoberst auf das Papier das Wort Liebe oder Geld. Dann könnt ihr senkrecht in der Mitte eine Linie ziehen. Auf der linken Seite listet ihr all die Dinge auf, die ihr über Geld, Liebe oder Beziehung für, negativ haltet. Auf die rechte Seite schreibt ihr alles, was euch ein positives Gefühl vermittelt. Ihr werdet erstaunt sein. Und erkennt auch, ihr Lieben, dass ihr wisst, man sollte nichts verurteilen, hm? Das betrifft vor allem euch wundervollen New Age-Leute. Es ist wie mit euren Werturteilen. Ihr wisst, ihr solltet keine haben, also verurteilt ihr eure Werturteile. Ihr wisst, ihr solltet nicht negativ denken, also versucht ihr noch stärker, diese negativen Gedanken zuzudecken. Ihr sitzt darauf, und ihr sendet sie doch aus. Verdrängung und Unterdrückung. Auf diese Weise könnt ihr zu einem ehrlichen Verständnis gelangen, was ihr wirklich glaubt. Wenn ihr dann alles Negative erkennt, merkt ihr, dass ihr oft nicht einmal wusstet, dass ihr das wirklich glaubtet. Jetzt seht ihr vielleicht, dass dies nicht länger notwendig ist. *Nicht,* dass es schlecht wäre. *Nichts,* was man loswerden, unterdrücken oder verdrängen müsste. Es besteht einfach keine Notwendigkeit mehr. Diese Glaubensformen dienen euch nicht mehr. Dann sagt man sich: »Nun, das ist *in Ordnung.* Nehmt es in euer Wesen auf, indem ihr anerkennt, *dass es in Ordnung ist.* Auf diese Weise nehmt ihr den gestrigen Glauben zu euch und erweitert ihn zum größeren Verständnis des Heute. Das könnt ihr mit allen Bereichen eures Lebens tun, die euch nicht mehr dienlich sind.

F: *Noch eine Frage, P'taah. Ich wüsste gerne mehr über die Liebe.*

P'taah: Das wüsste jeder gerne in diesem Raum. Das würde gerne jeder auf diesem wundervollen Planeten wissen. *(Ganz weich:)* Was kann ich euch über Liebe erzählen? Ich kann sagen, dass ihr ohne sie ums Überleben kämpft. Mit ihr werdet ihr großartige, kreative Meister, die das <u>ALLES, WAS IST,</u> in allem widerspiegeln. Doch seht, ihr Lieben, *es geht nicht darum, irgendjemand anderen zu lieben, es geht darum, dass ihr euch selbst liebt.* Bevor ihr nicht wirklich erkennt, dass ihr die Quelle seid, die sich in jeder Facette, jedem Schatten, auf jede Weise, in allen Farben in der dritten Dichte ausdrückt, wie sollt ihr dann diese Liebe nach außen zum Ausdruck bringen können? Und die Liebe, welche die Kinder zeigen, ist ein Spiegelbild, wie es vom Selbst zum <u>SELBST</u> sein könnte. Verstehst du, Geliebter?

F: *P'taah, der Sohn dieses Mannes, wenn ich das sagen darf (Sie deutet auf den Herrn, der die vorhergehende Frage stellte), hat einen Tumor. Für die Familie war es sehr schwer, die Gründe dafür zu verstehen und wie er entfernt werden soll und zu welchem Zweck die Seele des Jungen dies hervorgebracht hat. Ich möchte bitte für diese Familie, dass sie das besser verstehen kann.*

P'taah: Du weißt, über dies und diese Familie haben wir wirklich ausführlich gesprochen. Da war auch noch die Rede von einem Kind, das sich in einem extremen Zustand befindet und von all den Beteiligten, die auch nicht verstehen können, warum so etwas sein kann. Und die Leute fragen sich: Wie kann ein unschuldiges Kind auf solche Weise bestraft werden. Alle, die damit in Kontakt kommen, werden Kummer wirklich verstehen lernen. Wir sagen zu euch, ihr Lieben: Erinnert euch immer, immer wieder daran, dass dieses Leben nicht das einzige ist. Alle, die ihr euch in einer familiären Beziehung befindet, wart schon viele, viele Leben zusammen und habt euch entschieden, zusammen immer wieder neue Leben zu kreieren. Jeder von euch spielt der Erfahrung wegen eine andere Rolle, damit ihr durch diesen Rollenwechsel ein Verständnis von den Dingen erlangt, die ihr in anderen Leben noch nicht annehmen konntet. Das Bewusstsein dehnt sich also mit jeder Inkarnation weiter und weiter aus. *Jetzt, also in der heutigen Zeit, während diesen Jahren eurer Zeit kommen die Lernerfahrungen schneller und massiver auf euch zu.* Ihr bringt Extreme hervor, damit ihr sie annehmen und die Agonie in Ekstase transmutieren könnt. Damit dient ihr nicht nur eurer eigenen Erleuchtung, sondern auch der Erleuchtung der gesamten Menschheit und assistiert damit eurer Göttin, eurer Erde bei ihrer eigenen Veränderung. Nun, ihr müsst auch wissen, dass ihr vor jeder Inkarnation zusammenkommt und euch bereits entschieden habt, welche Rolle ihr in der Familie spielen werdet: Wer wird Mutter sein, wer Vater, wer sind die Geschwister, und welches Geschlecht werdet ihr haben. Dann bestimmt ihr in groben Zügen den Spielplan. Ihr könnt jeden Moment wählen, wie ihr ihn wahrnehmen wollt. Nun, es kann sein, dass ein Kind auf der Seelenebene entscheidet, dass seine Erfahrungen mit der Familie nur wenige Jahre dauern sollen. Die Seele wünscht sich deshalb nur einen bestimmten Zeitraum, um Erfahrungen zu sammeln, die sie auf diese Art vorher nicht machen konnte. Nun, du weißt, Geliebter, wir haben dir von der Transmutation erzählt. Wir erklärten dir, wie du – indem du es zulässt – alles transmutieren kannst. Wir haben dir erzählt, dass Schmerz und Seelenqual Widerstände gegen die Gefühle sind. Lass sie wahrhaftig zu und wisse, dass es sich um Schmerz und Seelenqual seit Äonen handelt. Es geht nicht nur um dieses eine Leben, um diese eine Situation. Du hast sie alle geschaffen, damit du sie annehmen kannst und die Perle in deinem Selbst und von deiner ganzen Familie widergespiegelt erkennst. Das nennt man Liebe und Zulassen. Deine Erfahrungen können eine Perle nach der anderen bedeuten. Damit erschaffst du ein Diadem, das jede Inkarnation erleuchtet, die du mit all deinen jetzigen Familienmitgliedern hattest. Gehe also sanft mir dir um, erlebe jeden Moment in seiner größtmöglichen Fülle. So kreierst du Freude, von einem Moment zum nächsten, ohne irgendeinen Gedanken an die Zukunft. Du musst wissen, Geliebter: Die Liebe ist endlos. Das Band der Liebe, das du mit deiner Familie während Äonen geknüpft hast, wird weiterhin bestehen. Wenn jemand von dieser Dichte in eine andere überwechselt, kann es sein, dass dieses Band stärker ist als im Bewusstsein der physischen Realität. Verstehst du das?

F: *Wie gut können wir mit unserer Seele kommunizieren und wie viel Kontrolle haben wir? Einmal sagst du, wir hätten jeden Moment die Wahl, absolut frei ...*

P'taah: Wir reden jetzt gerade über ›bewusste‹ Wahl.

F: *Ein anderes Mal sagst du, das Kind kann sich eine kurze Dauer mit dieser Familie gewünscht haben ... da scheint ein Konflikt zu bestehen.*

P'taah: Es ist in Wahrheit kein Konflikt. Es ist nur so, dass du nicht verstehst, dass die Seele vom Bewusstsein nicht getrennt ist. Nur der Intellekt macht diese Trennung. Wir haben auch schon erwähnt: Schraube deinen Kopf ab und nimm ihn unter den Arm, denn auf diese Weise kommt er dir sicher nicht in die Quere. Nun, du bist nicht der Einzige, Geliebter, der sich davon beirren lässt. Man könnte sagen, dass eure bewusste Wirklichkeit zu neunzig Prozent vom Intellekt regiert wird. Wir sagten euch auch, dass euer Intellekt eigentlich dazu da ist, euch zu dienen. Doch während der vielen Leben geschah es, dass ihr die Diener eures Intellekts wurdet, wie ihr auch zu Dienern eures Egos geworden seid. Damit wollen wir nicht sagen, dass der Intellekt oder das Ego falsch seien. Sie wurden einfach zu groß für ihre Schuhe. Wenn ihr intuitiver werdet und eurem Herzen mehr und mehr erlaubt, euch durch die tägliche Wirklichkeit zu führen, wenn ihr mehr und mehr tut, was euer Herz zum Jubeln bringt, werdet ihr merken, dass ihr immer mehr in Gleichklang mit eurer Seele, eurem Geist kommt. Auf diese Weise werdet ihr bewusst erkennen, was eure Seele euch zu eurem Besten wünscht. Dann wird es dem Herzen eine Freude und ein Vergnügen sein, den Intellekt und das Ego von einem Moment zum nächsten zu benutzen, um den Herzenswunsch zu erfüllen. In diesem Sinne sind Bewusstsein und Seelenenergie nicht voneinander getrennt. Eure Seele, ihr Lieben, ist äußerst integer; sie ist die Verbindung zum Göttlichen. Eure Seele *weiß*, dass sie Ausdruck des Göttlichen ist. Euer Intellekt dagegen hat vergessen, dass er irgendetwas mit Göttlichkeit zu tun hat. Verstehst du? Du kannst es auch noch nachlesen, Geliebter, hm?

F: *Lieber P'taah, ich komme nochmals auf die erste Frage zurück. Du sagtest, dass nichts in Stein gemeißelt sei. Ich verstehe das so, dass das Kind oder die Person es (die Krankheit) auch verändern könnte.*

P'taah: In der Tat. Es kann eine Veränderung eintreten. Nun, erinnerst du dich, Lieber, was ich zu all den Wünschen sagte, die ihr in eurem Leben manifestiert haben möchtet? Du musst den Gedanken aussenden. Und wir sprachen auch über die Einschränkungen, die ihr mit den Erwartungen und den Glaubensstrukturen bewirkt. Nun, man muss wissen, ihr Lieben, dass eure Seele viel besser als euer Intellekt weiß, was für euch das Beste sein wird. Also muss man sagen: »Das ist, was ich mir wirklich wünsche.« Aber man sollte nicht gierig nach dem Ergebnis schielen. Ihr müsst wissen, ihr habt es euch gewünscht, und jedes mögliche Ergebnis ist in Ordnung. Verstehst du? Nehmen wir zum Beispiel einen ausgewachsenen Mann, einen schönen Mann, der körperlich seine volle Größe erreicht hat und dann krank wird. Die Krankheit wurde sicherlich durch etwas verursacht, was gefühlsmäßig nicht akzeptiert und angenommen worden ist. Der physische Körper findet immer einen Weg, um ein Unwohlsein entsprechend dem emotionalen Bereich, der nicht angenommen wurde, zu manifestieren. Wenn ihr euch nun wünscht, den Körper von seiner Krankheit zu befreien, könnt ihr zur Ursache vordringen und den Schmerz transmutieren. Der Körper kann sich auf zellularer Ebene selbst heilen. Wie auch immer, ihr müsst wissen, dass ihr auf der Seelenebene den Wunsch haben könnt zu gehen, wenn die Lektion einmal gelernt ist. Weil es dann nicht mehr nötig ist, hier noch länger zu bleiben. Verstehst du?

F: *Ja, das tue ich. Ich habe auch verstanden, dass die Krankheit überflüssig wird, wenn diese Perle der Weisheit der betreffenden Krankheit einmal gefunden ist.*

P'taah: In der Tat. Es wird dann zum Wohl-Sein, nicht Unwohl-Sein.

F: *Ich glaube, wir sind die Summe all unserer Vorfahren. In unserem genetischen Muster oder der DNS sind alle Emotionen, alles Positive und Negative unserer Vorfahren gespeichert. Ich glaube, der einzige Weg, um Klarheit zu erlangen, um in unserem Leben korrekte oder bewusste Entscheidungen zu treffen, besteht darin, all diese genetischen Muster zu bereinigen, die in uns angelegt sind.*

P'taah: Du musst erkennen, Geliebte, du BIST all deine Vorfahren. Da besteht kein Unterschied, und es geschieht ja jede Inkarnation, die du je hattest, zur gleichen Zeit. Wenn du diese hier bereinigst, bereinigst du alle.

F: *Nun, wie bereinigt man denn am besten?*

P'taah: Worüber denkst du, haben wir all diese Wochen gesprochen, Geliebte?

F: *Ja, ich weiß. Aber gibt es irgendeine praktische Übung, etwas ganz Spezifisches, wie zum Beispiel einen Seelenstern über unsere Köpfe setzen und uns mit Licht umgeben. Gibt es etwas ganz Spezifisches?*
P'taah: Plötzliche Erleuchtung, Geliebte?
F: *Irgendwie, ja. Jedenfalls schneller als auf diese Weise.*
P'taah: Schau, es kann in einem Augenblick geschehen. Du brauchst es nur geschehen zu lassen.

Nun, Ihr Lieben ihr wisst, während diesen Wochen wurde vieles gesagt, was schon vorher viele Male gesagt worden ist. Ihr habt es alle gehört, habt es Leben um Leben immer wieder gehört und hört es doch nicht. Ihr hört so verzweifelt zu und wollt alle erleuchtet werden, alles kennen, was außerhalb eurer Welt existiert. Ihr alle wollt verzweifelt etwas ›tun‹. Wir haben euch Woche für Woche gesagt: Es gibt nichts, was ihr tun könnt. Wir haben euch gesagt, dass alles Wissen des Multiversums in euch angelegt ist, und wir möchten euch fragen: »Während wie vielen tausend Jahren hat man euch genau das Gleiche gesagt, und ihr habt es nicht gehört?« Ich habe euch gesagt, dass alles, was ihr außerhalb von euch wahrnehmt, ein Spiegelbild eures Selbst ist. Das, was ihr als negativ beurteilt, ist wahrhaftig ein Spiegelbild von dem, was ihr seid. Auch das, was ihr als wundervoll beurteilt, ihr Lieben, ist ein Spiegelbild von dem, was ihr seid. Wir sagten euch, dass alles, dem ihr in eurem Leben widersteht, was ihr ablehnt oder unterdrückt, auf euch zurückfallen wird. Wem ihr auch immer widersteht, es wird beharrlich bleiben und bleiben, bis ihr es gewähren lassen könnt, bis ihr es annehmen könnt und bis ihr es nicht mehr verurteilt. Wir sagten euch, dass jede Facette, die ihr seid, jeder Gedanke, den ihr in jedem Leben je hattet, jede Aktion, jeder Teil von euch, jede Zelle eures Körpers wahrhaftig ein Ausdruck des Göttlichen ist. Wir sagten auch, dass es außerhalb eurer Köpfe keine Werturteile gibt. Im Universum gibt es kein Gericht, und ihr seid Gott/die Göttin, das <u>ALLES, WAS IST</u>, das sich in dieser Dichte der Realität ausdrückt. Ihr seid wundervolle multidimensionale Wesen, ihr seid spirituelle Meister. Ihr bemüht euch alle so um Spiritualität, doch *was ihr seid, ist spirituell.* Ihr fragt, warum ich hier bin? Ihr Lieben, ihr erkennt nicht, dass es eine Freude ist, jeden Einzelnen von euch anzuschauen. Ihr habt alle Angst, ihr könntet das Boot verpassen, habt Angst, dieser Übergang werde stattfinden, und ihr würdet zurückgelassen werden. Ihr glaubt alle, ihr müsstet etwas Wertvolles vollbringen, damit ihr dort hinkommt. Und ihr erkennt nicht, dass ihr in Wahrheit alle bereits dort seid. Lasst eure eingeschränkte Wahrnehmung einfach gewähren. Sie ist in Ordnung. Und wenn ihr sie so in Ordnung findet, wird sich eure Wahrnehmung erweitern und mehr erweitern. Ihr seid von Seelenbrüdern aus allen Realitätsdimensionen umgeben, von Wesen, die euch lieben und die euren Planeten lieben. Ihr glaubt, dass ihr als Individuen die Macht nicht hättet, euch selbst, euren Planeten und euer Schicksal als Rasse, als Spezies zu verändern. Ihr vergesst und glaubt, die Erde selbst sei machtlos, sei ein Opfer. Doch schau, meine Liebste, eure Erde ist eine große Göttin, und sie ist mächtig und kraftvoll. Jeder von euch gleicht einem Stern am Firmament, und jeder von euch bringt Licht in die Galaxien.

Ihr seid auf einer der großartigsten Abenteuerreisen. Ihr habt euch einen herrlichen Pfad ausgesucht. Man nennt ihn Leben. Man nennt es das Wissen, dass man sich Moment für Moment seine Wirklichkeit und seine Zukunft erschaffen kann. Hängt euch nicht an die Vergangenheit. Lasst euch von der vergangenen Geschichte eurer Spezies nicht fesseln. Ihr müsst wissen: Es gibt keine Grenzen. Ihr seid größer, als ihr euch je vorstellen könnt, und alles auf eurem Planeten ist Teil von dem, was ihr seid. Ihr seid ehrlich von *keinem Ding* und von *keinem Menschen* getrennt. Zwischen euch und dem unendlichen Ausdruck aller Dinge gibt es keine Trennung. Ihr habt jeden Moment die Wahl und könnt zwischen *Liebe* und *Angst* wählen. Ihr Lieben, ihr müsst die Angst nicht verurteilen; sie ist ein gültiger und göttlicher Ausdruck dessen, was ihr seid. Ihr müsst sie zu euch nehmen, ihr erlauben zu sein. Nehmt sie auf zum Licht eures Seins. Jedes Mal, wenn ihr das tut, erleuchtet ihr die Galaxien, bringt ihr Licht ins Multiversum, verändert ihr die zellulare Struktur eures Körpers und entzündet das kristallene Firmament, das wir als Gehirn kennen.

Wir lieben euch alle so sehr. Es ist ein Wunder und eine Freude, mit euch auf diese Weise hier zu sein. Und damit ist es nicht zu Ende. Wenn ihr es wünscht, werden wir so lange zurückkehren wie ihr wollt. Wir sind hier, um euch zu dienen, weil wir euch lieben. Und das, was wir euch allen, jedem Menschen wünschen, ist, dass ihr nach Hause kommen mögt zu dem, was ihr wahrlich seid. So sei es!

Wunderschön seid ihr, wahrhaftig. Jetzt macht ihr aber herrliche Farben in diesem Raum, wirklich, geradewegs durch die Decke.

Guten Abend, ihr Lieben.

DANK

Mein herzlicher Dank gilt Peter und Carol O. Erbe für ihre liebevolle Unterstützung und dafür, dass wir während all dieser Monate in ihrem wunderschönen Heim zusammenkommen konnten, und nicht zuletzt für die Sorgfalt und Geduld, mit der sie P'taah's Material niedergeschrieben und überarbeitet haben.

Ich danke auch all den wundervollen und lieben Menschen, die mich unterstützt haben, während dieses Buch entstand.

Ohne David John Ward, der St. Germain nach Australien gebracht und somit unser aller Leben verändert hat, wäre all dies nicht möglich gewesen. Ihm danke ich ganz besonders.

JANI KING

P'taahs Perlen der Weisheit – als Buch und Kartenset

Du bist wunderbar und wirst unendlich geliebt!

Die Botschaften von P'taah Band 2

Der geistige Lehrer P'taah erläutert wie kaum ein anderer, wie wir aus den leidvollen Wiederholungen in unserem Leben aussteigen und zur Liebe zurückfinden, aus der wir alle kommen. Seine Antworten auf die Fragen seiner Zuhörer sind erfrischend, humorvoll und voller Weisheiten, die uns das Leben verstehen lassen und unser Herz für das Lieben öffnen.

**Verlag Roberto & Philippo – 2011
244 Seiten · geb. · € 16,80**

Perlen der Weisheit

Dieses Kartenset enthält eine Auswahl von Kerngedanken aus den beiden Büchern "Botschaften von P'taah", Band 1 und 2. Die Schlüsselsätze auf den 72 Karten dieses Sets sind eine Fundgrube von Weisheiten, die uns im Alltag begleiten und uns auf den Weg der Heilung alter Wunden, die Liebe zu uns, zu allen Menschen, zu Mutter Erde und Vater-Mutter-Gott und damit zu innerem und äußerem Frieden zurückführen.

**Verlag Roberto & Philippo – 2011
72 Karten · € 24,90**